中国税收政策报告（2013）

营改增：牵一发而动全身的改革

财政部财政科学研究所

中国财政经济出版社

图书在版编目（CIP）数据

营改增：牵一发而动全身的改革：中国税收政策报告：2013/财政部财政科学研究所著. —北京：中国财政经济出版社，2013.9

ISBN 978-7-5095-4832-5

Ⅰ.①营… Ⅱ.①财… Ⅲ.①税收政策-研究报告-中国-2013 ②增值税-税收改革-税收政策-研究报告-中国 Ⅳ.①F812.422

中国版本图书馆CIP数据核字（2013）第225560号

责任编辑：张晓彪　　责任校对：张　凡

封面设计：郁　佳　　版式设计：兰　波

中国财政经济出版社出版

URL：http：//www.cfeph.cn

E-mail：cfeph@cfeph.cn

社址：北京市海淀区阜成路甲28号　邮政编码：100142

营销中心电话：88190406　北京财经书店电话：64033436　84041336

北京中兴印刷有限公司印刷　各地新华书店经销

787×960毫米　16开　24.5印张　350 000字

2013年12月第1版　2013年12月北京第1次印刷

定价：52.00元

ISBN 978-7-5095-4832-5/F·3912

（图书出现印装问题，本社负责调换）

质量投诉电话：88190744

反盗版举报热线：88190492、88190446

《中国税收政策报告》
撰写委员会

主　　笔： 刘尚希

副 主 笔： 孙　钢　张学诞　邢　丽

参与撰稿人（按姓氏拼音排序）：

陈　龙　经济学博士、副研究员

李　铭　经济学博士、副研究员

梁　季　经济学博士、研究员

施文泼　经济学博士、副研究员

邢　丽　经济学博士、研究员

许　文　经济学博士、研究员

胥　玲　经济学博士、副研究员

张学诞　经济学博士、研究员

序

我国的经济社会发展正处在关键时期——既是一个“黄金发展期”，也是一个“矛盾凸显期”和“利益调整期”。我国能否抓住战略机遇期，实现发展上一个新台阶，关键在于能否继续深化改革。2012年11月，党的十八大提出“要始终把改革创新精神贯彻到治国理政各个环节”，并对重点领域和关键环节的改革作出了部署，彰显了中央继续推动改革的决心和信心。营改增就是在这一大背景下加速推进，并成为当前引人注目的一项重要改革，释放出政府大力推动改革的积极信号。

营改增是营业税改征增值税的简称，实质上是要用增值税来全面取代现行的营业税，逐步让营业税退出历史舞台。作为一项重大的制度创新，营改增不仅与我国经济发展方式转变、城镇化提速、创新驱动等重大战略相呼应，而且也与经济社会转型及社会体制改革密切相关，其意义和效应将是多层面的。

从经济层面来看，营改增通过消除商品和劳务生产、流通过程中的重复征税，降低企业税负，能够产生良好的微观激活和宏观优化效应。一方面，税制障碍的消除，便于制造业主辅分离和生产性服务专业化、精细化发展，有利于深化企业分工，促进工业和服务业转型升级，推动产业结构优化，为打造中国经济升级版提供内生动力。另一方面，减税产生的激励作用，能够推动企业科技创新，优化企业运营模式，为加快实现由“中国制造”向“中国创造”转型提供助力。从社会层面来看，营改增降低中小微企业的税负，能够产生良好的就业效应，不仅有利于稳定和扩大就业，而且有助于提升就业质量，对城镇化与产业的融合发展能起到促进和支撑效应。从体制改革层面来看，营改增是增值税从转型改革到扩围改革的收尾工程，标志着增值税制度在我国全面确立，并将终结我国货物、劳务在税收制度上的二元状态，使税制结构更趋合理，而且将会带动财政体制改革。营改增并非是营业税和增值税制度的简单转换，其影响可谓牵一发而动全身。除了涉及增值税制度自身，营改增还将对地方财政收入、财政体制、地方税以及税收征管制度等方面产生程度不一的衍生性影响。可见，实施营改增对我国当前的发展、改革不仅十分必要，而且也非常紧迫。

营改增于2012年1月1日在上海试点破冰，2012年9月至12月，地区试点逐步扩大至北京、天津、江苏、浙江、安徽、福建、湖北、广东和宁波、厦门、深圳等八个省、直辖市和三个计划单列市。2013年4月10日，国务院常务会议决定将交通运输业和部分现代服务业营改增从地区试点转向今年8月1日起全国实行，这标志着营改增改变了地区试点的路径，进入了按照行业在全国逐步推进的新阶段。分行业在全国实行营改增，克服了地区试点的诸多不足，同时也加快了营改增的实施步伐。

从试点运行情况来看，营改增取得了积极成效，其经济、社会效应逐渐显现。营改增减轻了企业税负，体现了结构性减税的政策基调。截至2013年2月底，全国试点企业达到116万户，总体减税规模达到550亿元以上。营改增优化了税制结构，促进了产业专业化分工与行业内协作，对企业转型升级和产业结构优化调整起到了积极的促进作用。据测算，2012年上海部分行业实行营改增拉动上海当年GDP增长0.6个百分点，其第三产业增加值比重提高了2个百分点。与此同时，促进了社会就业和居民增收。仍以上海为例，2012年在营改增的推动下，当年增加就业14万人左右。江苏省试点一个月，注册企业户数增长40%。随着试点改革的不断深入，营改增的经济、社会效应将会进一步扩大。同时，通过试点改革，也发现了原有试点政策中存在着的一些问题，为后续改革和增值税制度的完善积累了经验。

按照中央的部署，营改增下一步改革将以分行业全国推行为主，即：采取分步推进的方式，按行业逐渐推行，准备好一个行业就推进一个行业，直至各行业全部完成营改增。分行业在全国实行营改增，关键是要抓好重点和难点行业。重点行业包括已经有试点基础的交通运输业和部分现代服务业，以及电信业和建筑业；难点行业则包括金融服务业、不动产交易和公共服务等部门。由于这些重点、难点行业自身的特点，使营改增面临着一些新的困难与挑战。这些行业的营改增能否有序推进，并达到预期效果，是营改增改革能否最终成功的关键。以此角度看，营改增仍任重而道远。

财政部财政科学研究所的这部集体之作——《中国税收政策报告（2013）——营改增：牵一发而动全身的改革》，不仅对前一阶段试点改革情况做了较为深入的总结，分析了试点改革成效以及存在的一些问题，而且勾勒了营改增扩围的路线图，研究了下一步改革的重点、难点，并提出了相应的政策建议。应该说，报告体现了我国营改增领域最新研究成果，对推动下一步改革具有重要参考价值。

总体来看，该报告具有三个鲜明的特点：一是前沿性。该报告在增值税、营业税等税收基础理论方面提出了诸多有价值的观点，成为该领域具有前沿性的理论研究成果。二是系统性。该报告对为何实行营改增、如何操作推进、产生何种影响以及如何应对，都给出了明确的答案，形成了系统性的研究成果。三是前瞻性。该报告对下一步改革可能面临的问题、遇到的难点与挑战进行了前瞻性分析，并提出了相应的思路和对策。

营改增的深入推进，不仅会出现一些新的情况和新的问题，而且对财政体制、地方税体系等相关领域改革提出了新的要求，带来了新的挑战，迫切需要各项改革加快协同推进，这就要求我们持续不断予以深化研究。因此，希望该报告的研究人员和广大理论研究者继续关注这一重大理论和现实问题，在实践中不断完善和丰富理论与政策，及时为深化改革建言献策。

是为序。

2013 年 8 月 15 日

前　言

所谓“营改增”，就是把现行征收营业税的行业和企业改为征收增值税，交纳营业税的纳税人变为增值税的纳税人。这看似仅仅涉及两个税种，实际上是一项牵一发而动全身的重大改革，对税制、财政体制、地方税体系、税收征管以及对制造业、服务业、企业经营模式等等，都将产生重大影响。营改增是撬动整个财税改革的杠杆，也是推进产业分工协作和产业、企业转型升级的催发剂。不难看出，营改增呼应了当前“稳增长、调结构和促改革”政策基调。

从更深层次看，营改增是我国政府与市场关系调整的一个重要基点，即政府的作用从以需求为基点向以供给为基点转变，政府更多地从完善供给的制度环境入手来发挥其不可或缺的作用。改善供给，让供给创造的长期需求来为我国发展提供内生动力，这将成为我国新时期政府发挥作用的新路径。这意味着纯粹的凯恩斯主义经济政策在我国行将终结。营改增就是一个重要的标志。

随着工业服务化，营业税的弊端日渐凸现

现行税制的整体框架是1994年税制改革时建立的，营业税是当时改革留下的一个尾巴，形成了货物的生产销售征收增值税，而服务的生产销售征收营业税的并存格局。这种按不同产业设不同税制的做法，与针对不同所有制经济设立不同税制的做法有异曲同工之巧合，其产生的扭曲性和效率损失是不言而喻的。

工业服务化、服务业主体化日渐成为实体经济发展的新形态。面对这种新的发展趋势，增值税与营业税二元并存导致的问题日益凸

显，以增值税取代营业税就变得日益紧迫。在20世纪90年代，营业税的弊端还不突出，主要因为当时的产业结构以工业为主，产业政策的着力点也在第二产业，第三产业当时处于相对次要的地位，营业税所产生的负面影响有限。权衡利弊，在1994年税制改革时依然在第三产业保留了营业税，而且主要作为地方税，也有利于调动地方发展第三产业的积极性。经过近20年的发展，我国形成了以低端制造业为主体的产业结构，成为所谓的“世界工厂”。产业链条短，尤其是“微笑曲线”两端的研发设计和营销在我国处于极不发达状态，使我国产业的附加价值普遍偏低，缺乏核心竞争力。在这种情况下，营业税的负面作用扩大了，严重制约了产业的分工细化、服务业的发展以及企业的转型升级。顾名思义，营业税是以营业额总额为征税对象的，俗话说的对毛收入征税，没有任何扣除。而且，每经过一道环节，都对其营业额全额征税。例如车辆租赁企业，其租赁收入要交营业税。通过租赁车辆来提供运输服务的企业，其所获得的服务收入也要交纳营业税，这其中就包含了租赁服务环节的营业税，造成重复征税，加重了企业的税负。对于制造业来说，购买服务没有增值税发票，意味着其中所含的营业税不能抵扣，也加重了制造业的税负。在这种条件下，凡是与营业税相关的产业和企业，就会选择“大而全”、“小而全”的经营模式，尽量减少外购服务。显然，这会使产业分工细化受到抑制，不利于专业化分工和服务外包的发展。工业设计、技术服务、信息服务等现代服务业对现代经济发展的作用越来越大，而营业税却起了明显的阻抑作用，妨碍了产业和企业的技术进步。

营改增试点，减少营业税的适用领域，营业税的这种负面作用就可以逐步减少。一旦增值税彻底取代营业税，也就意味着针对货物生产销售的增值税覆盖到了包括服务的各个产业，增值税环环相扣的抵扣链条就会很完整，能更有效发挥增值税的中性作用，大大降低税制的扭曲性，并减少税收流失。针对营业税显现出来的弊端，用增值税来替代营业税不失为现有条件下的一个最佳选择。

2013年8月1日起，营改增试点的路径改为按行业在全国推行，终结了地区试点的路径选择。预期在2015年可以完成营改增，实现增值税全面取代营业税，让营业税彻底退出历史舞台。

“营改增”成效日渐扩大

从“营改增”试点的实际情况来看，其效应是相当明显的。这突出表现在以下几个方面：一是企业税负减轻，促进了服务业的发展。无论是试点行业和企业、还是购买服务的制造业，其税负都由此而减轻。二是促进了产业和企业转型升级，提高经济竞争力。现阶段经济的一个特点是制造相对较强，而处于制造两头的研发设计和营销较弱。在没有营业税的妨碍下，一些集团公司主动选择主辅分离，研发设计和营销就可以独立出来，提供更专业化的服务。产业链条拉长，制造业两头做大做强，整个经济的竞争力也会由此得到提升。三是促进产业分工细化，提高宏观经济效率。消除营业税重复征税和不能抵扣的弊端之后，企业发展模式就会更加趋向专业化，放弃自我提供的“全能模式”，选择外购服务的企业就会越来越多。专业化条件下的协作会带来宏观效率的提高，促进产业结构调整，加快经济发展方式转变。四是促进中小企业发展，扩大就业，对当前稳增长也有重要作用。营业税覆盖的领域也是中小微企业最多的领域，减轻税负，中小微企业受益面最广。营改增将提升中小微企业的活力，有利于稳增长，也有利于稳定和扩大就业。随着“营改增”不断扩围，上述效应将会更加显著。

“营改增”撬动整个财税体制改革

增值税和营业税覆盖了我国除农业生产以外的所有行业和企业，营业税改征增值税，其产生的影响不只是交纳营业税的行业和企业，而且包括了交纳增值税的行业和企业，因为其外购服务也由于有了增值税发票而纳入了进项税的抵扣范围。从产业、企业来看，“营改增”的影响是全局性的，也是长期性的，是一个有关发展的重大举措。

“营改增”看似仅仅涉及两个税种，即增值税扩大范围和营业税退出，实际上牵动了整个财税体制。从体制的角度观察，营改增是一个事关整个财税体制的重大改革举措。

先看对税制结构的影响。我国现有18个税种，如果营业税彻底退出，那意味着我国的税种减为17个，增值税将覆盖所有的行业和企业。增值税取代营业税，将是对整个税制的进一步优化。这体现在：一是进一步简化税制。2003年，党的十六届三中全会通过的《关于完善社会主义市场经济体制若干问题的决定》针对税制改革明确提出了"简税制、宽税基、低税率、严征管"的原则，这些年来的税制改革一直都是依照这个原则展开。"营改增"显然是进一步简化了我国的现行税制。二是进一步强化税制中性。税制中性原则是1994年税制改革时就提出并坚守的一条重要原则。所谓税制中性，就是让税制对市场产生的扭曲性影响尽可能降到最低，为市场平等竞争创造条件。例如，2008年实现内外资企业所得税合并，使我国税制的中性化再迈进了一步，促进内外资企业的平等竞争。增值税较之于营业税，是一个具有明显中性特征的税种，扩大增值税的范围，也就扩大了税制中性的领域，增强了整个税制的中性化。三是有利于税收征管。一方面是税种减少，征管的复杂性程度降低。一般而言，税种越多，征管就越是复杂，反之，则反是。这对降低征管成本也有明显的作用。当然，税种的个数也并非是越少越好。另一方面是增值税的内在抵扣链条减少了增值税的漏洞，使进项税的抵扣变得更简单明了，在一定程度上可强化征管，减少税收流失。

再看对财政体制的影响。增值税和营业税都是中央地方共享税，只不过共享分税方式不同。国内增值税是按照比例分税，75%归中央，25%属地方，进口货物的增值税全部归中央；而营业税则是按照税目分税，铁道、中央金融保险企业的营业税归中央，其他的营业税全部归地方，成为地方的重要财权和财力来源。从当前的税收收入结构来看，增值税是我国的第一大税种，国内增值税占全部税收收入的比重超过四分之一，营业税是仅次于企业所得税的第三大税种，占全部税收收入的比重七分之一左右。营业税在地方收入（不含地方土地出让、两权价款等没有纳入现行分税制体制的收入，以及中央转移支付收入）中的比重一般占到40%，是地方一般预算收入的重要来源。为了不影响地方利益，在没有调整体制的条件下，当前“营改增”过程中采取的解决办法是原来归地方的营业税改征增值税之后依然入地方库，中央不参与因改革所带来的增值税增量的分成。

但这仅仅是一个权宜之计，一旦营改增到位之后，势必要改革财政体制，而且，不只是涉及财权，对构成财政体制的三个要素——事权、财权和财力，将要重新组合和匹配。事权划分、支出责任、地方税体系、国地税机构职责以及财税制度运行的基础设施建设等等，都将进入改革的行列。财税是国家存在和公共治理的基础，营改增撬动的财税改革将会产生深远而重大的影响。

营改增：牵一发而动全身的改革

基于对营改增重要性的认识，我们集体完成了2013年政策报告《营改增：牵一发而动全身的改革》。这是继2010年和2012年出版了《税收与民生》和《税收与消费》之后的第三部税收政策报告。

本报告分为三篇，共十四章，主要研究框架如下：

第一篇：营改增的时空背景。本篇从分析增值税基本原理入手，在明确增值税含义、起源及基本原理的基础上，得出增值税是一种良税的重要结论。分析了在增值税风靡世界的同时美国为何不实行增值税，并指出现代型增值税是税制的国际发展趋势。其次，对我国增值税的发展历程进行了分析和描述。再次，对我国实行营改增的动因进行了深入分析。在明确营业税的基本含义、特征、起源及我国营业税发展历程之后，指出了我国营业税与增值税多年并行的原因。在此基础上，重点分析了我国实行营改增的必要性，以及实施营改增的有利条件与可能面临的风险。

第二篇：营改增的实践与未来。本篇首先对营改增试点地区的成效进行了全面系统总结，并指出试点改革存在的主要问题。其次，提出了营改增的改革逻辑和预期路径，针对试点中存在的问题，提出了下一步改革的总体规划及改革的难点和重点。再次，对交通运输业、建筑业和电信业等重点行业的营改增问题提出了改革思路和具体的政策意见。最后，对金融、不动产交易和特殊部门等难点行业的营改增问题提出了改革的对策建议。同时，本报告认为，营改增后，应适时完善小规模纳税人制度、简并增值税税率及完善出口退税制度。

第三篇：营改增的影响。本篇首先分析了营改增对转变经济发展方式的促进作用。营改增所带来的税收制度的统一、增值税抵扣链条的完善、减税以及形成良好的发展预期，都会对转变发展方式产生积极的促进作用。其次，分析了营改增对企业发展的影响，营改增对企业科技创新、扩大就业和企业管理都会带来积极的效应。再次，分析了营改增对我国税制改革的影响。营改增有利于推动我国税制进一步改革和完善，终结货物与劳务分别设定税制的历史，并撬动财政体制、地方税体系、税收征管体制等等方面的改革。

本报告是集体智慧的结晶。从确定题目，到形成研究思路，再到明确具体的写作提纲，都是研究团队多次讨论而达成共识的结果。在这个基础上，研究团队分头写出初稿，并集体讨论多次修改，最后由我修改定稿。

本报告的完成得到了多方面的关心、支持和帮助。在这里要特别感谢财政部党组成员、副部长王保安博士在百忙之中为本报告撰写序言。中国财经出版传媒集团董事长贾杰先生为本报告的出版提供了无私的帮助，财政分社社长李洪波先生、副社长兼责任编辑张晓彪先生对本报告的出版做了大量建设性的工作，在此一并致以衷心感谢！

鉴于我们的认识水平和时间关系，本报告缺憾和错漏之处在所难免，敬请各位读者批评指正。

刘尚希

2013 年 8 月 27 日

目　　录

第一篇　营改增：时空背景

第二篇 营改增：实践与未来

第三篇　营改增：牵一发而动全身

附　录

第一篇　营改增：时空背景

第一章　增值税面面观

第一节　什么是增值税

一、增值税的起源

增值税（Value Added Tax，VAT）的兴起堪称税收史上一绝，自产生起就受到众多国家的追捧。追本溯源，增值税的产生是时代潮流发展的必然选择。

（一）历史背景

1. 社会化大分工和商品经济的快速发展客观上要求改革传统税制

从19世纪70年代开始，人类历史发生了以电的发明为主要标志的第二次技术革命，新的科学技术有力地促进了交通运输和国际贸易的发展，对国际市场的完善乃至世界市场的形成起到了至关重要的作用。世界工业生产在1850—1870年的20年间只增长了一倍多，而1870—1900年的30年间却增长了近两倍，20世纪初的13年又增长了59%。世界的交通运输业也取得了显著的发展，环世界的铁路网初步形成。它把大多数国家纳入了世界市场，对世界经济的发展起了非常重要的作用。工业和交通运输业的发展及世界市场的扩大，使这一时期的世界贸易获得了巨大的发展。1870 — 1900 年，世界贸易总额由 455 亿法郎上升到 1182 亿法郎，增加了约 1.6 倍，到 1913 年则增加了 3.2 倍，达到 1924 亿法郎。农业机械和化肥的普遍使用，使农业的生产效率有了极大的提高，农业人口大幅度减少，城市人口迅猛增加。20 世纪初，英、美、德等国实现了农业现代化。美国西部、加拿大、阿根廷、澳大利亚等地涌现出许多机械化的大农场，成为世界的重要商品粮基地，世界粮食产量成倍增长。

进入 20 世纪，世界又发生了规模巨大、影响深远的以电子计算机、原子能、宇航工业为主要标志的第三次科学技术革命，社会生产力以更高的速度向前发展，产业专业化、零部件专业化和工艺专业化日益加快。特别是第二次世界大战以后，世界的政治、经济形势发生了巨大的变化。新科技革命使生产力有了巨大的增长，而战后的国际经济秩序又比较有利于国际分工和国际贸易的发展。因此，世界经济获得了前所未有的发展。

由于社会科学技术的迅猛发展，新的生产工具不断出现，社会分工越来越细，原来作坊式的“小而全”的生产，开始向协作化生产方向发展，一种产品往往要经过多道生产环节、多个工序协作配合才能完成。由于生产水平的提高，大量的商品仅仅依靠产销见面的方式已经不相适应了，一种商品要经过数个环节才能到达消费者手中。特别是各国之间的经济往来促使世界市场形成，商品生产经营者之间的竞争更加激烈。因此，客观上也要求税收制度作出相应调整。

2. 传统销售税的局限性

通常，一个国家实行税制改革，开征一个新税种或是进行税制的局部调整，最重要的原因是由于原有的税制存在问题，已经不能适应经济发展的需要。在实行增值税之前，世界各国大多采用对商品流转环节征收销售税，其最大的弊端在于重复征税。

在近代税制发展史的早期，间接税起初还只是作为直接税的辅助税种出现，税率较低，税制也极不完善，在市场经济的初级阶段是与当时的社会经济发展水平相适应的。伴随工业化的发展，财富的形式多样化，与生产有关的产品以及服务逐渐成为课税的主要对象，间接税的重要性逐渐被认识，并呈现多样化的特点。德国早在15世纪就开征一种名为aksisen的特别消费税，开始了对累积税（la taxe en cascade）的探索。1863年至1884年不来梅曾实施了一种综合交易税（umsatzsteuer），1916年又重新确立，这一税制对间接税发展具有重要意义。1917年，法国也开征了累积税，称为营业税（impots sur les chiffres d' affaires）。但是这一时期对货物销售和服务征收的传统累积税，都具有重复征税的性质，其弊端逐渐被人们所认识。

马克思曾对间接税的弊端做过精辟的论述："由于大工业生产，由于现代分工，由于国内贸易直接依赖于对外贸易和世界市场，间接税就同社会消费发生了双重的冲突。在国境上，这种制度体现为保护关税政策，它破坏或阻碍同其他国家进行自由交换。在国内，这种制度就像国库干涉生产一样，破坏各种商品价值的对比关系，损害自由竞争交换。"[①] 为此，很多国家都积极寻求更好的税种，以替代重复征收的销售税。

（二）增值税思想的萌芽

针对间接税重复征税的弊端，美国耶鲁大学经济学教授亚当斯（T. S. Adams）最早提出应对增值额进行征税，但其名称当时不是"增值"而是"营业毛利"。亚当斯1917在向国家税务学会递交《营业税》（The Taxation of Business）报告中提出，对营业毛利（销售额-进货额）课税比对利润课税的公司所得额好得多，这一营业毛利相当于工资薪金、租金、利息和利润之和，即相当于增值额，在文中所称的营业毛利正好就是计算国民收入的价值增加的那一部分，因此，他实际上已经提出了我们现在所谓的增值税。

1921年，亚当斯在美国经济季刊发表《联邦所得税的基本问题》（Fundamental Problems of Federal Income Taxation）中进一步提出，将企业负担的租税改为销售额的形态，准许销售税与购入税相互抵扣，

① 《马克思恩格斯全集》第八卷，第543页。

增值税的思想逐步成熟起来[①]。同一年，德国的西蒙斯（W. Von Siemens）在其所著的《改进的周转税》（Veredolt Umsatzsteuer）一文中正式提出增值税的名称，建议以税基相减法的增值税替代多阶段的交易税，并详细描述了税制的内容。

1940年，美国最有影响的营业税学者保罗·史图登斯基（P. Studenski）首先指出增值税是一种中性税收，认为“多阶段交易税会随交易次数而成金字塔的累积作用，建议改为增值税”。美国哥伦比亚大学的卡尔·肖普（Pr C. S. Shoup）教授主张建立增值税，提出对毛利课税，从销售金额中扣减购进的金额，但这种思路主要是针对企业而不是针对产品。并且自1940年开始，增值税一直构成美国税务教科书的内容，但由于种种原因，除密歇根州短期实行增值税外，增值税一直没有正式实施。

可以看出，早期增值税理论的提出没有得到各国政府的重视，并未付诸实践。但是，上述学者们的思想并没有丧失影响力，他们关于增值税的理论构想为后来不少国家进行营业税制改革的尝试提供了方向。

（三）增值税的早期实践

传统间接税的种种弊端，促使很多国家开始尝试改革销售税制度。

美洲的阿根廷、智利，欧洲的希腊、荷兰、法国，亚洲的菲律宾、土耳其等，都相继进行过探索，如阿根廷早在1935年就对制作阶段实行改进的营业税，运用增值税的抵扣办法，允许企业主扣除生产应税产品所购入的原材料中已含的税款。1953年，美国密歇根州为应付连年的赤字，开征增值税，采用生产型和税基扣除法，由于受欢迎，直到1967年废止。二战结束后，日本的美国税务顾问卡尔·肖普教授领导了一个专家小组在日本推广增值税，据日本金子宏教授记载，1950年日本基于肖普建议，增值税曾作为取代事业税的税种

---

① 汗青父：《从增值税到税收法典》，中国税务出版社2009年版。

被采用，但未及实施即于1954年被废止。

这些国家改进营业税的尝试虽然有一定局限性，但为增值税改革提供了有益的借鉴。直到1954年，法国在几经改革后，正式使用增值税的名称，标志着增值税在法国正式实施，也标志增值税在世界上正式诞生。

二、增值税的基本原理

（一）什么是增值额

顾名思义，增值税是对商品和应税劳务流转中的增加值即增值额进行课税。因此，对增值税的理解，关键在于增值额。

从理论上看，增值额是纳税人在生产经营过程中新创造的价值，可以采用加法或减法计算。从加法的角度看，相当于工资加利润，从减法的角度来说则等于产出减投入。

增值额＝工资＋利润＝产出－投入

在国民经济核算中，增加值是各生产单位从总产出价值扣除其中所包含的货物服务消耗价值之后的余额，代表该生产单位汇集各种生产要素在生产过程中新创造的价值。增加值可以有总增加值和净增加值之分。总增加值是总产出扣除中间投入价值的余额；净增加值是要在总增加值基础上扣除固定资本消耗。国民经济各产业（或各部门）的总增加值之和，即为国内生产总值；国民经济各产业（或各部门）的净增加值之和，即为国内生产净值。

具体到某一个生产经营单位而言，增值额可以看做是购销差价，即因提供货物和劳务而取得的收入价格（不包括该货物或劳务的购买者应付的增值税）与该货物和劳务外购成本（不包括为这些外购项目所应付的增值税）之间的差额。增值税以增值额为税基，实际上就是以价格的差额为税基来征收的，这个差额大体相当于该生产经营单位创造的价值额。

（二）增值税类型

由于世界各国对作为计税依据的增值额的理解不同，或出于经济政策、财政承受能力以及税收征管水平等因素的考虑，各国之间增值税税基选择也存在较大差异，主要表现在外购生产材料（尤其是固定资产）税额的扣除范围和扣除方式上，据此，增值税被分为生产型增值税、收入型增值税和消费型增值税。

生产型增值税是以销售收入减去外购货物和劳务支出为税基，不扣除外购固定资产价值（包括年度折旧），在统计口径上相当于国民生产总值，因此将这种类型的增值税称作生产型增值税。

收入型增值税是以国民生产总值减去当期固定资产折旧后的余额为课税依据的增值额，相当于国民生产净值。这种以国民收入为口径计算出增值额并据以课征的税收，通称收入型增值税。

消费型增值税是以销售收入减去外购货物和劳务支出，并扣除外购固定资产价值为计税依据，相当于对国民收入中用于消费性支出的部分征税，因而称为消费型增值税。

从上述定义中可以看出，三种类型增值税扣除程度依次呈阶梯式递增，税基则呈阶梯式递减，二者此长彼消。举个例子（见表1-1），假设某一纳税人当期实现销售额100万元，外购货物和劳务投入50万元，外购固定资产投入30万元，固定资产折旧5万元（均为不含增值税价格），在生产型增值税制下，其可扣除金额为50万元，税基为50万元；在收入型增值税制下，可扣除金额为55万元，税基为45万元；在消费型增值税制下，可扣除金额为80万元，税基为20万元。从上述例子中不难发现，由于生产型增值税对消费商品和资本商品不加区分，依然存在着重复征税的现象，且需企业垫支税款，既不利于鼓励投资，又不利于国际竞争，只有极少数发展中国家采用。收入型增值税因已有更能体现税收公平原则的对个人的所得税，没有必要舍本求末，也较少有人采用。消费型增值税对鼓励投资起的作用最大，因为它实际上对全部资本商品（原材料、在制品、半成品、机械设备等）统统都不予课税。因此，消费型增值税在欧洲被广泛采用。日本和加拿大的增值税也是这一类型。

表1-1　不同类型增值税税基演示表

类型	外购货物和劳务（50）	外购固定资产（30）	折旧（5）	税基
生产型	√	×	×	50
收入型	√	×	√	45
消费型	√	√	—	20

注：√为允许抵扣；×为不允许抵扣。

三、增值税为什么被称为“良税”

增值税以其中性、设计科学、计算简明而称为“良税”，被国际上众多国家采用，目前世界上共有170多个国家开征增值税[①]。本部分将从良税的标准出发，结合增值税的自身特点，分析其成为“良税”的内在原因。

（一）“良税”的标准

所谓“良税”，应该说并没有一个具体的判断标准。西方财税学界在长时期研究基础上，认为税制的建立和税收政策的运用应遵循一些基本准则，从而使税收对纳税人产生的扭曲最小化。虽然理论界观点各异，但在公平与效率原则上存在着共识。也就是说，评判税制的基本标准是公平标准与效率标准。对此，许多著名经济学家如斯密、穆勒、埃奇沃斯、威克塞尔、庇古、拉姆齐等都有深刻的分析。一般认为，亚当·斯密的“公平、确定、便利、节省”的税收四原则最早也较系统地论述了税制的原则。

事实上任何一个税种都难以做到上述税收原则，正如尽管在税收理论上有税制最优化模型，但因为该理论是建立在一定的假设基础上，不可避免地产生理论和实践的脱节。虽然由米尔利斯（Mirrless）和维

① 肖捷：《继续推进增值税制度改革》，《经济日报》，2012年4月1日。

克雷（Vickrey）引入数学的方法来研究激励效应，并吸收了拉姆齐（Ramsey）关于税收效率以及不同弹性商品的税收课征等成果，最终在理论上解决了最优税制问题。但是，最优税制理论对于解决现实税制问题还是缺乏可操作性，因为，现实税制条件千差万别，无法与最优税制的条件相吻合。在不同历史时期和不同的条件下只能选择不同的税制，只有适合一国的社会环境和经济发展状况的税制才是最合适的。同样地，"良税"也并不意味着是最优的税种，现实中也不可能存在一个最优税种，"良税"应该是相对"恶税"而言，能够兼顾公平与效率原则，尽可能地减少对经济行为的扭曲效应，实现资源配置优化。

（二）增值税的特点使其具备"良税"的标准

从世界各国增值税的实践看，增值税主要具备以下特点：

1. 税收中性

所谓税收中性是指税收不会引起商品相对价格发生变化从而不改变纳税人行为的选择，其目的在于使税收超额负担最小化。

从亚当·斯密"看不见的手"这一前提出发，税收作为政府管理国家经济的一种手段，很难避免对市场机制效率构成损害，但政府征税应尽量减少对经济个体行为的不正常干扰，一个理想的税收制度应是超额负担最小的制度，即政府征税应当对市场资源配置作用保持中性。因此，税制原则中的普遍原则的重要性也开始被强调，即"应对价值增值普遍征税，也就是对所有经济活动按统一税率普遍征税。"

增值税普遍征收的特点很好地诠释了税收中性的特点。奥克兰认为，"由于只对增值而不是对全部收入征税，增值税避免了许多形式的销售税所具有的多阶段征税的特点，即消除了在销售的中间环节和最终环节对同样的投入重复征税。"增值税不仅使企业在税负方面更为平等，而且可以促进企业提高效率。同时，增值税更能促进经济的增长和保持国际收支的稳定。增值税的内在优势，符合对市场资源配置保持中性的主张。

2. 收入及时稳定

增值税具有普遍征收，收入及时稳定的特点。为避免征税引起的对纳税人行为扭曲，将效率损失降到最小化，增值税对所有生产经营行为都征税，征税范围可延伸到生产、流通各个领域，这种普遍征税的方式，使得税收收入及时稳定。

3. 避免重复征税

增值税是对增值课税，即允许扣除价值转移过程中已纳增值税额，仅就新创造的价值即增值额部分征税，具备道道征收，环环抵扣，税不重征的特点。

4. 退税简便，鼓励出口

出口商品的增值税计算简便，退税方便，保证出口商品以不含税价格参与国际竞争，鼓励出口。

5. 自动审计，便于加强征收管理

增值税的计算方法也有三种形式：一是基数列举法，又称加法，由构成增值额的各种因素相加求出增值额，再乘以适用税率即得出应纳税额。二是基数相减法，又称减法，从企业的销售收入中减去应扣除各项求出增值额，再乘以适用税率即得应纳税额。三是税额扣除法，简称扣税法，按企业销售收入乘以税率，求出应纳税额，再减去各项外购货物及劳务已纳增值税款，即得出企业应纳税额。由于扣税时必须持有标明外购货物和劳务已付税的发票为证，所以又称为“发票抵扣法”。

在以上三种计算方法中，多数国家采取发票抵扣法，在购货方购入货物时，销货方要在专用发票上注明税款，购货方只能按发票上注明的税款扣税。购销双方的相互审计关系得到加强。同时，税务部门为了减少偷漏税，也必须加强稽核。由于审计功能加强，扣税又必须有发票作为依据，加之信息技术的运用，因而减少偷漏税可能性，提高税收征管的严密程度。

（三）对增值税的争议

税收是打入经济中的一个楔子，其对经济的影响总是存在的，包括正面的和负面的。因此，任何一个税种都不可能是完美无缺的，关键是要与一定历史阶段的政治、经济、社会人文及管理等因素构成的税收环境相适应，以达到合理配置资源的目的。

从经济的角度来看，增值税尽管中性，但对市场终究构成一种税收负担，税率越高，税负越重，对经济具有拖曳性。基于无政府的假设在现实中并不可能存在，这种负担是必要的宏观成本。从社会的角度来观察，增值税在理论上似乎不如累进所得税那样的调节分配的功能，甚至具有累退性，使穷人负担的税收相对更重（与其收入相比）。当然这也是在假设供应与需求状态稳定不变条件下的理论推导，现实的情形更为复杂。

增值税的中性原则要求其税率设置应尽量选择单一的比例税率，对于消费者而言，高收入群体的消费支出比例相对低收入者要低，也就是说，低收入者增值税负担要比高收入者相对要高，即存在通常所说的累退性（见专栏1-1），这有悖于社会公平原则。有的国家为了减少这种累退性造成的不公平效果，往往在标准税率之外增设一档优惠税率，或者针对少数生活必需品实行免税或者零税率。但上述这些措施通常被视为对增值税中性的偏离，一般不予鼓励。

专栏1-1　增值税累退性的研究

一般认为，增值税在生产和销售的各个阶段征收，与所得税相比，具有累退性：随着收入的增加，平均税率下降。低收入群体比富裕阶层缴纳更多的税收而产生的不公平导致人们对增值税不满意。

但近年来一些实证性研究成果表明，增值税的累退性并不像人们想象的那样：

Salah Abosedra 和 Abdallah Dah（2007）使用黎巴嫩家庭收入和支出的详细数据，通过17000多个家庭的数据研究增值税的累退或者累进性。研究结果表明，增值税的累退性没有人们想像得那么恐怖。事实上，对食品、教育、住房、医疗保健免税使得增值税比直接的所得税更具有累进性。平均而言，10%的最富裕群体支出大约

专栏1-1（续）

占全部支出的6%，最低收入群体支出仅仅占全部支出的3.15%，这使得最低收入群体负担了黎巴嫩大部分增值税观点站不住脚。最后，使用这个结论评价政府将增值税税率从10%提高到16% 的政策建议。给定民众对政府的行为有不愉快的反应，假定增值税税率保持10%不变，但政府将奢侈品增值税税率提高到16% 将很成功。

Glenn P. Jenkins，Hatice Jenkins 和 Chun-Yan Kuo（2006）使用多米尼加共和国大量的家庭收入和支出数据，这些数据包括不同收入和支出水平的家庭所购买的2042 种物品和服务，还包括生产这些货物和服务企业的类型。根据这些数据估计家庭所购买的每一种物品和服务的有效税率，包括不同税率对不同支出水平家庭税收遵从的影响。研究结果显示：多米尼加共和国现行的增值税负担对1/5的家庭支出是累进的。

Munoz&Cho（2003）使用 1999/2000 年家庭收入、消费和支出估算增值税对贫困阶层的影响。通过分析表明：对国家层级的全部支出进行分析时增值税具有累进性；但是，基本上没有免税、并且税率单一的增值税与销售税一样不具有累进性。研究还表明：尽管免税使得管理复杂化、腐蚀税基并且扭曲投入产出决策，为增强税收的分配效应，免税项目具有潜在的合理性。

资料来源：曾娟红，《增值税研究国外文献综述》，《湖南税务高等专科学校学报》2010 年第 1 期。

此外，已经开征增值税国家的经验表明，增值税的税务成本较高。在英国，增值税的税务成本与税收收入的比率只比个人所得税低一点，个人所得税是4.9%，增值税是4.7%。在瑞典，实施增值税比所得税更昂贵，增值税的税务成本占税收收入的3.1%，而所得税只有2.7%。美国国会预算办公室估计：采用欧洲型增值税征收1500亿美元的税收，征税成本占税收收入的3.33%—5.33%之间。而美国财政部1984 年估算，实行一项简单的增值税需要增加20694 名税务人员，当整个税制完全运转起来征税成本预算总额达到7亿美元①。

从资源配置的中性影响来衡量，不能否认增值税巨大的优越性，而实践中增值税在世界各国迅速普及也印证了增值税不愧是“良税”。

第二节 增值税风靡世界

增值税的兴起堪称税收史上的一绝，没有别的任何税种能像增值税那样，在短短的50年时间里，以其巨大的优越性风靡了整个世界。

一、增值税的演进历程

法国是最早尝试增值税的国家。1948年，法国为避免对中间产品重复征税，将产制环节的商品改为增值税的计税方法，1954年正式改为增值税并扩展到批发环节征收，1968年延伸到零售环节，成为增值税最早实践成功的国家。鉴于法国增值税的成功运行，欧共体财政金融委员会在1962年建议其成员国都采用增值税并加以规范。随后，比利时、丹麦、德国、荷兰、挪威和瑞典相继采用了发票抵扣型增值税。1963年，纽马克委员会推荐将增值税作为销售税的一般形式，1967年得到欧盟委员会的认可，后来成为加入欧盟的一个条件。巴西和乌拉圭也是采纳增值税较早的国家。20世纪70年代和80年代，增值税被多数其他南美洲国家、中美洲国家、加勒比地区国家和亚洲国家所采纳。20世纪90年代，中欧和东欧国家以及新独立的

① 全国人大常委会预算工作委员会编：《增值税法律制度比较研究》，中国民主法制出版社2010年版。

正在向市场经济转轨的原苏联的一些加盟共和国开始新一轮的引进增值税。最近十年间，一些发展中国家和经济较落后的欠发达国家也陆续开征了增值税。一些还没有开征增值税的国家和地区也明确表示要开征增值税（见表1－2）。

表1－2　各国（地区）引进增值税的时间

国家（地区）	引进增值税日期	国家（地区）	引进增值税日期
阿尔巴尼亚	1996.7	哥伦比亚	1975.1
阿尔及利亚	1992.4	刚果共和国	1997.1
阿根廷	1975.1	哥斯达黎加	1975.1
亚美尼亚	1992.1	科特迪瓦	1960.1
澳大利亚	2000.7	克罗地亚	1998.1
奥地利	1973.1	塞浦路斯	1992.7
阿塞拜疆	1992.1	捷克共和国	1993.1
孟加拉国	1991.7	丹麦	1967.7
巴巴多斯	1997.1	多米尼加共和国	1983.1
白俄罗斯	1992.1	厄瓜多尔	1970.7
比利时	1971.1	埃及	1991.7
贝宁	1991.5	厄瓜多尔	1992.9
玻利维亚	1973.10	爱沙尼亚	1992.1
博茨瓦纳	2002.7	埃塞俄比亚	2003.1
巴西	1967.1	斐济	1992.7
保加利亚	1994.4	芬兰	1994.6
布基纳法索	1993.1	法国	1948.1
柬埔寨	1999.1	加蓬	1995.4
喀麦隆	1999.1	冈比亚	2003.1
加拿大	1991.1	格鲁吉亚	1992.1
佛得角	2004.1	德国	1968.1
中非共和国	2001.1	加纳	1998.12
乍得	2000.1	希腊	1987.1
智利	1975.3	危地马拉	1983.8
中国	1994.1	几内亚	1996.7

续表

国家（地区）	引进增值税日期	国家（地区）	引进增值税日期
海地	1982.11	摩洛哥	1986.4
洪都拉斯	1976.1	莫桑比克	1999.6
匈牙利	1988.1	纳米比亚	2000.11
冰岛	1990.1	尼泊尔	1997.11
印度尼西亚	1985.4	荷兰	1969.1
爱尔兰	1972.11	荷属安的列斯	1999.3
以色列	1976.7	新西兰	1986.5
意大利	1973.1	尼加拉瓜	1975.1
牙买加	1991.10	尼日尔	1986.1
日本	1989.4	尼日利亚	1994.1
约旦	2001.1	挪威	1970.1
哈萨克斯坦	1992.1	巴基斯坦	1990.11
肯尼亚	1990.1	巴拿马	1977.3
韩国	1977.7	巴布亚新几内亚	1999.7
吉尔吉斯共和国	1992.1	巴拉圭	1993.7
拉脱维亚	1992.1	秘鲁	1973.1
黎巴嫩	2002.2	菲律宾	1988.1
莱索托	2003.7	波兰	1993.7
立陶宛	1992.1	葡萄牙	1986.1
卢森堡	1970.1	罗马尼亚	1993.7
马其顿	2000.4	俄罗斯	1992.1
马达加斯加	1994.9	卢旺达	2001.1
马拉维	1989.5	萨摩亚	1994.1
马里	1991.1	塞内加尔	1980.3
马耳他	1995.1	塞尔维亚和黑山	2005.1
毛里塔尼亚	1995.1	新加坡	1994.4
毛里求斯	1998.9	斯洛伐克共和国	1993.1
墨西哥	1980.1	斯洛文尼亚	1999.7
摩尔多瓦	1992.1	南非	1991.9
蒙古	1998.7	西班牙	1986.1

续表

国家（地区）	引进增值税日期	国家（地区）	引进增值税日期
斯里兰卡	1998.4	土库曼斯坦	1992.1
苏丹	2000.6	乌干达	1996.7
苏里南	1999.4	乌克兰	1992.1
瑞典	1969.1	英国	1973.4
瑞士	1995.1	乌拉圭	1968.1
中国台湾	1986.4	乌兹别克斯坦	1992.1
塔吉克斯坦	1992.1	瓦努阿图	1998.8
坦桑尼亚	1998.7	委内瑞拉	1993.10
泰国	1992.1	越南	1999.1
多哥	1995.7	约旦河西岸和加沙地带	1976.7
特立尼达和多巴哥	1990.1		
突尼斯	1988.7	赞比亚	1995.7
土耳其	1985.1	津巴布韦	2004.1

资料来源：*International Bureau of Fiscal Documentation*（IBFD，2004）；and *Corporate Taxes 2003－04*，*Worldwide Summaries*（PricewaterhouseCoopers）.

自法国实践增值税成功至今已经近60年，大约有170多个国家采用了这一征税形式。随着世界各国实践的深入，增值税制在不断地完善。国际上将世界各国的增值税大体分为以下三种类型：第一类是不完整型增值税，即它具有增值税的扣税特征，但往往表现为征税范围窄、税率档次多、减免事项多，并不是完整意义上的增值税。第二类是传统型增值税，以欧盟各国适用的为代表。第三类是现代型增值税，以新西兰、澳大利亚和新加坡实施的增值税为代表，其特点表现为四个方面：第一是增值税征税范围最大，不但包括商品，还包括了服务；第二是税率统一，即无论劳务还是商品，均适用统一税率；第三是按照目的地原则征税，即出口实行零税率；第四是扣税机制完整，减免税大大减少，且退税机制完整有效。

二、典型国家的增值税实践

（一）法国：第一个成功实践增值税的国家

1. 增值税为什么诞生于法国

由于传统销售税的诸多弊端，各国多年来对间接税进行了不懈的探索。从1919年增值税思想的提出到1954年诞生于法国的几十年间，很多国家尝试引入增值税，但最终都无功而返。为什么法国最终成为增值税改革第一个“吃螃蟹的人”呢？

根据增值税的特点，一般认为，最早产生增值税的国家需要具备以下条件：一是生产力较发达，社会化分工程度较高。二是间接税的实施已经具有相当成熟的实践经验。包括间接税在税收收入中所占比重较高，民众的接受程度等。三是已经具备增值税新税制的思想基础，并进行了广泛的传播；四是原有的税制存在诸多弊端，新税制可以予以化解。

作为老牌的资本主义国家，法国无论是在经济基础，还是税制改革经验方面都具备上述诸多条件。

（1）二战后恢复和发展生产力的需要。法国引进增值税的时间是在二战结束后的快速发展期，是法国恢复和发展生产力众多手段中一个重要部分。二战结束时，法国遍地疮痍，百废待兴。战争的破坏加上德国在占领期间的残酷掠夺，法国损失了近两万亿法郎的财富。1944年，法国工业生产指数只相当于1938年的40%。为帮助被战争破坏的西欧各国经济发展、协助重建，美国实施了著名的“马歇尔计划”，对欧洲国家的发展和世界政治格局产生了深远的影响。该计划于1947年7月正式启动，并整整持续了4个财政年度之久。在这段时期内，西欧各国通过参加经济合作发展组织（OECD）接受了美国包括金融、技术、设备等各种形式的援助合计130亿美元。此后15年，法国经济开始迅速恢复，开始了法国经济的起飞时期。

在此期间，法国把发展重心转移到石油化工、电子和机电、汽车、高速火车、宇航、造船、通讯设备等新兴工业部门，以此为龙头带动工业的全面发展。由于国家实施倾斜政策，上述部门的投资大幅增加，其中专用机电设备和机械制造业的生产性投资每年增长率高达13%—16%，相当于整个经济部门生产性投资平均增长速度的一倍以上；家用电器、汽车、通讯等部门的生产性投资也都以每年两位数的速度增长。此外，这一期间法国在农业上持续增加投入，为法国农业现代化奠定了基础。从二战结束到上世纪70年代中期，法国再度成为世界工业发达国家，这一时期也被称为法国的“光辉30年”。

经济的快速发展，客观上要求作为经济杠杆的税收制度与之相适应。法国增值税的改革，实际上是二战后法国恢复和发展生产力过程中的一项重要举措。

（2）对间接税进行了诸多改革尝试，积累了丰富的经验。法国在实行增值税以前，实行的是全额流转税即周转税，这是一种多阶段、阶梯式对商品或劳务流转额全值课征的间接税，这种间接税重复征税弊端明显，促使企业为减少税负而采取与供应商之间进行纵向联合的组织形式，产生了不利于专业化分工协作发展的纵向聚合效果，这个问题阻碍了战后法国经济的恢复和发展。

法国从1920年就对营业税进行了大量的改革尝试，积累了丰富的间接税经验。法国的增值税是由营业税发展改进而形成的，是按企业的营业额征税，而且在每个流通环节都征税，存在着重复课征、税负不平的缺点。1936年，法国政府实行了一次征收制的“生产税”，以替代之前实施传统的流转税——营业税，该生产税只在生产的最后一个环节课征营业税，对生产过程中加工原材料等都不再征税。生产税虽然解决了传统流转税重复课税的弊端，但由于只对产成品征税，中间产品企业有负税能力而不交税，形成了企业之间新的税负不公。1948年，法国政府对生产税进行了进一步改革，改为分阶段课征，扣除以前环节所纳税款，但投资性支出不予扣除，这时的生产税已具有了增值税的某些特征。

2. 法国的增值税制度

1954年，法国对改革后的生产税制进行了进一步完善，将扣税范围扩大到购入的固定资产（投资性支出）已纳的税款。对应税生产经营所用的一切投入物全部实行抵扣原则，并在整个生产制造阶段和批发环节广泛实施，同时正式使用增值税的名称，这标志着增值税在法国正式实施，也标志增值税在世界上正式诞生。

1954 年至 1966 年之间，法国增值税虽然已基本形成，但仍有不足之处。1966 年到 1978 年法国又发布了一系列增值税法案进行改进，扩大征收范围，调整税率，转变对增值税待扣税金处理方式以及调整进项税计算方法等，逐步形成现行的增值税模式。

（1）征收范围不断扩大。1966 年法国将增值税征收范围扩大到商品零售环节，农民可以自愿选择是否缴纳增值税。1978 年又进一步将征收范围扩大到与经济生产直接相关的设计师、建筑师、工程师等自由职业者。发展至今，法国增值税的征收范围包括农业、商业、工业、服务业和自由职业者，即法国境内所有有偿提供产品和服务的经营活动都应缴纳增值税。

（2）税率的调整。2003 年，法国增值税的标准税率由 20.6% 下调至 19.6%，低税率 5.5%，主要对生活必需品如食品、饮料、客运、书籍等征收，除外，对特殊交易行为还规定了特殊税率，这些特殊税率经常会随情况变化而调整。在法国，虽然零税率适用于特殊交易（如商品和劳务的出口），但在税法上不作为单一的税率档次予以规定。

（3）对增值税待扣税金处理的转变。在 1972 年 1 月 1 日之前，法国对纳税人的投入物已交增值税总额超过纳税人产生的应交增值税总额的部分，一般不予退补，超过部分只得无限期地保留下去。1972 年以后，法国修改了增值税税法，纳税人假定某一个月产生了净增值税税额，则上交税务局，若产生了大于应交增值税的净应抵扣数，则可延至下月抵扣，并按季或按年获得退款。

（4）进项税计算方法的调整。2008 年 1 月 1 日起，法国增值税进项税计算方式作了调整，抵扣原则主要遵循费用配比法而不再是定额扣除法。现在，进项税取决于扣除比因素，该因素又依赖于三个因素，增值税可靠性因素（与增值税应税劳务或商品的使用成比例）、增值税税制因素（与商品或劳务可扣除进项税有关）、许可系数①。

① 刘晓凤：《增值税的国际比较与借鉴》，《新会计》，2010 年第 3 期。

（二）欧盟：增值税的发展

欧洲联盟（European Union），简称欧盟（EU），是由欧洲共同体（European Community，又称欧洲共同市场）发展而来的，主要经历了三个阶段：荷卢比三国经济联盟、欧洲共同体、欧盟，是一个集政治实体和经济实体于一身、在世界上具有重要影响的区域一体化组织（见专栏1－2）。

专栏1－2 欧盟

欧洲联盟（英文：European Union；法文：Union européenne），简称欧盟（EU），总部设在比利时首都布鲁塞尔，是由欧洲共同体（European Community，又称欧洲共同市场，简称欧共体）发展而来的，初始成员国有6个，分别为法国、联邦德国、意大利、比利时、荷兰以及卢森堡。

主要经历了三个阶段：荷卢比三国经济联盟、欧洲共同体、欧盟。其实是一个集政治实体和经济实体于一身、在世界上具有重要影响的区域一体化组织。欧盟现有27个成员国，人口5亿，总面积432.2万平方公里，GDP 16.106万亿美元。欧盟的宗旨是“通过建立无内部边界的空间，加强经济、社会的协调发展和建立最终实行统一货币的经济货币联盟，促进成员国经济和社会的均衡发展”，“通过实行共同外交和安全政策，在国际舞台上弘扬联盟的个性”。

欧盟已经制定了一个单一市场，通过一个标准化的法律制度，其中适用于所有会员国，保证人，货物，服务和资本的迁徙自由。它保持了一个共同的贸易政策，包括农业和渔业政策，和区域发展政策。15会员国已通过了一个共同的货币，即欧元。在对外政策上，代表其成员在世界贸易组织，在八国集团首脑会议和在联合国的会议上发言，维护其成员国利益。

1. 欧盟增值税的初步建立

在20世纪二、三十年代，欧盟的许多国家内部已经开始实行了周转税，各国已经对重复征税的周转税的弊端有了充分认识。1957

年的罗马条约中欧洲单一市场法案（SEA）要求建立统一的市场。各阶段累积征收的周转税与欧共体实行经济一体化要求的矛盾凸显。1954年法国增值税改革的成功经验，使各国认识到增值税的优越性。在经过多年的研究论证后，欧共体认为增值税在促进税收中性、均衡税负、促进生产力发展，提高工业化程度方面具有独特的优势。因此，决定效仿法国实行增值税制度，以建立共同的增值税制度。期间，欧盟通过发布指令，确定共同运行规则，以便使增值税能在欧盟各国之间共同运行。但由于各国原有税制基础不同，欧盟的增值税保留了许多特定的临时性条款，增加了增值税制度的复杂性。

1960年，欧共体财政和金融委员会提出的 Neumark 报告，首次提出建议欧共体理事会实施增值税，并废除成员国之间的税收边界。该报告被认为是欧盟增值税历史上最重要的研究报告。1967年，欧共体理事会正式发布67/227/EEC指令，要求所有成员国都采用共同的增值税税制，标志着增值税在欧共体和欧盟各国正式实施。之后的40多年里，欧盟相继发布了具有阶段性意义的77/388/EEC指令（第6号指令）、91/680/EEC指令、1999/49/EC指令和2006/112/EC指令，欧盟逐步建立了具有自身特点的增值税体系（见表1-3）。

表1-3　　欧共体和欧盟实施增值税协调的指令及内容

指令	内　容
67/227/EEC	仅规定了增值税制度的基本结构或者框架，对增值税的增税范围以及税率等全部留给各成员国自行规定。
77/388/EEC	制定了现代增值税的总体框架，是国际增值税历史上具有革命性作用的指令。
91/680/EEC	要求废除财政边界，同时指令规定从1993年开始实行4年的过渡期，具体内容包括：在欧共体成员国内部进行的跨境B2B（business to business）货物的购买和销售适用目的国原则，标准税率必须为5%—25%，税率的最低标准为5%，只要各成员国未对欧盟增值税最终达成共识，该临时制度继续存在。
1999/49/EC	指出欧盟成员国实施统一的增值税标准税率是保证财政边境增值税调整达到预期目的的关键，并规定对统一标准税率的政策妥协和政策出台的延期政策。
2006/112/EC	整合了77/338/EEC指令以来的若干修正，指出了具体的过渡措施。

2. 增值税协调的艰难历程

欧盟各国先后采用增值税制度后，欧盟对各国增值税制度进行了不同程度的协调，如对增值税税基、纳税人的认定等方面作出了统一规定。此后又规定了增值税的最低标准税率，并允许成员国在欧委会 1977 年发布的第 6 号增值税指令的 H 附件中，选择两种产品和服务，适用不低于 5% 的低税率。这样，现在欧盟各国增值税税率就有两档，一是较低的税率，主要适用于具有社会、文化性质的产品和服务，如食品、药品、水电气的供应、体育文化事业和交通等。但各国适用的低税率各不相同，最低为 5%，如英国和葡萄牙；最高为 12.5%，如爱尔兰。二是标准税率，适用于其他一般产品和服务。欧委会虽规定了最低标准税率，但对上限没有规定，所以现在欧盟各国中最低标准税率为卢森堡的 15%，最高为瑞典和丹麦的 25%。另外，还有的国家对特定产品和服务实行零税率，如英国和爱尔兰对童装和童鞋，比利时对报刊行业。

由于标准税率高低不一，再加上不同国家适用低税率的产品和服务大不相同，这就使得欧盟内部的增值税规定非常复杂，同一种产品在某国适用低税率，在其他国家则不可以。即使两个国家同时对某种产品和服务实行低税率，其税率也相差很多。为了简化复杂的增值税制度，防止其对欧盟内部市场的有效运转造成扭曲，2003 年以来，欧委会一直酝酿对现行规定进行修改，进一步协调各成员国的增值税政策。新的增值税协调从规范适用低税率的产品和服务开始。而确定哪类产品和服务适用低税率，涉及各成员国经济活动的诸多方面，而且与各国的历史文化传统密切相关。因此，各国对于低税率的清单争议非常大，几乎“有多少国家就有多少意见”，这一计划几度被搁置。2007 年 12 月 4 日，经过长达 5 年的争论，欧盟 27 国财政部长终于就欧盟增值税改革方案达成一致。根据这套改革方案，从 2010 年 1 月 1 日起，欧盟企业对企业提供的服务将改由发生实际服务消费的国家征收增值税，而企业直接对消费者提供的服务仍由服务商所在国征税。但是，上述基本原则并不适用于餐饮、文化、体育、科研、教育、电信、广播电视和电子商务等服务。针对这些服务，不论是向企业还是消费者提供的，均依据特定规则由发生实际服务消费的国家征税。对于争议较大的电信、广播电视和电子商务等商业活动，新的增值税征收方式将自2015年逐步推行。为此，改革方案还设计了一个过渡期安排，即从2015年至2018年，服务商所在国对改交给发生实际服务消费的国家的增值税仍有权提留一定的比例，2015年为30%，此后逐年递减，直至2019年完全取消。

3. 协调的“法宝”：妥协和延期

减轻实施增值税对财政预算、经济和社会产生的重大影响，欧共体理事会早在增值税实施的第一阶段就采用了两项改革的措施：即妥协和延期。妥协是指增值税只在欧共体内部推广到批发环节，对零售环节或零售环节的前一环节另行实施独立的补充性税收，并规定各成员国有权选择适合本国实际的增值税类型；延期是规定成员国实施增值税最后期限是1970年1月1日，成员国有32个月的准备期，部分成员国可申请延期。之后的每个阶段颁布的指令中，依然存在着妥协和延期政策条款。2006年2006/112/EC指令整合了77/338/EEC指令以来的若干修正，指出了具体的过渡措施。现今，增值税制度已成为加入欧盟的门槛。

4. 新趋势：重视增值税组织收入职能

2008年全球性金融危机爆发后，面对金融危机带来的经济衰退以及社会的老龄化，欧洲各国已经充分认识到在一个老龄化社会中，直接税将逐步弱化，而增值税作为一种间接税，具有刺激经济健康发展的中性特点，是最富税收效率的税种。因此，各国对增值税也进行了相应调整，主要表现为提高增值税税率，以期发挥其财政收入的职能（见表1-4）。

表1-4　近年来部分欧洲国家增值税税率的变化

国家	调整时间	增值税税率变化
德国	2007年1月1日起	16%提高至19%
	2010年1月1日起	食宿服务：19%降到7%
匈牙利	2009.7.1起	20%，5%变为25%，18%，5%；食宿服务：18%

续表

国家	调整时间	增值税税率变化
希腊	2009 年 3 月 3 日起	衣服和鞋类：19% 提高到 21%
	2010 年 3 月 15 日起	19%，9% 提高到 21%，10%
	2010 年 7 月 1 日起	21%，10%.5% 提高到 23%，11%，5.5%
	2011 年 1 月 1 日起	11%，5.5% 提高到 13%，6.5%
爱尔兰	2008 年 12 月 1 日起	21% 提高到 21.5%
	2010 年 1 月 1 日起	21.5% 恢复到 21%
	2013 年	21% 提高到 22%
	2014 年	22% 提高到 23%

资料来源：OECD 数据库；IBFD 各国税制资料库。

（三）澳大利亚：全覆盖的增值税制度

2000 年 7 月 1 日，在酝酿、讨论三年之后，澳大利亚终于成功开征货物与劳务税，即增值税。同样实行联邦制的澳大利亚为什么能克服美国无法解决的联邦政府与州政府之间的博弈，顺利开征增值税，其原因值得探究。

1. 增值税建立的曲折过程

2000 年 7 月 1 日，澳大利亚联邦政府成功开征货物服务税，即增值税。货物服务税从研究到正式开征，联邦政府与州政府之间的协商以及对州政府既得利益的保护发挥了很重要的作用。

根据澳大利亚宪法的规定，联邦政府和州政府都有着独立的征税权。联邦政府可以征收所有形式的税，并且，关税和货物销售税只能由联邦政府独家征收。这一规定意味着各州不准对货物征收某种形式的销售税和生产税，因此，货物服务税只能由联邦政府统一征收。

尽管货物服务税的立法和征收管理权限属于联邦政府，但是联邦政府与各州约定，除非联邦政府和州政府一致同意，否则联邦政府不得更改现有的税基或税率。联邦政府新开征货物服务税，除了取代之前的联邦批发环节销售税之外，还取消了部分州税。为了确保各州对引进货物服务税的支持，联邦政府除了作出上述约定之外，还对州政府遭受的财政收入损失进行弥补。联邦政府保证在货物服务税开征之后的前三年内，州政府的财政状况不会恶化。联邦政府将对州进行转移支付，并提供短期无息贷款以弥补州政府的财政赤字。在税收收入分配方面，根据澳大利亚联邦政府和州政府之间的协议，所有的货物服务税收入在扣除大约1.5%比例的管理费之后，全部转移支付给各个州和地区。税收分配的方法与其长期建立起来的均等化转移支付体系是一样的，根据纵向财政转移支付和横向财政均等化的原则，在考虑各州的人口规模、支出需求、财政需求以及某些特殊需求的基础上，按照标准化公式在各州间进行分配。

以上分析，不难发现，澳大利亚联邦政府能够顺利开征增值税的原因在于关税和货物销售税只能由联邦政府独家征收，各州政府无法开征货物销售税，因此，联邦政府在推行增值税时的阻力要小得多，联邦政府再辅以财政收入损失弥补和财政转移支付等手段，改革的顺利实施就顺理成章了。

2. 主要内容

（1）征税范围。增值税的征收范围包括货物和整个服务业。

（2）税率设置。设置一档标准税率10%和零税率。零税率适用于货物与劳务出口、食品医疗保险劳务、教育、慈善活动、宗教活动、公共交通设施劳务以及2000年奥运会的各项劳务。

（3）免税范围。金融服务、住宅租金、私人出售财产、政府非商业性活动、政府收取的各项费用以及雇员的工资。

（4）税收征管。第一，征收部门为联邦政府。收入归各州政府所有，替代每年联邦政府拨给州政府的款项，以削弱州政府对税收的处理权或控制权，减少州政府之间为吸引企业到该州所进行的税收竞争。第二，税务登记管理。对年销售应税货物及劳务超过500万元的纳税人实行强制性登记，其他纳税人可选择性登记，并发放企业税务编码。第三，申报与缴纳。凡销售额超过2000万元的企业实行按月或按季申报，按月缴纳；不及2000万元的企业实行按季申报，按季缴纳。

（四）印度：未统一的增值税

印度早在1972年就开征了有限度的增值税，在历经30多年的改革后，始终无法实现在全国范围内对货物和服务的全流通环节和交易行为课征单一的流转税，主要原因在于印度宪法对联邦和州立法权限划分的限定。因此，未来印度统一增值税的过程任重道远。

1. 开征有限度的增值税

1972 年，针对传统间接税存在着的诸多弊端，印度成立间接税调查委员会，首次提出"有限度增值税"的概念，极力推荐在印度采用增值税制度。1985 在公布的"长期财政政策"中就包含了该建议，1986 年 3 月 1 日印度正式实施有限增值税制。

所谓有限度的增值税，是从联邦消费税转化而来，仅适用于极少数的制造业商品，即中央消费税税目表第 37 章中的货物。成功引入有限度增值税后，印度开始从个别州生产领域个别行业向多数州生产领域多数行业发展，并逐步推广到批发环节。2001 年 4 月，印度政府提出要取消销售税，在全国范围实行增值税，但由于各利益集团的尖锐反对，增值税最后实施期限一再推迟。2005 年 4 月 1 日起，印度开始实行有区别的联邦增值税和州增值税。实行增值税制后，取消原来已有的州销售税、销售税附加、附加费和特别附加税。同时，也取消中央销售税（CST）。实施增值税的细节，由各州的增值税法具体规定。

2. 几经改革，无法实现增值税的统一

由于印度增值税制度存在着种种问题，从 20 世纪 80 年代开始，就不断有提议要求改革，在全国范围内实行统一的增值税制度。印度联邦政府原本计划在 2010 年 4 月 1 日推行一个全国统一的增值税，以此取代现行联邦和州开征的大部分流转税。然而，由于联邦政府与各州之间无法就增值税的税率设计、管理权限划分、各州受损财政收入的补偿等问题达成共识，这一计划最终流产。

目前印度的增值税主要是指联邦增值税，服务税和州增值税（见表 1-5）。首先，在服务流通领域和货物加工制造环节，联邦政府分别开征了服务税和联邦增值税。这两个税种都属于环环抵扣的增值税，由联邦政府开征和具体征收管理。其次，在货物流通环节，又分别对货物的州际销售和州内销售开征了不同的税种。对货物的州际销售，由联邦政府开征联邦销售税，联邦销售税在州际货物销售的单环节课征，且不允许任何抵扣，因此从性质上说，它并不属于增值税。对州内销售货物的行为，大多数州开征了增值税。增值税属于地方税种，其抵扣链条仅限于本州内，也就是说，货物销售者在计算向州缴纳的增值税时，仅仅允许抵扣向该州缴纳的增值税进项税额，对于向其他州缴纳的增值税在本州不允许抵扣。尽管增值税的限制条件如此严格，目前在印度的 29 个州中也只有 22 个州开征了增值税，其他 7 个州仍然征收原来的单环节销售税（通常是对货物在该州的第一次销售环节征收）。

表 1－5　　印度增值税现状

征收主体	征收对象	征收范围	税种
联邦	服务	全国	服务税
联邦	货物的生产加工	全国	联邦增值税
联邦	货物销售	州际	联邦销售税
各州	货物销售	州内	州增值税

3. 原因分析

印度目前增值税始终没法实现统一的症结，在于印度宪法对联邦和州政府征税权的限定，使得无论是联邦政府还是州政府，都无权对货物和服务的全流通环节和交易行为课征一道单一的流转税。

印度是一个联邦制国家，各州都拥有较大的自主权力，实行税收自治。印度宪法第 246 条及宪法第 7 明细表授予联邦和州政府税收立法权，并规定了二者各自可立法的事项。宪法第 7 明细表包含 3 份清单：联邦清单（第一清单）、州清单（第二清单）以及联邦和州共同清单（第三清单）。根据宪法，联邦国会拥有第一清单所列举事项的排他性立法权。只要不与宪法其他条款相抵触，州立法机关在其所在州内拥有第二清单所列举事项的排他性立法权。而第三清单所列事项，联邦国会和州立法机关都有立法权。对第二清单和第三清单都没有授权州立法机关立法的事项，其立法权归联邦。宪法授权由州政府征收的主要税种是：有关销售和购买货物的税收，酒类消费税，土地税，机动车辆税，电税，印花税，娱乐税；有关专业、行业、职业和工作方面的税收；有关公路运输或内陆水运货物和旅客方面的税收等。

虽然印度宪法中用列举项目的方式对联邦政府和州政府的征税权进行了明确划分。但在与货物和服务流通相关的流转税上，联邦和州的权力划分却显得七零八落。在服务方面，联邦政府拥有对全部供应链条的服务征税的权力。而就货物交易而言，在货物的加工制造环节、货物的进出口环节以及货物州际贸易环节的征税权归属联邦政府，地方政府则拥有对在州境内发生的货物销售行为征税的权力。

这种税权划分存在的一个根本性问题是，无论联邦政府还是州政府，都无权对货物和服务的全流通环节和交易行为课征一道单一的流转税（见表1－6）。其结果，联邦政府和州政府对货物和服务流通链条进行分段截取，各自课征不同的增值税和销售税。这种做法导致了一系列的问题，如税制设计繁杂，征收管理较弱，各个税种的征税范围过于狭窄（并由此导致了高税率），在货物和服务的征税上缺乏衔接，重复征税现象十分严重，对市场竞争造成了各种各样的扭曲等等。

表1－6　印度联邦和州税收分享体制

税收	联邦征收	州征收	共同征收
直接税	所得税 公司税 财富税 股票与商品所交易税	农业税 土地和建筑物税 机动车税 矿业税	印花税
间接税	州际货物销售税（从一个州向另一州销售货物） 消费税（对在印度生产加工货物征收的增值税，酒类和麻醉品类货物除外） 关税（向印度进口货物） 服务税（对印度服务业征收的增值税）	周内货物销售增值税（对周内销售货物征收的增值税） 电税 酒类和麻醉品类消费税 州内进入特定地区的关税 职业、商业和雇佣税 娱乐税 奢侈品消费税 不动产税	

资料来源：全国人大常委会预算工作委员会编：《增值税法律制度比较研究》，中国民主法制出版社2010年版。

目前，印度增值税改革仍然面临很多困难：一是宪法的障碍，由于宪法明确划分了联邦和州在间接税方面的税收权限，一旦改革，就需要修改宪法。但宪法修订程序严格，未来改革具有不确定性；二是联邦和各州之间的利益博弈平衡点不容易找到，现在州基本上达成一致，但是在设定税率时，联邦和州之间的博弈将更加激烈。

第三节 美国为什么不征收增值税

美国是世界上第一大经济体，并一直在历次国际税制改革潮流中居引导地位，但却对有“良税”美誉的增值税引入争论颇多，几次提案都无功而返①。国际著名增值税专家爱伦·泰特在其《增值税国际实践和问题》一书中，将反对在美国实行增值税的情况归结为以下五点：“自由党反对增值税因为它是累退的，保守党担心增值税会成为一部‘造钱机’，自由党和保守党都担心增值税会引起通货膨胀，州和地方官员担心增值税会侵占他们传统的敛财禁区，联邦和州级官员都担忧增值税的管理工作像噩梦般可怕”。

具体来说，美国为什么不征收增值税，有以下两个方面的深层

① 20世纪70年代末，国会议员厄尔曼在5665号众院议案（1979年税法改革案）中提出用增值税代替部分工薪税（520亿美元）、个人所得税（500亿美元）、公司所得税（280亿美元），虽然该议案最终没有得到通过，但其增值税的建议还是得到人们的关注。

1983年，查尔斯·高尔文曾提议征收10%增值税以筹集国防资金，实现预算平衡，这一项基于增加财政收入而开征增值税的提案最终也没有获得通过。

1984年，理查德·林霍尔姆提出开征15%的增值税和2%的净值税（net worth tax）来代替公司所得税和个人所得税及遗产税。其中，增值税用以组织财政收入，净值税起到公平税负的作用。

1985年参议院罗斯提出开征经营交易税（business transfer tax），提出对营业额超过1000万美金的经销者的增值部分（主要是工资和利润）征收增值税，并在商品出口环节予以退税。

在1986年美国税改后，开征增值税的呼声沉寂了一时。但90年代，美国人重拾对增值税的兴趣。1993年，美国国会受到了关于实行增值税的报告。1995年两名议员提议实行增值税；1996年1月在布鲁金斯学会的回忆上，众议员吉宾斯提出以增值税取代公司所得税和个人所得税，实行欧洲模式的增值税。

原因。

一、联邦与州之间的矛盾阻碍增值税的实施

美国引进增值税没有成功，从美国独特的财政环境、政治环境以及思想文化传统等方面来分析，发现其中一个重要阻力就来自于美国的联邦体制所形成的联邦与州的政治关系。简而言之，在美国联邦制的政治体制下，联邦开征增值税被视为是对各州既有税权的侵蚀，因此遭到了各州和地方的强烈抵制，这是美国一直无法推行增值税的一个重要的原因。

美国联邦与州之间的权限划分得相当明确，联邦和州拥有各自的权力，任何一方都不得干预另一方行使的权力。在征税权上，根据美国宪法的规定，联邦和州都拥有独立的税收立法权。而随着历史的发展，双方逐渐形成了各自的税收体系和收入来源。联邦主要依赖于直接税，州主要依赖于销售税。目前，美国50个州中共有45个州开征了零售销售税。

由于增值税在属性上适合于作为中央税，它要求由中央集中税权、在全国范围内统一征管。在这种情况下，如果联邦要开征增值税，将面临一个非常敏感的政治问题，即如何协调联邦和州二者之间的征税权。

首先，如果联邦开征增值税，而州仍然征收零售销售税，这就造成同一税基要负担两种同一性质的流转税，存在重复征税问题，而且纳税人面临在征管上完全不同的两种税制，需要遵从两套征收管理制度，由此将导致难以忍受的纳税成本。这一做法显然会遭到纳税人的强烈反对。

其次，如果在联邦开征增值税的同时，取消各州的零售销售税，这将意味着联邦对州的传统征税权的侵蚀，使州一级的财政利益遭受巨大损失，由此会招致各州的强烈反对。

最后，如果对这两种方案采取折中的做法，在联邦和州同时开征增值税，而州取消零售销售税，那么上述各种问题虽然得到了部分缓

解但仍无法消除。这是因为，虽然增值税是在联邦和州同时开征，然而税权仍掌握在联邦手中，州在增值税上同样没有立法权，因此其税权的丧失仍不可避免。此外，由于目前各州在零售销售税上存在不少差异之处，在统一实行增值税后，联邦与各州之间的利益分配也是一个难题。

二、对零售销售税的路径依赖

道格拉斯·诺思在考察了西方近代经济史以后，认为一个国家在经济发展的历程中，制度变迁存在着“路径依赖”（path dependence）现象。诺思认为，“路径依赖”类似于物理学中的惯性，事物一旦进入某一路径，就可能对这种路径产生依赖。这是因为，经济生活与物理世界一样，存在着报酬递增和自我强化的机制。这种机制使人们一旦选择走上某一路径，就会在以后的发展中得到不断的自我强化。这就从制度的角度解释了为什么世界上各个国家并没有走同样的发展道路，为什么有的国家长期陷入不发达，总是走不出经济落后制度低效的怪圈等问题。

美国在增值税改革方面也存在着路径依赖。由于美国在流通环节一直实行的零售销售税制，该税种具有简便易行的特点，且重复征税现象不明显。因此，各方面对以增值税替代销售税的诉求并不强烈。这也是为什么增值税的理论最早萌芽于美国，并在几十年的时间内一直有声音呼吁开征增值税而得不到响应的一个主要因素。

另外，美国现行的零售销售税是在 19 世纪初的营业税基础上演变而来的，属于州税，目前美国有 45 个州和哥伦比亚特区征收该税种，并且有进一步扩大的趋势。零售销售税制在美国受到各州普遍欢迎，其原因在于零售销售税制简便易行，不存在重复征税。目前各州的零售销售税率大多在 3%—7% 之间，若要开征增值税，按照税负不变的原则来计算，税率大约要达到零售销售税率的两倍左右，无疑增加纳税人接受的难度。

第四节　增值税的未来发展趋势

近五十年来，世界各国增值税经历了从引入到逐步完善的过程，在各国的税制结构中具有重要地位，并呈现不同的特点。近年来，随着金融危机在全球的蔓延，增值税的作用越来越受到重视。

一、增值税的主体作用越来越受到重视

根据毕马威和普华永道两大会计师事务所的研究，发达国家的税制结构出现了由直接税向间接税转移的趋势，而发展中国家则更倚重间接税收入①。从世界范围来看，税制结构向间接税转移的趋势将表现在三个方面：第一，改革和完善现行增值税制度，克服增值税欺诈等弊端；第二，维持较高的增值税税率；第三，扩大和保护增值税或货物劳务税税基。

2007年美国首先爆发的金融危机迅速在全世界蔓延，对世界各国经济造成了很大冲击。无论是发达国家还是发展中国家都出现了经济衰退、企业经营困难、失业人数增加的情况。为应对危机，许多国家出台了救市措施，而税收政策是其中重要的调节工具。开征危机税②、降低所得税税率、提高增值税税率、加强税收征管，尤其是海外未申报资产的征管，既是各国的应急措施，也成为欧洲国家应对日益严重的债务危机的重要措施。

一些国家新开征增值税，也有部分国家采取增值税的增税措施，以弥补政府赤字。提高增值税税率是增加财政收入的有效手段。以

① PWC, *Shifting the Balance from Direct to Indirect Tax*, www. pwc. com/tax, 2011; Gary Harley, *Global Shift to Indirect Tax set to continue*, *predicts KPMG*, 13/09/2010。

② 葡萄牙于2010年出台严厉的新紧缩措施，包括对薪资和大公司征收“危机税”，计划在不到两年时间内将其预算赤字削减一半以上。

2010 年为例，提高增值税税率的国家和地区有 17 个（见表 1－7）。

表 1－7　2010 年提高增值税税率的国家和地区

国家和地区	调整时间	税率变化
白俄罗斯	2010 年 1 月 1 日	18%→20%
毛里塔尼亚	2010 年 1 月 1 日	14%→18%
冰岛	2010 年 1 月 1 日	24.5%→25.5%
科索沃	2010 年 1 月 1 日	15%→16%
牙买加	2010 年 1 月 1 日	16.5%→17.5%
墨西哥	2010 年	15%，10%→16%，11%
伯利兹	2010 年 4 月 1 日	10%→12.5%
希腊	2010 年 3 月 15 日 2010 年 7 月 1 日	19%，9%→21%，10%→23%，11%
芬兰	2010 年 7 月 1 日	22%，12%，8%→23%，13%，9%
西班牙	2010 年 7 月 1 日	16%，7%→18%，8%
博茨瓦纳	2010 年 7 月 1 日	10%→12%
巴拿马	2010 年 7 月 1 日	5%→7%
马德拉岛	2010 年 7 月 1 日	14%，8%→15%，9%
罗马尼亚	2010 年 7 月 1 日	19%→24%
捷克	2010 年 10 月 1 日	19%，9%→20%，10%
新西兰	2010 年 10 月 1 日	12.5%→15%
葡萄牙	2010 年 7 月 1 日	20%，12%，5%→21%，13%，6%

资料来源：OECD 数据库；IBFD 各国税制资料库。

二、现代型增值税制度是未来的发展方向

现代型增值税是由新西兰于 1986 年 10 月开始实行的，多年来已经被亚洲、北美、南美、非洲和南太平洋的许多国家所采用，但选择这种类型的国家通常是一些领土面积较小，经济结构相对简单、税制比较单一的国家。

现代型增值税是指征税范围最完整的增值税，即最大限度地把所有商品和劳务纳入增值税的征税范围，与消费税配合形成最佳商

品劳务征税制度结构。国际增值税专家认为，现代型增值税是当今增值税的最佳模式，具有税制简化、机制严密、对经济扭曲程度最小、征纳成本最低、易于管理等诸多优点。增值税改革的总趋势是朝着建立现代增值税税制方向发展。

第二章　我国增值税的变迁历程

第一节　增值税的试点与开征

由于增值税在我国是个崭新的税种，因此，政府对增值税的引入采取了比较谨慎的态度，采取了先工业、后商业，分段实施，由点到面逐步推开的方式。

一、试点背景

每一项新的税收制度的出台，探究其背景，无外乎是随着经济形势的发展变化，原有的税制已经成为发展的障碍，于是改革也就应运而生。

（一）改革开放战略的要求

党的十一届三中全会作出了改革开放的战略决策，我国经济开始由单一的封闭式产品经济向多样化的开放型商品经济转变。一方面，贯彻以国营经济为主导、多种经济形式并存的政策，城乡集体所有制经济迅速发展，个体经济也日益活跃；另一方面，在商品流通领域，改变国营企业一家独揽的局面，出现流通渠道多样化的格局，市场开始繁荣兴旺。

同时，随着经济改组、工业专业化协作生产的发展，要求经过调整生产结构，将落后的生产方式，改为专业协作化生产方式，以实现工业化大批量、高精尖、低成本、低消耗的政策目标。这些变化都要求税制设计与此相匹配。但当时我国的多种税多次征的复合税制体系已不存在，对内资企业和外资企业分别按照其销售（营业）收入征收工商税和工商统一税。工商税是对工商业及劳务服务业经营取得的收入征收的一种商品劳务税，具有道道征收又重复征税的特征。其与经济不相适应的矛盾日益突出，集中反映在：

(1) 工业改组，实行专业化生产已经成为一项全国性任务，在各地推开，企业每扩散一项产品，就要增加一道税，严重阻碍工业改组，企业反映强烈。

(2) 随着工业改组的提出，在实行专业化改组的基础上，成立了大量的专业性公司，当这些公司实行统一核算以后，原来纳税的单位变为非税单位，使税收收入在一定程度上失去了保证。

(3) 对外经济交往发展较快，出现了技术引进、来料加工、来料装配、补偿贸易、合资经营等多种形式，进出口贸易也迅速增加，需要有一种能更有利于贯彻奖出限入政策的新税制来适应这一新形势。

（二）工商税存在着重复征税的弊端

我国从新中国成立后至改革开放前，税制建设经历了曲折的发展过程。1950 年，中央人民政府政务院发布《全国税政实施要则》，在清理旧税制的基础上，建立了一套以多种税、多次征为特征的复合税制。1958 年进行了新中国成立后第一次大规模的税制改革，主要是简化工商税制，试行工商统一税，甚至一度在城市国营企业试行“税利合一”，在农村人民公社试行“财政包干”。1973 年进行了建国后第二次大规模的税制改革，其核心仍然是简化工商税制。至此，我国工商税制一共只设 7 种税，对国营企业只征收一道工商税，对集体企业只征收工商税和工商所得税两种税，城市房地产税、车船使用牌照税、屠宰税仅对个人和极少数单位征收，工商统一税仅对外适用。

不难发现，改革开放前我国历次的税制改革，由于受到极左思想和税收无用论思想的影响，税制已经简化到无法再简化的地步，流转税成为绝对的主体税种。这种流转税延续几十年按产品销售收入全额计税的习惯做法，虽简便易行，但重复课税的弊病却被忽视。这主要是因为实行统收统支计划经济，企业在“大锅饭”的管理体制下，对经济核算并不十分重视。向国家交纳的税金和上交的利润，是此消彼长的关系，与企业和职工个人的切身利益一般不发生直接关系。税收和利润作用的混淆，掩盖了重复课税的矛盾。

随着经济的发展和改革开放的扩大，工商税的道道征收又重复征税的弊端日益凸显，其政策性导向是鼓励“大而全”、“小而全”的落后生产方式，打击高效能的专业化生产方式。可以说，当时工商税的政策导向与工业改组的目标要求正好背道而驰，这种税制已经不能适应发展经济和改革开放的需要，增值税的推行势在必行（参见专栏 2－1）。

专栏 2－1　增值税来到中国

韩绍初，中国增值税引进的积极倡导者和参与者，财政部组建税政司后担任首任司长，著名税务学者。1979 年的一个偶然机会，韩绍初看到财政科研所的一本杂志中翻译介绍了国外正在逐渐施行的增值税，这引起了他们的极大关注，“以我们的看法，增值税恰恰是能够解决重复征税问题的新型税制，它完全可以运用于中国。”就像发现新大陆一样，他们找到了改革的出路，兴奋之情难以表达。经过认真研究，他们大胆地提出了运用国外增值税经验部分排除工商税制中重复征税因素的主张，以促进我国工业向专业协作化方向发展。

“从 1980 年开始，或以三个人的名义，或以我个人的名义，陆续在《经济管理》、《财政及财政研究资料》、《财贸报》等中央报刊上发表有关增值税的研究性文章。”韩绍初津津乐道地说，由于这些文章一个总的目标是要通过税制改革推动我国工业向专业协作化方向改组，因此受到了企业界的重视和支持，社会舆论对用增值税的方法排除重复征税的呼声逐渐增高。

摘自：韩绍初：《增值税来到中国》，www.gov.cn。

二、增值税试点阶段（1979—1983 年）

1979 年 3 月，财政部税务总局组织专人在江苏省无锡市就改革工商税制等问题调查研究以后明确提出：工商税重复征税、税负不平的问题由来已久，在工业改组方面表现更加突出，实行增值税可以解决这个问题。1979 年下半年起，先后在柳州、长沙、襄樊、上海等城市，选择重复征税矛盾最为突出的机器机械和农业机具两个行业进行增值税的试点。1982 年，财政部制定了《增值税暂行办法》，决定对上述两个行业的产品以及电风扇、缝纫机、自行车三项产品在全国范围实行增值税。1984 年前，在全国仍实行工商税的条件下，增值税从部分地区试点到全国分步试行。

这个阶段的试点过程，准确地说应该是增值税的过渡性阶段。试点中的增值税是在产品税的基础上进行的，征税范围较窄，税率档次较多，计算方式复杂（见表 2 - 1），还残留着产品税的某些痕迹，是“变性”的增值税。

表 2 - 1　　1979—1983 年试点阶段的增值税征税办法

阶段	征税办法
1979—1982 年	加法：把构成增值的诸因素汇集起来作为增值额据以征税，增值额相当于企业内部形成未经分配的国民收入。 实耗扣除法：是减法——扣额法的一种形式。特点不是扣除规定扣除项目的外购金额，而是扣除经营或销售产品中规定扣除项目的实际耗用金额。 购进扣除法：与实耗扣除法不同，不是以法定扣除项目的耗用额为扣除依据，而是以法定扣除项目的购进额或购进额中包含的税额为扣除依据。
1982—1983 年	扣额法：即购进扣额法。允许企业把外购商品中属于税法规定扣除范围的金额，从其商品销售收入额中扣除，以其余额作为法定增值额，据以计征增值税。适用于机器机械及其零配件和农业机具及其零配件两个税目。 扣税法：即税款扣除法。以企业商品销售全额的应纳税金，减去购入商品中属于税法规定扣除范围内的以纳税金，作为企业销售商品应纳增值税税金。适用于缝纫机、自行车和电风扇三个税目。

三、正式开征并逐步扩大征收范围（1984—1993 年）

从 1984 年开始，我国政府通过“小步快走”的方式不断扩大征收范围，为全面实施增值税进行了有益的探索。

1984 年，我国进行了国营企业“利改税”第二部改革和工商税制改革中，国务院颁布了《中华人民共和国增值税条例（草案）》，增值税正式成为我国税制体系中的一个独立税种，与产品税、营业税并行成为流转税的三大税种之一。增值税的征税范围扩大到 12 个税目，即机器机械及其零配件、汽车、机动船舶、轴承、农业机具及其零配件、钢坯、钢材、自行车、缝纫机、电风扇、印染绸缎和其他印染机织丝织品、西药，税率从 6% 至 16% 不等（见表 2－2）；在计税方法上，分甲乙两类商品分别实行“扣额法”或者“扣税法”计算纳税；进口的应税产品，一律按照组成计税价格和适用税率直接计算应纳税额；国家鼓励出口的产品，可以免征增值税或者退还已经征收的增值税。增值税的征收可以由主管税务机关分别采取定期定率、分期核算、年终结算的方式进行。

表 2－2 1984 年我国增值税税目税率表

税 目	税 率（%）
甲类	
机器机械及其零配件	14
汽车	14
机动船舶	10
轴承	14
农业机具及其零配件	6
乙类	
钢坯	8
钢材	14
自行车	16
缝纫机	12

续表

税　目	税　率（%）
电风扇	16
印染绸缎及其他印染机织丝织品	10
西药	
原味药	10
成剂药	12

增值税正式开征后，针对开征中存在着的税率档次多，制度不规范等诸多问题，进行了不断的调整与完善。此后完善增值税的主要措施，一是逐步扩大征税范围，二是改进计税办法：

一是扩大征税范围。从1986年到1988年，根据国务院的授权和有关指示，财政部陆续发出了一系列关于扩大增值税征税范围的文件，逐步将增值税的税目增加到31个，除了烟、酒、电力成品油等10类工业品继续征收产品税以外，其他工业品都纳入了增值税的征税范围。1984—1993年，增值税征税范围不断扩大，从1984年的12个税目扩大至1993年的31个税目。与增值税税目调整相适应，增值税税率也在不断变化、扩展，至1993年，增值税税率多达12档，从8%—45%不等。

二是改进计税办法。1984年改革之初增值税实行“扣税法”和“扣额法”两种方式解决重复征税问题，之后于1987年对计税方法统一做了规定，一律实行扣税法，同时对扣除项目也予以统一。从1989年开始，又在扣税法的基础上逐步统一实行了“价税分流购进扣税法”，即规定企业在成本利润会计核算中不再包含增值税因素。1992年开始试行增值税简便征收，是现行增值税小规模纳税人雏形。

增值税10年的试行开征取得了良好的效果，增值税收入从1985年的147.70亿元增加至1993年的1081.48亿元（见表2－3、图2－1），增长了6.32倍。增值税收入占全国税收总额的比重也从7.2%上升至25.4%，提高了18.2个百分点。我国工业GDP也从3448.7亿元（当年价格，下同）增加至14188.0亿元，增长了3.11

倍。此外，试征阶段为1994年之后的增值税的全面实施积累了丰富的经验，为增值税规范管理奠定了良好的基础，如现行“扣税法”、增值税价税分流和小规模纳税人制度均是在这一阶段基础上完善的。

表2-3 **1985—1993年增值税收入情况表** 单位：亿元

年份	国内增值税收入	各项税收收入
1985	147.70	2040.79
1986	232.19	2090.73
1987	254.20	2140.36
1988	384.37	2390.47
1989	430.83	2727.40
1990	400.00	2821.86
1991	406.36	2990.17
1992	705.93	3296.91
1993	1081.48	4255.30

资料来源：《中国统计年鉴2012》。

注：国内增值税不包括进口产品增值税。

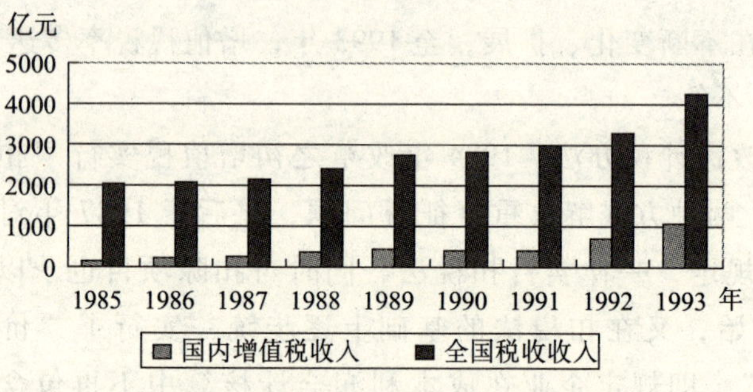

图2-1 1985—1993年增值税收入情况

第二节 市场经济条件下增值税制度的改革

1994年的增值税改革，是我国增值税建设史上的一个重要里程碑，标志着我国规范增值税的建立。2003 年前，针对增值税在实际运行中存在的问题，我国增值税制度又进行了不断的完善。之后，增值税又分别进行了增值税的“转型”与“扩围”改革，我国增值税制度日趋完善。

一、初步建立适应市场经济的增值税制度

（一）改革背景

1992 年春邓小平同志视察我国南方发表重要谈话以后，党中央、国务院做出了关于加快改革开放和经济发展的一系列重要决定，国民经济持续、稳定、快速发展，经济体制改革逐步深入，税制改革的重要性也日益凸显。

1. 建立社会主义市场经济目标模式的客观要求

党的十四大明确提出了建立社会主义市场经济体制的目标模式，经济体制的全面转型必然要求有一套全新的税收制度与之相适应。这就决定了当时的税制改革，必须是全方位的革故鼎新，摒弃计划经济的色彩，体现市场经济的本质特征，而不能只在原有基础上修修补补。同时，治理通货膨胀，实现宏观经济尽快“软着陆”，提高“两个比重”，建立规范的分税制财政体制，增强财政宏观调控能力，都对全面深化税收制度改革提出了迫切要求。

2. 增值税制度不完善

增值税从试点到正式开征，10 年间，取得了良好的效果，积累了宝贵的经验。但也暴露出一些问题：首先是当时我国内外资分别实施两套流转税制，外资企业实行的工商统一税同样存在重复征税问题；其次是内资企业虽然实行了增值税，但是这个阶段的增值税仍属于在产品生产环节单环节征收的产品税，是一种以增值税办法排除了部分重复征税因素的改进型产品税。它与国外在商品劳务领域全面征收的增值税有极大区别。因此并不能全面发挥增值税制的自身优势。新的经济发展态势客观上提出了应在中国建立统一的全面实

施的增值税要求。

为建立适应社会主体市场经济体制的财税制度，1994 年我国实施了改革力度最大、影响最为深远的财税体制改革，其中最重要的改革内容之一则是增值税制度的改革。

（二）税制改革的主要内容

1994 年增值税改革，奠定了我国规范增值税制度的基础。一是扩大了增值税的征税范围，全面代替产品税。对商品的生产、批发、零售和进口全面实行增值税，对绝大部分劳务和销售不动产暂不实行增值税。二是税率简化。只设置了标准税率 17%，设置一档低税率 13% 和出口零税率三档税率。税率简化为增值税对资源配置“中性”特点发挥、促进市场经济公平竞争奠定了良好的制度基础，其中出口适用零税率，不但符合增值税“消费地”原则，而且保证我国商品在国际市场以不含税价格竞争，提升了商品竞争力。三是实行生产型增值税。出于保障财政收入等诸多因素的考虑，在增值税类型选择方面做了一个不情愿的选择，即生产型增值税（见专栏 2－2）。四是实行价外计征的办法，即按照不含增值税税金的商品价格和规定的税率计算征收增值税。五是实行根据发票注明税金抵扣税款的制度。零售以前各环节销售商品的时候，必须在发票上分别注明不含增值税的价格和增值税税金。为了适应我国消费者的习惯，在商品零售环节实行价内税，不在发票上单独注明税金。六是按照经营规模标准和财务核算能力，将纳税人分为一般纳税人和小规模纳税人。对小规模纳税人，实行按照销售收入金额和规定的征收率计征增值税的简便办法。七是改革增值税纳税制度。对增值税的纳税人进行专门的税务登记，使用增值税专用发票，建立对购销双方交叉审计的稽查体系和防止偷漏税、减免税的内在机制。

1994 年后，我国又采取措施进一步完善增值税制度。主要包括对一般纳税人的适用税率、进项税额扣除范围和扣除率、小规模纳税人的征收率、出口退税率和税收优惠等作了一些必要的调整，并强化了征收管理。

专栏 2－2 原国家税务总局副局长许善达：我所经历的财税改革片段

推行增值税是税务系统一大批长期研究、试点增值税的人多年来的愿望，当然特别希望能搞出一个漂亮、完美的增值税。但是，1994 年，国内从 1993 年开始的通货膨胀尚未缓解，而且，对我国由投资过热引发的通货膨胀的治理之策，首要的政策就是压缩投资。在这种形势下，增值税不允许抵扣建筑业的营业税当然就顺理成章了。而在增值税选型问题上也只能做了很不情愿的选择：生产型。亦即：不允许抵扣购进设备中所含的税款。

虽然当时选择生产型增值税的原因中有通货膨胀因素，但实际上主要原因是增值税率。很显然，为了实现同样的税收收入，生产型增值税的税率要比消费型增值税低得多。据税务局有关工作人员测算，我国 17% 税率的生产型增值税相当于 23% 的消费型增值税。如果营业税也允许抵扣，税率还要比 23% 高出若干个百分点。这种高税率社会是不可能接受的，也是政府不可能采用的。

摘自：许善达：《我所经历的财税改革片段》，中国金融四十人论坛 http://www.cf40.org.cn。

具体包括：一是为体现国家产业政策，优化产业结构，促进农业和采掘业的健康发展，将农产品、农用水泵、农用柴油机、金属矿和非金属矿采选产品的增值税率由 17% 调低为 13%。二是明确了征收增值税的农业产品的范围，对农产品的征税范围作了注释和明确。三是对增值税一般纳税人支付的运输费用和收购的废旧物资准予按 10% 的扣除率计算进项税额予以抵扣。四是针对商业零售环节税收漏洞较多、税源难以控制的情况，重新确定了商业一般纳税人的认定标准，将商业小规模纳税人的增值税征收率由 6% 调至 4%。五是将增值税一般纳税人购进农业生产者（含增值税小规模纳税人）销售的农产品进项税额扣除率统一由 10% 提高到 13%。六是根据运价逐渐提高、运费中物耗比重逐渐下降、运费中所负担的流转税也在下降的实际情况，将增值税运费的抵扣率由 10% 调减为 7%。

（三）改革的成效

1994 年增值税改革取得了巨大成功。增值税由此成为第一大税种（见表2－4、图2－2），不仅在筹集财政收入方面发挥了不可替代的作用，而且有力地推动了货物生产流通领域专业化分工的发展。同时，增值税的出口退税制度也为出口货物以不含税价格参与国际竞争创造了有利条件。随着增值税制度的建立，我国以加工制造业为代表的第二产业得到了快速发展，并逐步成为全球制造业大国。据统计，1994 年至 2010 年，我国工业增加值由 19481 亿元增加至 160867 亿元，按不变价计算增长 4.4 倍；出口货物总额由 10422 亿元增加至 107023 亿元，增长 9.3 倍。

表 2－4　　1994—2011 年增值税收入情况表　　单位：亿元

年份	国内增值税收入	各项税收收入
1994	2308.34	5126.88
1995	2602.33	6038.04
1996	2962.81	6909.82
1997	3283.92	8234.04
1998	3628.46	9262.80
1999	3881.87	10682.58
2000	4553.17	12581.51
2001	5357.13	15301.38
2002	6178.39	17636.45
2003	7236.54	20017.31
2004	9017.94	24165.68
2005	10792.11	28778.54
2006	12784.81	34804.35
2007	15470.23	45621.97
2008	17996.94	54223.79
2009	18481.22	59521.59
2010	21093.48	73210.79
2011	24266.63	89738.39

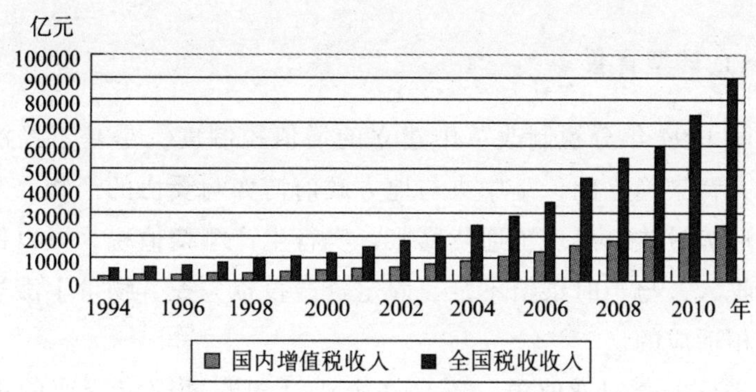

图 2－2　1994—2011 年增值税收入情况

但是，受当时一些条件制约，1994 年基于经济体制转轨背景建立的中国增值税制度，与其他大多数国家实行的增值税相比，在改革的深度和广度上尚未完全到位。在深度上，主要是增值税进项税额抵扣不彻底，固定资产没有纳入抵扣范围，对投资仍然重复征税，在税制类型上还属于生产型增值税，不利于鼓励企业设备投资和技术进步。在广度上，主要是增值税覆盖不全面，征税对象限于货物和加工修理修配劳务，对其他劳务、不动产、无形资产则实行营业税制度。根据相关数据测算，增值税覆盖了国民经济 60% 多的领域，其余由营业税覆盖。这种增值税与营业税并存的税制格局，不仅对服务业内部的专业化分工造成了重复征税，也导致制造业纳税人外购劳务所负担的营业税和服务业纳税人外购货物所负担的增值税，均得不到抵扣，各产业之间深化分工协作存在税制安排上的障碍。

二、增值税的转型改革

增值税转型就是将生产型增值税转为消费型增值税，允许企业将外购原料、固定资产等所含税金扣除。从第一章的分析中，我们知道，消费型增值税要优于生产型增值税，能较彻底地消除重复性征税。实行消费型增值税，可以鼓励企业将更多资金用于更新固定资产、投入技术改造，有利于产品和产业升级换代，提高竞争力，也有利于拉动经济增长。

（一）转型背景

我国1994年分税制改革中建立的增值税制度，是基于经济体制转轨的大背景确立的，是中央与地方政府博弈与妥协的产物。当时我国经济形势过热，出现了通货膨胀，实行生产型增值税，可以保证中央财政收入，与当时供给不足、固定资产投资失控、物价上涨过大等现象是相适应的。

但实行生产型增值税，不允许企业抵扣购进固定资产的进项税额，存在重复征税问题，制约了企业技术改进的积极性。随着经济社会环境的发展变化，各界要求增值税由生产型向消费型转变的呼声很高。为了进一步消除重复征税因素，降低企业设备投资税收负担，鼓励企业技术进步和促进产业结构调整，有必要尽快在全国推开转型改革。

（二）转型改革

增值税转型在我国经历了一个渐进的过程。从2004年在东北地区的部分行业开始试点，到2009年在全国范围铺开，转型改革用了5年的时间。

1. 试点阶段

2003年10月十六届三中全会通过的《中共中央关于完善社会主义市场经济体制若干问题的决定》，首先提出“逐步推行增值税由生产型向消费型转变，在东北地区部分行业先行试点。”2003年10月底，中央出台《实施东北地区等老工业基地振兴战略的若干意见》，再次重申“在东北优先推行从生产型增值税向消费型增值税的改革”。

2004年下半年，我国增值税的转型改革试点正式开始启动：东北地区的部分行业：装备制造、石油化工、冶金、汽车制造、船舶、高新科技产业、农产品加工业、军品工业等八大行业率先进行了增值税转型改革的试点；2007年5月，增值税转型改革试点范围扩大至中部地区，包含了山西、河南、安徽、江西、湖南、湖北中部六省的

26个老工业基地城市。中部与东北执行政策的不同在于：一是东北实行的试点改革政策涵盖了东北三省全部，中部则规定了具体的地区即只在26个老工业基地城市地域范围内实行；二是行业方面有所不同，以中部优势产业电力和采掘业代替了东北地区的船舶与军工业。2008年7月1日起，内蒙古东部五盟市成为第三批转型试点城市。第四批纳入增值税转型改革试点范围的地区，主要涉及四川、甘肃和陕西三省被确定为极重灾区和重灾区的51个县（市、区）。

2. 全面推开

增值税是中性税种，具有产业链条长、环节多、关联度大的特点，不宜较长时期对不同地区、不同产业采取区别对待的政策。采用试点转型的办法固然稳健，但却扭曲了增值税中性，一定程度上妨碍了整体经济的良性发展。试点地区也逐步暴露出越来越多的问题：

一是东北等地采用“增量抵扣”的办法（即规定纳税人当年准予抵扣的进项税额，不得超过当年新增增值税税额），造成实际抵退税额与各部门预期差距较大，实际抵退户数、税额均显不足；增值税退税过程流程烦琐，增加了纳税遵从成本和征管成本。

二是试点转型政策表现为地区税收优惠政策，违背中性原则，形成“投资洼地效应”，干扰市场资金流动；对固定资产的界定标准不统一，转型政策不规范，配套法规不完善，操作性差，偷漏税现象严重等。

全面推行增值税转型的另一个主要原因是应对国际金融危机。由美国次贷危机引发的金融危机当时已波及欧洲、亚洲、拉丁美洲，全球经济增长出现明显放缓势头，一些国家甚至出现经济衰退的迹象，金融危机正在对实体经济产生重大不利影响。为应对金融危机对我国经济发展带来的不利影响，努力扩大需求，作为一项促进企业设备投资和扩大生产，保持我国经济平稳较快增长的重要举措，2008年11月5日，国务院第34次常务会议决定自2009年1月1日起在全国范围内实施增值税转型改革。将在全国所有地区、所有行业全面实施增值税转型改革，鼓励企业技术改造，这标志着我国增值税改革向前迈出了重要一步。

2008年12月19日，财政部、国家税务总局联合下发《关于全国实施增值税转型改革若干问题的通知》（财税〔2008〕170号）规定：①自2009年1月1日起，全国所有增值税一般纳税人新购进设备所含的进项税额可以计算抵扣；②购进的应征消费税的小汽车、摩托车和游艇不得抵扣进项税；③取消进口设备增值税免税政策和外商投资企业采购国产设备增值税退税政策；④小规模纳税人征收率降低为3%；⑤将矿产品增值税税率从13%恢复到17%。

据统计，2009年至2011年因实施增值税转型改革，累计减少税收收入5000多亿元，明显减轻了企业税收负担，成为我国历史上单项税制改革减税力度最大的一次改革[①]。

三、增值税的扩围改革

1994年的分税制改革中，我国选择在流转环节实行增值税和营业税并行的征税模式，即对除建筑业外的第二产业征收增值税；对大部分第三产业征收营业税。这一模式与当时的经济发展需求是相适应的。但是，随着市场经济的发展和完善，增值税和营业税分立征收的做法，日益显现出其内在的不合理性和缺陷，对经济的运行造成了一系列的扭曲，不利于经济结构的转型。因此，实行增值税扩围改革既有利于实现转变经济发展方式，同时也是增值税制度自我完善的关键一步。

2011年10月26日，国务院常务会议决定从2012年1月1日起，先在上海市交通运输业和部分现代服务业开展深化增值税制度改革（营改增）试点，逐步将目前征收营业税的行业改为征收增值税。2011年11月17日财政部、国家税务总局正式发布了《营业税改征增值税试点方案》（以下简称方案），方案中明确提出改革的基本原则是“统筹设计、分步实施”。这就意味着营改增改革是一次渐进式改革，相比于之前我国历次改革中强调的“摸着石头过河”，这次改

① 肖捷：《继续推进增值税制度改革》，《经济日报》，2012年4月1日。

革更多强调统筹设计。要求正确处理改革、发展、稳定的关系，统筹兼顾经济社会发展要求，结合全面推行改革需要和当前实际，科学设计，稳步推进。营改增试点的大幕在 2012 年 1 月 1 日在上海正式拉开。在上海试点将近半年后，改革开始提速。2012 年 7 月 31 日，财政部和国家税务总局根据国务院第 212 次常务会议决定精神印发了《财政部、国家税务总局关于在北京等 8 省市开展交通运输业和部分现代服务业营业税改征增值税试点的通知》（财税〔2012〕71 号），明确在北京等 8 省市组织实施试点，并决定在 2013 年加快试点步伐。8 省市正式启动营改增试点的时间：北京市为 2012 年 9 月 1 日，江苏省、安徽省为 2012 年 10 月 1 日，福建省（含厦门市）、广东省（含深圳市）为 2012 年 11 月 1 日，天津市、浙江省（含宁波市）、湖北省为 2012 年 12 月 1 日。

在经过一年的改革试点后，营改增试点范围进一步扩大。2013 年 4 月 10 日召开的国务院常务会议决定进一步扩大营改增试点，自 2013 年 8 月 1 日起，将交通运输业和部分现代服务业营改增试点在全国范围内推开，适当扩大部分现代服务业范围，将广播影视作品的制作、播映、发行等纳入试点。并择机将铁路运输和邮电通信等行业纳入营改增试点，力争“十二五”期间全面完成营改增改革。

第三章　为什么要实行营改增

前两章我们已分析了增值税的基本原理及我国增值税的发展变化，本章在介绍营业税基本原理、我国营业税演变后，重点分析实行营业税改征增值税的原因及改革的有利条件和面临的风险。

第一节　什么是营业税

一、营业税的含义与特征

营业税是对商品生产部门和劳务提供部门取得营业收入的单位和个人，就其从事经营活动取得的营业额所征收的一种税。

一般来说，营业税大体有以下几个特点：

1. 实行多环节全额征收

营业税的计税依据一般为纳税人的营业额全额，且每经过一道环节就要征一道营业税。这样，由于营业税额不受纳税人成本费用的影响，具有收入稳定性，营业税的顺利征收对于保证财政收入稳定增长具有重要的意义。

2. 针对不同的行业设计不同的税率

由于各行业的盈利水平不同，所以，营业税实行行业差别比例税率。比如对一些有利于社会稳定、发展的福利单位和教育、卫生部门给予免税；对一些关系国计民生的行业采用低税率，如交通运输业、邮电通信业、文化体育业和建筑业适用3%的税率；对一些收入较高的歌厅、舞厅、高尔夫球等娱乐行业适用5%—20%的高税率等。这种税目、税率的确定体现了国家的政策，有利于促进各行业的协调发展。

3. 计算简便，便于征管

因为营业税按营业额全额征税，又实行的是比例税率，所以，相对于其他税种来说，其计算简便，有利于纳税人计算缴纳和税务机关征收管理。

二、营业税的起源

营业税作为一个古老的税种有着久远的历史。在欧洲中世纪，当时的一些国家规定：营业商户每年需向政府缴纳一定的金额方可营业，这“一定的金额”被称为许可金。随着商业经济的发展，这个制度暴露了自身的缺点，由于无论营业商户规模的大小，政府征收的许可金始终是相同的，这违背了税收公平原则，不利于经济的发展。后来，法国政府考虑到这个问题，于1791年改许可金为营业税，以营业商户营业额的大小为计税依据征收营业税。这是营业税作为一个税种的名称首次出现，随后，欧洲各国相继仿效开征营业税。1954年，法国将传统的营业税改造成增值税，许多国家纷纷效仿，用增值税取代营业税，而保留营业税的国家，也大都缩小了营业税的征税范围，一般只向第三产业征收营业税。

我国营业税的起源可以追溯到周代“关市之征”和“商贾虞衡”，随后的历朝历代都开征过相似的税种，比较有名的如汉代的“算缗钱”、明朝的“市肆门摊税”、“课钞”等，清朝时期，政府开始征收“铺间房税”和“牙当”等，这些都具有营业税的性质。我国较为正式的营业税制度出现在民国时期，1931年6月13日，当时的国民政府颁布营业税法，开始征收营业税。营业税征收对象有19个行业，主要是工商、服务、交通运输、金融保险等。1945年5月，国民政府开始对银行、信托、保险、交易所、国际省际交通业以及进出口商业等开征特种营业税，由中央统一征收管理；普通营业税归地方政府征收管理。

三、我国营业税的演变

以是否开征独立营业税为标准，我国营业税的演变大体可分两个阶段：第一阶段为改革开放前，在这一阶段我国并未开征独立的营业税；第二阶段为改革开放后，在这一阶段我国开征了独立的营业税。

（一）改革开放前：未单独开征营业税

新中国成立后，废除旧的营业税法并在1950年公布了《工商业税暂行条例》，至改革开放前，未单独开征营业税，但具有营业税特征，如1950年的工商业税、1958年的工商统一税、1973年的工商税等都具有营业税特征。

1. 工商业税

新中国的税制是从1950年开始建立起来的，根据“国家的税收政策，应以保障革命战争的供给，照顾生产的恢复和发展及国家建设的需要为原则，简化税制，实行合理负担”① 的原则，新中国开始着手建立自己的税收制度，随后中央人民政府政务院先后发布《全国税政实施要则》、《关于统一全国税收政策的决定》以及《全国各级税务机关暂行组织规程》等法规，建立了符合当时国情的税收制度。在《全国税政实施要则》中，政府确定征收15个税种，这其中就有工商业税，1950年1月30日，政务院颁布了《工商业税暂行条例》，工商业税制度正式建立起来。当时的工商业税是对我国境内的企业（包括公营、私营、公私合营以及合作事业在内的工商营利企业），就其营业额和所得额征收的一种税。按照工商业者经营方

---

① 资料来源：中华人民共和国政治协商会议通过的《共同纲领》。

式，工商业税分为固定工商业、临时商业及摊贩业，分别采用不同的征收方式。固定工商业应纳的工商业税，分为依营业额计算部分和依所得额计算部分分别征收；临时商业及摊贩业的营业税和所得税合并征收。由于我国现行营业税是从工商业税的固定工商业的营业税部分演变过来的，所以，以下内容主要分析这一部分的基本情况。

对于固定工商业，工商业税中营业税部分的征税范围基本涵盖了当时几乎所有工商营利企业，工商业税分行业制定比例税率，计税依据为营业总收入额的企业称为甲类，税率为1%—3%；计税依据为营业总收益额的企业称为乙类，税率为1.5%—6%；计税依据为佣金收益额的企业称为丙类，税率为6%—15%。1950年6月调整税收后，政务院于1950年12月修正公布了《工商业税暂行条例》。修正后的条例，将营业税的税率由原来的1%至20%，调整为1%至15%。

甲类企业包括工业部分和商业部分，其中，工业部分包括机械制造业在内的38种行业，几乎把所有工业行业都包括在内；商业部分包括进出口业在内的37种行业。乙类企业有23种，丙类企业则只有6种。

尽管在1953年国家对税制进行了修正，但是工商业税制度的整体框架并没有改变。

2. 工商统一税

为适应新的经济情况，1958年我国开始简化税制，决定将工商业税中的营业税部分并入工商统一税；工商业税中的所得税部分成为一个独立的税种，称为工商所得税。1958年9月11日，第一届全国人民代表大会常务委员会原则通过《中华人民共和国工商统一税条例（草案）》，工商统一税开始征收。

工商统一税是以工业品生产、农产品采购、货物进口、商业零售、交通运输和服务性业务的流转额为征税对象的一种流转税。工商统一税是根据财政部提出改革工商税制的报告，按照“基本上在原有税负基础上简化税制”的税制改革方针，将原来的货物税、商品流通税、印花税等税种合并成的。工商统一税在1958年至1972年的15年中，成为我国工商税收体系中的主体税种。

工商统一税实行对工业、商业两个环节的两次课征制，凡在中国境内从事工业品生产、农产品采购、货物进口、商业零售、交通运输和服务性业务的单位和个人，都是工商统一税的纳税人。从事工业品生产的纳税人，在工业品销售后，根据销售收入的金额，依率计税；从事农产品采购的纳税人，在农产品采购后，根据采购所支付的金额，依率计税；从事货物进口的纳税人，在货物进口后，根据进口货物所支付的金额，依率计税；从事商业零售的纳税人，在商品销售后，根据零售收入的金额，依率计税；从事交通运输和服务性业务的纳税人，在取得收入后，根据业务收入的金额，依率计税。工商统一税的税率基本上是按原货物税、商品流通税、印花税的税负换算确定的，只对少数产品的税负从合理负担、有利于生产出发做了适当调整。

工商统一税实行后，由于其征税范围广，并且具有普通调节和特定调节相结合的特点，在保证财政收入、调节经济等方面发挥了积极作用。

3. 工商税

1973年，受“左倾”指导思想的影响，根据“合并税种、简化征收”的方针，进行了进一步简化税制的改革。根据1973年3月国务院批转的财政部《关于扩大改革工商税制试点的报告》和《中华人民共和国工商税条例（草案）》的规定，国内企业征收的工商统一税并入工商税，而工商统一税只对外商投资企业征收。[①]

工商税是对从事工商业经营的，取得销售收入和经营业务收入单位和个人征收的一种流转税。它由原来工商企业缴纳的工商统一税及其附加、城市房地产税、车船使用牌照税和屠宰税合并而成。工商税税目由过去的108个减为44个，其中工业品为30个税目，最高

① 1994年1月1日实施的《工商税制改革实施方案》规定：新的流转税制统一适用于内资企业、外商投资企业和外国企业，同时取消对外资企业征收的工商统一税，至此，工商统一税正式退出历史舞台。

税率66%（甲乙级卷烟），最低税率3%（棉坯布、农机农具等）；列举的应税农、林、牧、水产品，最高税率40%（茶叶、烟叶），最低税率3%（生猪）；商业零售税率3%；交通运输、服务性业务分别制定税率。

（二）改革开放后：开征独立的营业税

1. 实施《中华人民共和国营业税条例（草案）》

1978年改革开放以后，曾经发挥重要的作用的工商税由于过于简化，同经济发展的要求不相适应的矛盾突出起来。为此，从1979年起，我国开展了工商税改革研究工作，1984年将工商税划分为增值税、产品税、营业税和盐税。同时，1984年9月18日，国务院发布了《中华人民共和国营业税条例（草案）》，从1984年10月1日起实施。从此，营业税作为一个独立的税种，开始了一个不断发展完善的过程。

1984年，我国营业税刚刚开始实施，缴纳营业税的行业有商品零售、商品批发、交通运输、建筑安装、金融保险、邮政电讯、出版事业、公用事业、娱乐业、服务业以及临时经营等十一类组成。营业税的纳税人被定义为：在中华人民共和国境内从事商业、物资供销、交通运输、建筑安装、金融保险、邮政电讯、公用事业、出版业、娱乐业、加工修理业和其他各种服务业的单位和个人。这一范围比起现在来说较为广泛，把属于增值税纳税人的商业、物资供销以及加工修理业等行业也纳入营业税纳税人范围。

从事商品零售的纳税人，在商品销售后，以商品销售收入额为计税依据计算纳税；从事商品批发、调拨的纳税人，在商品销售后，以商品销售额减去销售商品购入原价后的差额为计税依据计算纳税；从事交通运输、建筑安装、金融保险、邮政电讯、公用事业、出版业、娱乐业、加工修理业和其他各种服务业务的纳税人，在取得营业收入后，以营业收入额为计税依据计算纳税。当时营业税的税率从3%—15%不等，适用3%税率的行业有：商品零售、建筑安装、邮政电讯、公用事业、出版业、修理修配、交通运输业中的地方铁路和企业专用铁路的运营业务、空运、海运、陆运、河运业务以及装卸搬运业务、部分服务业以及娱乐业；适用5%税率的行业有：金融保险业、部分服务业；适用10%税率的行业有：商品批发、部分娱乐业、部分服务业；适用15%税率的行业有：铁路运输以及管道运输业。

1984年工商税制改革是按照《关于改革工商税制的设想》，与第二步利改税同时进行的一次工商税制的全面性改革。改革后，所开征的营业税在促进城市经济体制改革、进一步搞活经济、调整和完善国家与企业之间的分配关系、保证国家财政收入的稳定增长等方面具有重要的作用。

2. 颁布《中华人民共和国营业税暂行条例》

1994年我国进行了全面工商税制改革并实行分税制。营业税制度也进行了相应的变革，1993年12月13日，国务院发布了《中华人民共和国营业税暂行条例》，同年12月29日，全国人民代表大会常务委员会公布了《关于外商投资企业和外国企业适用增值税、消费税、营业税等税收暂行条例的决定》，两个法规的颁布是1994年营业税改革的标志性事件，我国营业税的发展进入了一个新阶段。

从《中华人民共和国营业税条例（草案）》到《中华人民共和国营业税暂行条例》，这中间变动的内容相当多，商品零售、商品批发、出版事业、部分公共事业以及部分服务业等不再属于营业税纳税人，改为缴纳增值税；在计税依据上，《中华人民共和国营业税暂行条例》列出了部分可以扣减的成本费用的行为；营业税的税率也发生了改变，10%与15%的税率基本退出了历史舞台；营业税的纳税时间、纳税地点以及纳税期限等内容也有了一定的修正。

3. 修订《中华人民共和国营业税暂行条例》

2008年，为了实施增值税转型，国务院修订了《增值税暂行条例》和《营业税暂行条例》，自2009年1月1日施行。对于原营业税暂行条例和新营业税暂行条例冲突的营业税政策，财政部以及国家税务总局进行了梳理，分别下发了《财政部、国家税务总局关于公布若干废止和失效的营业税规范性文件的通知》和《国家税务总局关于公布废止的营业税规范性文件目录的通知》。

与修订前的营业税制度相比，修订以后的营业税制度的变化主要有：分公司或分支机构成为营业税纳税人；适时调整了营业税征税范围，单位或者个人土地使用权无偿赠送其他单位或者个人也纳入营业税征税范围；全面规范了营业额的规定，比较明显的变化就是重新明确了价外费用的征税范围、明确建筑业营业税计税营业额确定问题；境内外行为判定原则的调整；细化了兼营与部分混合销售行为划分原则；纳税义务发生时间规定更加明；纳税地点的表述调整为机构所在地；纳税申报期限延长，纳税申报期限由月后（或者季后）10日内延长至月后（或者季后）15日内。

第二节　为什么营业税与增值税多年并行

一、1994年税制改革留下的尾巴

自改革开放以来，我国对货物和劳务一直实行不同的流转税制，即对货物征收增值税和对劳务征收营业税。我国的增值税和营业税是在1984年第二步利改税改革过程中，从原工商税中分离出来的。当时只在工业环节，选择了部分产品开征了增值税，其他行业仍然征收营业税。应该说，至1994年税制改革时，应将货物与劳务全部纳入增值税征税范围，不再实行增值税与营业税并行征收。但当时面临立法技术难题，如金融交易、不动产交易均难以在技术上处理，加之当时税收征管技术和力量也难以胜任全面征收增值税，而这些问题在短时间内是难以解决的。出于对推进整体税制改革推进的目的，将货物和劳务仍分别征税，针对货物征收增值税，对劳务征收营业税。这是1994年税制改革不得不留下的尾巴。

同时，1994年不但进行了税制改革，还进行了分税制财政体制

改革。从改革后的税收制度来看，流转税中的消费税为中央税，增值税为中央与地方共享税，且所得税收入规模不大，如当时取消营业税，地方政府的主体税种就没有着落，这会使得分税制改革难以进行下去。而为了使分税制改革能顺利进行，从当时现实出发，就保留营业税，使其成为地方政府的主要收入来源。

二、重复征税问题当时条件下不突出

服务业是第三产业的核心，第三产业的发展主要反映的是服务业的发展。早在 1990 年 12 月，党的第十三届中央委员会第七次全体会议在“八五”规划建议中就提出，要大力调整产业结构，重视第三产业发展。1992 年我国明确社会主义市场经济体制建设目标之初，就提出要把产业结构优化升级作为关系全局的主要任务，并强调了以服务业为核心的“第三产业”的重要地位。1992 年 6 月 16 日，党中央、国务院发布了《中共中央、国务院关于加快发展第三产业的决定》（中发〔1992〕5 号），提出了我国发展第三产业的重大战略意义、目标和重点、主要政策和措施。随后不久，在党的十四大报告中，产业政策作为十个关系全局的主要任务被充分肯定，明确提出要“加快第三产业的发展，使之在国民生产总值中的比重有明显提高。”

但在 1994 年税制改革的时候，我国服务业的发展无论和世界平均水平相比，还是和我国社会经济发展的现实要求相比，服务业的比重与水平还存在着较明显差距。从 1994 年税制改革前我国第三产业发展情况来看，1991 年至 1993 年，我国第三产业的产值占国内生产总值的比重分别为 33.7%、34.8% 和 33.7%（见表 3-1），与发达国家相比，我国这一比重是较低的，这说明我国服务业的发展相对滞后。尽管对服务业征收营业税会造成重复征税问题，但由于第三产业占 GDP 比重较低，这就使得重复征税问题在当时看来并不是十分突出的问题。

表 3-1　　1978—1993 年国内生产总值构成　　（当年 =100）

年份	国内生产总值	第一产业	第二产业	第三产业
1978	100.0	28.2	47.9	23.9
1979	100.0	31.3	47.1	21.6
1980	100.0	30.2	48.2	21.6
1981	100.0	31.9	46.1	22.0
1982	100.0	33.4	44.8	21.8
1983	100.0	33.2	44.4	22.4
1984	100.0	32.1	43.1	24.8
1985	100.0	28.4	42.9	28.7
1986	100.0	27.1	43.7	29.1
1987	100.0	26.8	43.6	29.6
1988	100.0	25.7	43.8	30.5
1989	100.0	25.1	42.8	32.1
1990	100.0	27.1	41.3	31.5
1991	100.0	24.5	41.8	33.7
1992	100.0	21.8	43.5	34.8
1993	100.0	19.7	46.6	33.7

资料来源：《中国统计年鉴》（2012 年）。

三、对增值税的链条断裂问题采取了弥补措施

在流转环节并行征收增值税和营业税，必然会导致增值税抵扣链条的断裂，为解决这一问题，对增值税纳税人购进农产品、外购货物支付运输费用所含税金按一定比例予以抵扣，同时，明确“混合销售”和“兼营行为”的划分。

（一）纳税人购进农产品的进项税金扣除

1994 年 5 月 5 日，财政部和国家税务总局《关于增值税、营业税若干政策规定的通知》（财税字〔1994〕26 号）中规定：增值税一般纳税人向小规模纳税人购买的农业产品，可视为免税农业产品

按10%的扣除率计算进项税额。2008年11月10日，国务院公布修订后的《中华人民共和国增值税暂行条例》（国务院令第538号）中规定：购进农产品，除取得增值税专用发票或者海关进口增值税专用缴款书外，按照农产品收购发票或者销售发票上注明的农产品买价和13%的扣除率计算的进项税额。进项税额计算公式：进项税额=买价×扣除率。

（二）纳税人外购货物所支付运输费用的进项税金扣除

1994年4月12日，财政部、国家税务总局印发的《关于运输费用和废旧物资准予抵扣进项税额问题的通知》[（94）财税字第012号]中规定：对增值税一般纳税人外购货物（固定资产除外）所支付的运输费用，根据运费结算单据（普通发票）所列运费金额依10%的扣除率计算进项税额准予扣除，但随同运费支付的装卸费、保险费等其他杂费不得计算扣除进项税额。1994年10月18日，财政部、国家税务总局印发的《关于增值税几个税收政策问题的通知》（财税字〔1994〕60号）中规定：依10%的扣除率计算进项税额予以抵扣。纳税人购买或销售免税货物所发生的运输费用，不得计算进项税额抵扣。为了进一步贯彻国务院关于整顿市场经济秩序的决定，加强对货物运输业的税收管理，2003年10月17日，国家税务总局制定了《货物运输业营业税征收管理试行办法》、《运输发票增值税抵扣管理试行办法》、《货物运输业营业税纳税人认定和年审试行办法》和《货物运输业发票管理流程实施方案》。2008年11月10日，国务院公布修订后的《中华人民共和国增值税暂行条例》（国务院令第538号）中规定：购进或者销售货物以及在生产经营过程中支付运输费用的，按照运输费用结算单据上注明的运输费用金额和7%的扣除率计算的进项税额。进项税额计算公式：进项税额=运输费用金额×扣除率。

（三）明确“混合销售”和“兼营行为”的划分

按照我国现行税法的规定，对提供应税劳务、转让无形资产或销售不动产行为一律征收营业税；对货物销售及工业性加工、修理修配行为一律征收增值税。但是，对于纳税人既涉及货物销售或者工业性加工、修理修配行为，又涉及提供营业税劳务的，则容易出现征税范围的界限不清问题。因此，国家税法通过界定混合销售与兼营行为来进一步明确营业税与增值税的征税范围。

1. 混合销售行为的划分

混合销售行为是指对于纳税人的一项销售行为中既涉及应纳营业税的劳务，又涉及应纳增值税的货物销售的行为。税法对混合销售行为的划分方法如下：①从事货物生产、批发或零售的企业、企业性单位及个体经营者的混合销售行为（包括以从事货物的生产、批发或零售为主，并兼营营业税应税劳务）并且纳税人的年货物销售额中与营业税应税劳务营业额的合计数中，年货物销售额超过50%，营业税应税劳务营业额不到50%的企业、企业性单位及个体经营者，一律视为销售货物，不征营业税。②其他单位和个人的混合销售行为，则视为提供应税劳务，应当征收营业税。

2. 兼营行为的划分

兼营行为是指对于纳税人既经营货物销售，又提供营业税应税劳务的行为。税法对兼营规定的划分方法如下：①对于纳税人兼营的销售货物或提供增值税应税劳务（指属于增值税征税范围的加工、修理修配、缝纫劳务）与属于营业税征收范围的应税劳务，分别就不同项目的营业额（或销售额）按增值税或营业税的有关规定申报纳税。②纳税人兼营行为不分别核算或不能准确核算的，其增值税应税劳务与货物或营业税应税劳务一并征收增值税，不征营业税。

四、对部分服务业实行差额征税，以降低重复征税的程度

为缓解营业税的重复征税问题，对部分服务业实行差额征税办法。

（一）对交通运输业的差额征税

经地方税务机关批准使用运输企业发票，按“交通运输业”税

目征收营业税的单位将承担的运输业务分给其他运输企业并由其统一收取价款的，以其取得的全部收入减去支付给其他运输企业的运费后的余额为营业额。

运输企业自中国境内运输旅客或货物出境，在境外改由其他运输企业承运旅客或货物的，其计税依据以全程运费减去付给该运输企业的运费后的余额。

中国国际航空股份有限公司（简称国航）与中国国际货运航空有限公司（简称货航）开展客运飞机腹舱联运业务时，国航以收到的腹舱收入为营业额；货航以其收到的货运收入扣除支付给国航的腹舱收入的余额为营业额，营业额扣除凭证为国航开具的“航空货运单”。

（二）对建筑业的差额征税

建筑业的总承包人将工程分包或者转包给他人，要以工程的全部承包额减去付给分包人或者转包人的价款后的余额作为营业额。

纳税人提供建筑业劳务（不含装饰劳务）的，其营业额不包括建设方提供的设备价款。但是从事安装工程作业，安装设备价款作为安装工程产值的，营业额包括设备的价款。

（三）对邮电通信业的差额征税

报刊发行、邮政储蓄等业务的营业额以取得的收入额扣除某些项目的差额确定的营业额。邮政部门发行报刊的发行收入，就是邮政部门发行报刊实际取得的收入。对邮电部门办理邮政储蓄业务，应以其实际取得的收入（即利差收入）作为营业额。

电信部门以集中受理方式为集团客户提供跨省的出租电路业务，由受理地区的电信部门按取得的全部价款扣除分割给参与提供跨省电信业务电信部门的价款后的差额为营业税计税依据。

邮政电信单位与其他单位合作，共同为用户提供邮政电信业务及其他服务并由邮政电信单位统一收取价款的，以全部收入减去支付给合作方价款后的余额为营业额。

（四）对金融保险业的差额征税

融资租赁以其向承租者收取的全部价款和价外费用（包括残值）扣除出租方承担的出租货物的实际成本后的余额，然后以直线法折算出本期的营业额。

金融商品转让业务，按股票、债券、外汇、其他四大类来划分。营业额为买卖的价差收入，即营业额 = 卖出价 - 买入价。同一大类不同品种金融商品买卖出现的正负差，在同一个纳税期内可以相抵，相抵后仍出现负差的，可结转下一个纳税期相抵，但年末仍出现负差的，不得转入下一个会计年度。

准许上海、深圳证券交易所的证券交易监管费从其营业税计税营业额中扣除；准许证券公司代收的以下费用从其计税营业额中扣除：为中国证券登记结算公司代收的股东账户开户费（包括 A 股和 B 股)、特别转让股票开户费、过户费、B 股结算费、为证券交易所代收的证券交易监管费、代理他人买卖证券代收的证券交易所经手费；准许上海、深圳证券交易所上缴的证券投资者保护基金从其营业税计税营业额中扣除；准许中国证券登记结算公司和主承销商代扣代缴的证券投资者保护基金从其营业税计税营业额中扣除；准许上海、郑州、大连期货交易所代收的期货市场监管费从其营业税计税营业额中扣除（国税发〔2004〕3 号文)。

（五）对文化体育业的差额征税

单位或个人进行演出，以全部收入减去付给提供演出场所的单位、演出公司或经纪人的费用后的余额为营业额，这在一定程度上缓和了重复征税问题。

（六）对服务业的差额征税

外事服务单位为外国常驻机构、“三资”企业和其他企业提供人力资源服务的，营业额为从委托方取得的全部收入减除代委托方支付给聘用人员的工资及福利费和缴纳的社会统筹、住房公积金后的余额。

纳税人从事代理报关业务，以其向委托人收取的全部价款和价外费用扣除规定项目金额后的余额为计税营业额申报缴纳营业税。

旅游业务的营业额，按照《营业税暂行条例》规定：旅游企业组织旅游团到中华人民共和国境外旅游，在境外改由其他旅游企业接团的，以全程旅游费减去付给接团企业的旅游费后的余额为营业额。对旅游企业组织旅游团在中国境内旅游的，以收取的全部旅游费减去替旅游者支付给其他单位的房费、餐费、交通、门票或支付给其他接团旅游企业的旅游费用后的余额为营业额。对旅游企业在境内改团接待的业务，可比照境外规定予以扣除。

从事广告代理业务的，以其全部收入减去支付给其他广告公司或广告发布者（包括媒体、载体）的广告发布费后的余额为营业额。

试点物流企业将承揽的仓储业务分给其他单位并由其统一收取价款的，应以该企业取得的全部收入减去付给其他仓储合作方的仓储费后的余额为营业额。

劳务公司接受用工单位的委托，为其安排劳动力，凡用工单位将其应支付给劳动力的工资和为劳动力上交的社会保险以及住房公积金统一交给劳务公司代为发放或办理的，以劳务公司从用工单位收取的全部价款减去代转付给劳动力的工资和为劳动力办理社会保险及住房公积金后的余额为营业额。

从事物业管理的单位，以与物业管理有关的全部收入减去代业主支付的水、电、燃气以及代承租者支付的水、电、燃气、房屋租金的价款后的余额为营业额。

对勘察设计单位将承担的勘察设计劳务分包或转包给其他勘探设计单位或个人并由其统一收取价款的，以其取得的勘察设计总包收入减去支付给其他勘察设计单位或个人的勘察设计费后的余额为计税营业额。

（七）对转让无形资产的差额征税

单位和个人转让土地使用权，以全部收入减去土地使用权的购置或受让原价后的余额为计税营业额。

单位和个人转让抵债所得的土地使用权，以全部收入减去抵债时该项土地使用权作价后的余额为计税营业额。

总体来看，征收营业税的这些项目通过实行上述差额征税办法后，在一定程度上缓和了营业税的重复征税问题。

第三节　为什么要营改增

尽管采取各种措施以弥补营业税的不足，但随着以服务业为核心的第三产业发展，营业税存在的重复征税等问题还是日益凸显，这对服务业和制造业的发展都形成了制约和束缚，亟需加以改革，以促进经济结构的调整和转型升级。

一、营业税的弊端日益凸显：阻碍服务业发展

1992 年我国明确社会主义市场经济体制建设目标之初，就提出要把产业结构优化升级作为关系全局的主要任务，并强调了"第三产业"的重要地位。经过 20 多年的努力，我国以服务业为核心内容的第三产业发展迅速，第三产业占 GDP 的比重也逐步提高，从 1994 年的 33.6% 提高到 2012 年 44.6%，18 年提高 11 个百分点（见表 3 – 2），产业结构有了明显变化。

表 3 – 2　1994 年至 2012 年我国三次产业的比重　单位:%

年份	国内生产总值	第一产业	第二产业	第三产业
1994	100.0	19.9	46.6	33.6
1995	100.0	20.0	47.2	32.9
1996	100.0	19.7	47.5	32.8
1997	100.0	18.3	47.5	34.2
1998	100.0	17.6	46.2	36.2

续表

年份	国内生产总值	第一产业	第二产业	第三产业
1999	100.0	16.5	45.8	37.8
2000	100.0	15.1	45.9	39.0
2001	100.0	14.4	45.2	40.5
2002	100.0	13.7	44.8	41.5
2003	100.0	12.8	46.0	41.2
2004	100.0	13.4	46.2	40.4
2005	100.0	12.1	47.4	40.5
2006	100.0	11.1	47.9	40.9
2007	100.0	10.8	47.3	41.9
2008	100.0	10.7	47.4	41.8
2009	100.0	10.3	46.2	43.4
2010	100.0	10.1	46.7	43.2
2011	100.0	10.0	46.6	43.4
2012	100.0	10.1	45.3	44.6

资料来源：《中国统计年鉴》（2012 年），2012 年数据来自国家统计局网站。

但总体上，我国服务业的发展并不理想，无论和世界平均水平相比，还是和我国社会经济发展的现实要求相比，服务业的比重与水平还存在着较明显差距。表 3－3 显示了 2012 年部分国家服务业占 GDP 的比重，从表中我们不难看出，服务业所占比重最高的为法国和美国，分别为 79.8% 和 79.7%，分别比我国高 35.2 和 35.1 个百分点。特别是随着后危机时代的到来，在全球经济增长尚未回归景气、世界经济运行机制面临多种不确定性因素的情况下，我国以制造业为主要推动力的经济发展模式受到进一步挑战，调整优化产业结构、促进服务业发展的紧迫性更加凸显。

服务业得以发展和壮大是产业分工不断深化的结果。但分工一方面促使生产经营的专业化程度不断提升，另一方面分工细化必然带来的紧密协作却促进了更大范围的产业融合。即世界产业领域分工专业化与产业融合化两个反方向发展的趋势，导致许多新兴业态的产业属性不明确，既具有服务特性又包括一些生产环节，而且跨产

表 3－3　　2012 年部分国家服务业占 GDP 比重

国家	比重（%）	国家	比重（%）
美国	79.7	澳大利亚	69.4
中国	44.6	西班牙	72.6
日本	71.4	墨西哥	62.1
德国	71.1	韩国	57.5
法国	79.8	印度尼西亚	38.8
英国	78.2	土耳其	63.0
巴西	67.2	荷兰	73.2
意大利	74.1	沙特阿拉伯	31.1
俄罗斯	58.0	瑞典	71.0
印度	65.0	平均	64.9
加拿大	69.6		

资料来源：国家统计局网站。

业或行业的生产经营活动日益频繁。而营业税采取“道道征、台阶式”的课税方式，这就意味着有多少流通环节就征多少道税，而且已经负担了税款的外购商品与劳务的价值转到新产品价值中后，还要负担税款，而且分工越细、流通环节越多，重复征税就越严重，直接导致采取专业化协作方式的纳税人税收负担加重，而“全能化”生产经营方式的税负则轻。随着产业分工的深化，企业生产外包、分包形式不断扩大，社会化大生产日益发展起来。如果不考虑企业间的协作关系，仍对独立的企业征收营业税，那么分工越细化，交易次数越多，集中于单项劳务或服务产品的重复计税程度就越高，由于重复征税给服务经济带来税收负担的加重，反过来会抑制分工深化并阻碍服务业的发展。

二、重复征税日渐严重

所谓重复征税，是指同一征税主体或不同征税主体对同一纳税人或不同纳税人的同一征税对象进行两次或两次以上的征税行为。

营业税计税依据所引起的重复征税就是指对同一商品或劳务流转额的部分组成课征两次或两次以上的税收，当前我国主体流转税制是增值税与营业税共存的双轨制，对于营业税的涉税收入，由于绝大多数没有扣除取得收入相对应的成本费用的进项税额，直接导致营业税纳税人涉税收入中一些组成部分既缴纳了增值税又缴纳了营业税或是缴纳了两次及其以上的营业税，也正是由于营业税没有实行抵扣制度，也造成了增值税纳税人无法抵扣外购劳务、受让无形资产以及购买不动产的进项税额，最终造成这部分价值的重复交税。由于我国营业税征税范围包括交通运输业、建筑业、邮电通信业、金融保险业、娱乐业、文化体育业、服务业、转让无形资产等行业，因此，下面我们具体分析征收营业税所涉及的各个行业的重复征税问题。

（一）交通运输业营业税重复征税问题

交通运输业的营业税计税依据为交通运输业的营业额，交通运输业的营业额是指从事交通运输的纳税人提供交通劳务所取得的全部运营收入，既包括全部价款又含有价外费用。具体包括：客运收入、装卸搬运收入、其他运输收入、运输票价中包含的保险费收入、随同票价货运运价向客户收取的各项交通建设基金等。陆路、水路、航空、管道、装卸搬运等的计税依据都应当按照这项原则来确定。

作为生产制造环节的延伸，交通运输业涉及的增值税抵扣项目比较多，交通运输企业外购货物主要有通讯导航器材、备品配件、轮胎和低值易耗品、燃料润料、修理用材料等；外购资产主要有铁路运输的机车、轨道、桥梁、涵洞、隧道，公路运输的车辆、场站，水路运输的船舶、码头，航空运输的飞机、跑道、停机坪，装卸搬运的机械设备、集装箱等。外购劳务主要有外购装卸费、修理费、港口费等。这些都构成了交通运输业涉税收入的一部分，目前，除了外购劳务、受让无形资产以及购买不动产，外购货物以及固定资产都已缴纳增值税，也就是说收入中的这些部分都已经缴纳过类似的流转税，如果不对这些成本费用的增值税进项税额进行扣除，而按交通运输企业的收入全额来征收营业税，这就是重复征税问题。

（二）建筑业营业税重复征税问题

建筑业的营业税计税依据为建筑业的营业额，建筑业的营业额为承包建筑、修缮、安装、装饰和其他工程作业取得的营业收入额，建筑安装企业向建设单位收取的工程价款（即工程造价）及工程价款之外收取的各种费用。纳税人从事建筑、修缮、装饰工程作业，无论与对方如何结算，其营业额应包括工程所用原材料及其他物资和动力等工程价款在内。

工程价款就其构成来说，包括直接费、间接费、利润以及税金。其中，直接费由材料费、施工机械、人工费和其他直接费组成，它是指直接耗用在建筑工程和设备安装工程上各种费用的总和。间接费由施工管理费和其他间接费组成，它是用在建筑工程和设备安装工程上除直接费以外的费用总和。施工管理费是管理人员工资及工资附加费、办公费、差旅费、固定资产和行政工具用具使用费、劳动保护费、教育经费、利息以及其他费用的总和。其他间接费包括劳动保护费、临时设施费和施工队伍迁移费。

建筑业以收入全额为营业额，对于建筑业征收的营业税，是因为建筑业在境内提供了应税劳务，而对于应税劳务，它的计税依据基本都是建筑企业的收入全额。按照国际惯例，建筑业和工业同属于第二产业，是一种生产型的行业，建筑业提供应税劳务，产生涉税收入，它其中包含了相当大比重的已经缴纳增值税的成本费用，如材料费、施工机械等，由于营业税是价内税，对于外购劳务、受让无形资产以及购买不动产，购买劳务、受让无形资产以及购买不动产的建筑业纳税人在购买时已经承担了营业税税负，同时由提供劳务、转让无形资产及销售不动产的纳税人缴纳营业税，这就出现了重复征税问题。

（三）邮电通信业营业税重复征税问题

邮电通信业的营业税计税依据为邮电通信业的营业额，邮政业务的营业额是指提供传递函件或包件、邮务物品销售、邮政储蓄、邮汇、报刊发行、其他邮政业务的收入。电信业务的营业额是指提供电话、电传、电话机安装、电报、电信物品销售、其他电信业务的收入。

邮电通信业所从事的业务并不是纯劳务，从事邮电通信的单位或个人在邮电通信生产过程会实际购买固定资产，消耗各种低值易耗品、燃料、油料、材料、业务材料和用品、动力、备品、配件、轮胎、专用用具、工器具等，产生修理费、租赁费、邮件运输费、业务费等费用支出。这些外购材料都会有增值税进项税额。对于邮电通信业征收的营业税，是因为邮电通信业在境内提供了应税劳务，而对于应税劳务，它的计税依据除了邮政储蓄等业务以外基本都是邮电通信企业的收入全额，并不得从中作任何扣除，这就必然存在重复征税问题。

（四）金融保险业营业税重复征税问题

金融保险业的营业税计税依据为金融保险业的营业额，金融保险业的营业额是指提供金融保险服务等活动所取得的全部收入，如金融业的一般贷款、转贷业务、金融经纪业、典当、办理初保业务等中介服务，以取得的利息收入全额或手续费收入全额确定为营业额。

金融保险业以收入全额为营业额，除另有规定外，不得从中作任何扣除。在中华人民共和国境内提供的应税劳务、转让的无形资产或销售的不动产是营业税确定的基本征税范围。对于金融保险业征收的营业税，是因为金融保险业在境内提供了应税劳务，它的计税依据除了个别情况外基本上是收入全额。而金融保险业的涉税收入中含有固定资产和行政工具用具使用费、办公费、差旅费、消耗各种低值易耗品、业务材料和用品等，金融保险业的外购品都已经缴纳过增值税，由于营业税是价内税，对于外购劳务、受让无形资产以及购买不动产，购买劳务、受让无形资产以及购买不动产的金融保险业纳税人在购买时已经承担了营业税税负，同时由提供劳务、转让无形资产及销售不动产的纳税人缴纳营业税，这就出现了重复征税。

（五）娱乐业营业税重复征税问题

娱乐业的营业税计税依据为娱乐业的营业额，娱乐业的营业额是指经营娱乐业向顾客收取的各项费用，包括门票收费、烟酒和饮料收费、台位费、点歌费及经营娱乐业的其他各项收费。

娱乐业以收入全额为营业额，除另有规定外，不得从中作任何扣除。在中华人民共和国境内提供的应税劳务、转让的无形资产或销售的不动产是营业税确定的基本征税范围。对于娱乐业征收的营业税，是因为娱乐业在境内提供了应税劳务，它的计税依据基本上是收入全额。娱乐业的涉税收入中含有固定资产和行政工具用具使用费、办公费、消耗各种低值易耗品、业务材料和用品等外购品都已经缴纳过增值税，由于营业税是价内税，对于外购劳务、受让无形资产以及购买不动产，购买劳务、受让无形资产以及购买不动产的娱乐业纳税人在购买时已经承担了营业税税负，同时由提供劳务、转让无形资产及销售不动产的纳税人缴纳营业税，这也就出现了重复征税。

（六）文化体育业营业税重复征税问题

文化体育业的营业税计税依据为文化体育业的营业额，文化体育业的营业额是指纳税人经营文化业、体育业取得的全部收入，其中包括播映收入、其他文化收入、演出收入、经营游览场所收入和体育收入。

文化体育业以收入全额为营业额，不得从中作任何扣除。在中华人民共和国境内提供的应税劳务、转让的无形资产或销售的不动产是营业税确定的基本征税范围。对于文化体育业征收的营业税，是因为文化体育业在境内提供了应税劳务，它的计税依据除了个别情况外基本上是收入全额。而文化体育业的涉税收入中含有固定资产和行政工具、用具使用费、办公费、差旅费、消耗各种低值易耗品、业务材料和用品等，文化体育业购进的动产都已经缴纳过增值税，由于营业税是价内税，对于外购劳务、受让无形资产以及购买不动产，购买劳务、受让无形资产以及购买不动产的文化体育业纳税人在购买时已经承担了营业税税负，同时由提供劳务、转让无形资产及销售不动产的纳税人缴纳营业税，这就出现了重复征税。

（七）服务业营业税重复征税问题

服务业的营业税计税依据为服务业的营业额，服务业的营业额是纳税人提供服务业劳务向对方收取的全部价款和价外费用。

服务业以收入全额为营业额，不得从中作任何扣除。在中华人民共和国境内提供的应税劳务、转让的无形资产或销售的不动产是营业税确定的基本征税范围。对于服务业征收的营业税，是因为服务业在境内提供了应税劳务，它的计税依据除了个别情况外基本上是收入全额。而服务业的在涉税劳务过程中会实际购买固定资产，消耗各种低值易耗品、燃料油料、业务材料和用品、动力、配件、专用用具等，产生修理费、租赁费、邮件运输费、业务费等费用支出。服务业的外购品都已经缴纳过增值税，由于营业税是价内税，对于外购劳务、受让无形资产以及购买不动产，购买劳务、受让无形资产以及购买不动产的服务业纳税人在购买时已经承担了营业税税负，同时由提供劳务、转让无形资产及销售不动产的纳税人缴纳营业税，这就出现了重复征税。

（八）转让无形资产营业税重复征税问题

转让无形资产的营业税计税依据为转让无形资产的取得营业额，纳税人转让无形资产的营业额为纳税人转让无形资产从受让方取得的货币、货物和其他经济利益。

一般来讲，转让无形资产以收入全额为营业额。除个别情况外的其他无形资产的转让，由于没有对取得时的支出以及过程中发生的成本费用所含税金进行扣除，这就造成了重复征税。

三、不利于制造业转型升级

我国制造业征收增值税，服务业征收营业税，两者的税率是不一致的，税负有一定差异。在我国增值税实施转型改革之前，征收增值税和征收营业税的企业都需要负担固定资产中的增值税进项税。而在转型改革后，征收增值税的企业允许对固定资产进项税进行抵扣，征收营业税的企业仍然需要自行负担，再加上转型改革后取消了对一些服务业企业的进口货物增值税的免税政策，两类企业在税收负担对比上进一步产生了变化。这导致两税平行征收所形成的税负不公的基础上，又进一步加剧了税负不公的问题。

增值税和营业税并行，使得增值税的进项扣除仅仅局限于适用增值税的货物和极少部分服务（交通业、批发零售业），从而导致服务投入在税款扣除上的歧视性待遇，这种差异性待遇必然带来生产企业或者自行生产服务（服务内置），或者放弃服务投入。这不仅妨碍经济增长方式转变、制造业转型，而且抑制了生产性服务需求的增长，束缚了服务业的发展。

四、扩大了税收成本

增值税的制度优势就在于其环环紧扣，既避免了重复征税，是效率损失极小的“中性税”，同时也在一定程度上为税收征管水平不高的发展中国家提供了“以票控税”的监管便利。而在我国实行的增值税并不覆盖全部产业，对绝大多数劳务服务业征收营业税，直接导致增值税销售货物与营业税应税劳务抵扣链条的中断，削弱了增值税环环相扣的制度优势。在第二产业反映为阻碍生产企业的分工细化，而对于第三产业而言，问题则更为严重，即大大挤压了生产型服务业的生存发展空间。对于一家企业而言，自行发展仓储、金融、运输等等服务行业，可以避免营业税的重复征税、也可以规避营业税不能抵扣的缺陷，但减少了外购生产性服务的需求，压缩了生产性服务企业的发展空间。同时，企业的劳务投入不能进行抵扣，实际上也带来了与固定资产进项税不允许抵扣相类似的重复征税问题。

随着经济不断发展和市场竞争日益加剧，企业生产经营所涉及的应税项目越来越复杂，许多新兴产业，如网络工程、系统集成、智能建筑、交通安全、绿化工程等领域，其混合销售、兼营服务等非常普遍。在税收征管中，税务人员对应纳税企业征收增值税，还是营业税很难判断，税务机关内部以及国地税之间对于同一混合销售业务的征税问题还可能存在分歧，这必然增加征管难度和税收成本。

五、不利于提高我国服务业的国际竞争力

服务输出是促进第三产业发展壮大的路径之一。20 世纪 90 年代以来，全球经济竞争的重点已经逐步由货物贸易转向服务贸易，服务业和服务贸易的发展逐渐成为衡量一国现代化水平的重要标准。

1985 年起，我国对出口产品由实行外贸补贴政策改为实行退（免）税政策，对出口产品退还生产环节的增值税和免征产品税，由于只退还和免征生产过程中的部分税款，年退税数额不大。1988 年根据“征多少，退多少，未征不退”和“彻底退税”的原则，对出口产品按核定的综合退税率实行彻底退税，出口退税额逐年增加。1994 年税制改革，工业产品全部实行增值税，对出口货物统一实行零税率，加大了出口退税额度，直接刺激了实行增值税的产业生产和出口的积极性。1997 年后，由于出口退税增长与增值税收入增长、一般贸易出口增长之间出现了较大的不平衡，国家开始调整出口退税政策。出口商品的零税率被打破，改为按照规定税负退税的办法，并多次调整出口退税率。但是，从总体上看，出口退税这项制度安排鼓励了征收增值税的第二产业的发展。

但上述出口退税办法只适合于征收增值税的货物，在发展服务贸易中就无法实现出口退税。原因在于以服务业为核心的第三产业实行营业税，在出口环节上无法按照增值税实现退税。这必然会降低了服务产品的国际竞争力，一定程度上阻滞了服务贸易开展，限制了国内服务产业向国外市场的发展。近些年来，随着我国服务产业新兴业态的迅速发展，信息传输、软件、咨询、文化等服务产业迫切需要国际市场空间的支持，服务贸易出口不能退税的矛盾更加突出。同时，这种税制安排还可能会对企业贸易行为起到一定的导向性作用，一方面诱导企业出口货物，忽视服务出口；另一方面助推服务企业向生产性企业靠拢。

第四节 营改增的有利条件及面临的风险

一、实施营业税改征增值税的有利条件

（一）有多年实施增值税的经验

1979 年下半年起，我国先后在柳州、长沙、襄樊、上海等城市，选择重复征税矛盾最为突出的机器机械和农业机具两个行业进行增值税的试点。1982 年，财政部制定了《增值税暂行办法》，决定对上述两个行业的产品以及电风扇、缝纫机、自行车三项产品在全国范围实行增值税。1984 年，进行了第二步“利改税”和工商税制改革，将工商税分为产品税、增值税、营业税和盐税，并颁布了《中华人民共和国增值税条例（草案）》，增值税正式成为我国税制体系中的一个独立税种。增值税的征税范围扩大到 12 个税目，即机器机械及其零配件、汽车、机动船舶、轴承、农业机具及其零配件、钢坯、钢材、自行车、缝纫机、电风扇、印染绸缎和其他印染机织丝织品、西药，在计税方法上，分甲乙两类商品分别实行“扣额法”和“扣税法”计算纳税。1994 年增值税改革，扩大了增值税的征税范围，全面代替产品税。除服务和销售不动产暂不实行增值税外，对商品的生产、批发、零售和进口全面实行增值税。2008 年 11 月 5 日国务院公布修订后《中华人民共和国增值税暂行条例》，并规定自 2009 年 1 月 1 日起施行。从 1979 年试点起，至今增值税已在我国实行近 34 年，经过多次改革，一方面，增值税制度不断得以完善；另一方面，也为进一步扩大增值税征收范围即营改增积累了丰富的经验。

（二）征管能力大有提升

1. 金税工程的不断完善

金税工程是吸收国际先进经验，运用高科技手段结合我国增值税管理实际设计的高科技管理系统。该系统由一个网络、四个子系统构成。一个网络是指国家税务总局与省、地、县国家税务局四级计算机网络；四个子系统是指增值税防伪税控开票子系统、防伪税控认证子系统、增值税稽核子系统和发票协查子系统。金税工程实际上就是利用覆盖全国税务机关的计算机网络对增值税专用发票和企业增值税纳税状况进行严密监控的一个体系。

1994 年，我国的工商税收制度进行了重大改革。这次税制改革的核心内容是建立以增值税为主体的流转税制度。增值税从税制本身来看，它易于公平税负，便于征收管理。但新税制出台以后，由于税务机关当时还比较缺乏对纳税人使用增值税专用发票进行监控的有效手段，一些不法分子就趁此机会利用伪造、倒卖、盗窃、虚开增值税专用发票等手段进行偷、逃、骗国家税款的违法犯罪活动，有的还相当猖獗，严重干扰了国家的税收秩序和经济秩序。对此，国家除了进一步集中社会各方面力量，加强管理，开展打击伪造、倒卖、盗窃发票违法犯罪专项斗争，坚决维护新税制的正常运行外，还决定引入现代化技术手段加强对增值税的监控管理。

1994 年 2 月 1 日，时任国务院副总理的朱镕基同志在听取了电子部、航天工业总公司、财政部、国家税务总局等单位的汇报后，指示要尽快实施以加强增值税管理为主要目标的金税工程。为了组织实施这项工程，成立了跨部门的国家税控系统建设协调领导小组，下设金税工程办公室，具体负责组织、协调系统建设工作。1994 年 3 月底，金税工程试点工作正式启动。金税工程办公室组织实施了以建设 50 个城市为试点的增值税计算机交叉稽核系统，即金税一期工程。2000 年 8 月 31 日，国家税务总局向国务院汇报金税工程二期的建设方案并得到批准。2001 年 7 月 1 日，增值税防伪税控发票开票、认证、交叉稽核、协查四个子系统，在全国全面开通，总体运行情况良好，对加强增值税专用发票管理，打击偷、骗税犯罪行为，增加税收收入等方面起到积极有效的作用。金税工程三期是在对金税工程二期四个子系统进行功能整合、技术升级和业务与数据优化的基础上，进一步强化征管功能，扩大业务覆盖面，形成有效的、相互联系的制约和监控考核机制。

随着金税三期工程的完成，一个业务覆盖全面、功能强大、监控有效、全国联网运行的税收信息管理系统必将形成。这对提高税收执法力度和执法效率，加强税务部门与其他部门，如工商、银行、外贸、海关、质监、公安、统计等系统的信息共享，实现跨部门的网络互联，加快电子政府工程的进程，将起到十分关键的作用。

2. 有高素质的税务干部队伍

近些年来，税务干部的素质稳步提高。一方面，2003 年以来国家税务局系统新进公务员全部通过中组部、人社部统一组织的中央国家机关公务员考试招录。另一方面，围绕推行专业化、信息化的管理方式，积极与 OECD 等国际组织开展合作，举办税收协定、转让定价、纳税服务、大企业管理等专题培训。根据“十二五”税务系统干部队伍建设规划和税务系统中长期人才队伍建设规划，将组织建立税务稽查人才库、反避税人才库、大企业税收监管人才和税收经济分析人才库等，进一步优化人力资源配置。截至 2010 年底，全国税务系统共有正式在职人员 75.5 万余人，离退休人员 16.9 万余人，另有临时人员 10.6 万余人。国家税务总局机关及直属单位正式在职人员 1076 人（不含扬州税务进修学院）。省以下国家税务局系统共有正式在职人员近 39.7 万人。其中，研究生以上学历 1.1 万余人，大学本科近 20.7 万余人，大学专科 14.6 万余人，中专和高中及以下 3.3 万余人。大专以上文化程度人员比例为 91.7%。省以下地方税务局系统共有正式在职人员 35.7 万余人。其中，研究生以上学历近 1.1 万人，大学本科 19.5 万余人，大学专科 11.6 万余人，中专和高中及以下近 3.5 万人。大专以上文化程度人员比例为 89.3%。这为营业税改征增值税创造了有利条件。

（三）税收环境发生深刻变化

税收环境是指影响或决定税收制度产生、运行及其成效的各种外部因素的总和。税收环境包括政治法制环境、经济技术环境、社会文化环境、生态环境、国际环境等内容。税收环境与政治体制、经济运行、历史、传统、思想文化密切相关。近年来，随着税收法制化进程的加快，广大税务干部的法律意识和法律素质明显增强，税收执法水平不断提高，执法行为不断规范，社会环境得到明显改善。同时，税务部门已连续22年开展“税收宣传月”活动，对宣传税收、提高纳税人税法遵从度起到了积极作用，使征税主体与纳税主体的税收行为纳入现代法治轨道，从而实现依法征税和依法纳税的良性社会秩序状态。这些积极因素的变化为营业税改征增值税创造了有利条件。

二、实施营业税改征增值税面临的风险

（一）制度设计风险

1. 部分行业改征增值税后，税基难以确定

理论上增值税可以覆盖所有的货物销售和劳务范围，但不同行业的货物和劳务在增值额的核算上是不同的，且对不同行业增值额的信息获取或监测难度上也不同，这些难以确定增值额的行业就成为增值税征税的难点。表现在服务行业方面，对准确地监测建筑业、租赁和代理业、金融业、境外提供劳务等增值额有着非常复杂的信息需求。这就使得增值税征管存在技术上的难题，操作难度大。如果税收征管水平不能保证的话，对这些行业征收增值税，将会造成逃税过多或征管成本过高。至今发达国家也没有很好地解决这个问题，例如在金融业的增值税上就采取对大多数服务项目给予免税的做法。

为了避免征管的困难，只能对这些难以采取规范的增值税征收方式的服务行业实行变通，按照增值税小规模纳税人采用简易征收

办法来征收。

2. 部分行业改征增值税后，税率难以统一

将现有征收营业税的服务行业改征增值税，涉及税率的确定问题。由于服务经济的行业差别明显，其增值率不同，根据现有服务行业的营业税税率水平，改征增值税后如果按照17%的法定税率或13%的优惠税率征收，可能会出现企业税收负担加重的情况。

如果考虑企业的负担增加和避免改革的阻力，对这些税负增加较多的行业设计更低的增值税税率，则增值税会出现设置多档税率的情况，这会形成了行业间的税负不公问题，违背了增值税的中性要求，进而背离了增值税扩围改革的初衷。对这种风险应做仔细评估，谨防改革偏差过大。

（二）财政收入风险：影响财政收入增长

如果将现行征收营业税的行业改征增值税，这些行业也全部允许抵扣，这实际上意味着增值税能够进行抵扣的范围加大。与允许固定资产进项税抵扣的增值税转型政策相类似，扩大征税范围也会导致增值税收入增长下降的问题。

从生产、流通或消费整个过程和环节来看，对服务业征收的增值税在下一环节被抵扣，相当于没有增加收入，而又允许服务业进行进项税的抵扣，扩围后的增值税收入规模有可能缩小。总体来看，扩围后的增值税收入增长下降，再加上取消营业税的收入损失，会对财政收入的增长造成新的压力，从而构成扩围改革的风险之一。

（三）体制风险：中央与地方财政体制如何调整

我国现行中央与地方之间的财政关系采取的是分税制的财政体制。按照体制规定，增值税属于中央与地方共享税，营业税属于地方税[①]。进行增值税扩围改革，将现行属于地方政府收入主要来源的营业税改征增值税，会减少地方政府的收入和引起中央和地方政府财

① 营业税中的金融、铁道等部门的部分营业税收入集中缴纳，属于中央收入。

政利益的重新分配。由于中央与地方之间财政关系调整涉及因素较多，如果地方不能获得相应的改革补偿，必然会阻碍改革的进行。试点中采取了权宜之计的办法，改征增值税的部分仍归地方。随着营改增进一步扩大，这种临时办法已不适应，调整财政体制势在必行。但如何调整，则面临着事权、财权与财力的重新组合匹配，风险因素相当多。

（四）国地税机构摩擦风险

在1994年分税制改革后，为配合分税制改革，我国的税收征管机构被划分为国税局和地税局两个部门，分别负责不同税种的征收管理工作。总体来看，中央税、中央与地方共享税由国税局负责征收管理，地方税由地税局负责征收管理。按照现行国地税的分工，除铁道、各银行总行、保险总公司集中缴纳的营业税由国税局征收外，其余营业税由地税局征收。而营改增后，原缴纳增值税的企业和营改增后的企业都将由国税局征收增值税，地税局则会出现征收管理的主要税种数量减少和征收收入规模大幅度下降的问题，这些问题不仅提出了地税局是否有存在必要性的问题，也对国家税务局与地方税务局之间在征管体制方面的改革和调整提出了新的要求。

第二篇　营改增：实践与未来

第四章　营改增：试点破冰

2012年1月1日，上海率先开展营改增试点工作，拉开了营改增的序幕。2012年9月至12月，营改增地区试点扩大至北京、天津、江苏、浙江、安徽、福建、湖北、广东等八个省、直辖市和宁波、厦门、深圳三个计划单列市。2013年8月1日，将营改增的地区试点推至全国，标志着营改增进入了一个新的阶段。营改增试点取得了积极的成效，也暴露出了一些问题，为下一步改革积累了经验。

第一节　上海率先推行营改增

由于上海服务业的典型性与先进性、财政承受能力较强等原因，2011年10月26日，国务院常务会议决定从2012年1月1日起，先在上海市交通运输业和部分现代服务业开展深化增值税制度改革（营改增）试点，逐步将目前征收营业税的行业改为征收增值税。

一、试点政策的主要内容

2011年11月17日财政部、国家税务总局正式发布了《营业税改征增值税试点方案》及《交通运输业和部分现代服务业营业税改征增值税试点实施办法》、《交通运输业和部分现代服务业营业税改征增值税试点有关事项的规定》和《交通运输业和部分现代服务业营业税改征增值税试点过渡政策的规定》等相关政策。上海试点政策的主要内容包括：

（一）试点行业的选择

此次试点行业包括交通运输业和部分现代服务业，其中：交通运输业包括陆路、水路、航空和管道等四大类运输服务，部分现代服务业的六个行业，包括研发和技术服务、信息技术服务、文化创意服务、物流辅助服务、有形动产租赁服务、鉴证咨询服务。建筑业、邮电通信业、销售不动产等行业，餐饮、娱乐等服务企业暂不在改革试点的范围之内。

（二）税率设置

在现行增值税17%和13%两档税率的基础上，新增11%和6%两档低税率，交通运输业适用11%税率，部分现代服务业中的研发和技术服务、信息技术服务、文化创意服务、物流辅助服务、鉴证咨询服务适用6%税率，部分现代服务业中的有形动产租赁服务适用17%税率，小规模纳税人提供应税服务，增值税征收率为3%。见表4－1。

表4－1 试点前后税率变动情况

试点行业		试点后税率（增值税）	试点前税率（营业税）
交通运输业	陆路运输服务	11%	3%
	水路运输服务		
	航空运输服务		
	管道运输服务		
部分现代服务业	研发和技术服务	6%	5%
	信息技术服务		
	文化创意服务		
	物流辅助服务		
	鉴证咨询服务		
	有形动产租赁服务	17%	

（三）试点政策的衔接与协调

由于试点的区域、行业不同，以及增值税和营业税的制度差异，必然会带来区域之间、行业之间、纳税人之间的营业税和增值税政策的衔接与协调问题。为此，财政部、国家税务总局做了一些过渡政策安排：

1. 税收收入归属

试点期间保持现行财政体制基本稳定，原归属试点地区的营业税收入，改征增值税后收入仍归属试点地区，税款分别入库。因试点产生的财政减收，按现行财政体制由中央和地方分别负担。

2. 区域之间的税制衔接与协调

纳税地点和适用税种，以纳税人机构所在地作为基本判定标准。试点纳税人以机构所在地作为增值税纳税地点，其在异地缴纳的营业税，允许在计算缴纳增值税时抵减。非试点纳税人在试点地区从事经营活动的，继续按照现行营业税有关规定申报缴纳营业税。见表4－2。

表4－2　区域之间应税劳务的税种选择情况

服务提供方－机构所在地	劳务发生所在地	税种选择：增值税/营业税
上海	上海	增值税
上海	中国大陆其他地区	营业税（允许在计算增值税时抵减）
中国大陆其他地区	上海	营业税

3. 不同业务之间的税制衔接与协调

这主要体现在对试点纳税人混业经营的规定。试点纳税人兼有不同税率或者征收率的销售货物、提供加工修理修配劳务或者应税服务的，应当分别核算适用不同税率或征收率的销售额。对于未分别核算销售额的，根据兼有不同税率、征收率情况作出了具体规定。

4. 纳税人之间税制的衔接与协调

对试点纳税人与非试点纳税人从事同类经营活动，在分别适用增值税和营业税的同时，就运输费用抵扣、差额征税等事项，分不同情形做出了规定。

5. 税收优惠政策的衔接与协调

为保持现行营业税优惠政策的连续性对现行部分营业税免税政策，在改征增值税后继续予以免征；对部分营业税减免税优惠，调整为即征即退政策；对税负增加较多的部分行业，给予了适当的税收优惠。

（四）其他相关试点政策

1. 服务贸易进出口

对于服务贸易出口，实行零税率或免税制度。对于服务贸易的进口，境外服务提供方在上海提供的服务不再征收营业税，而是改征增值税。如果服务提供方在中国没有经营机构的，其位于上海的代理人或者服务接受方将扣缴增值税。

2. 一般纳税人和小规模纳税人资格的认定

提供应税服务的年销售额未超过500万元人民币的单位和个人，为增值税小规模纳税人，超过的则为增值税一般纳税人。但原公路、内河货物运输业自开票纳税人，年销售额未超过500万元人民币的也应当申请认定为增值税一般纳税人。而小规模纳税人会计核算健全，能够提供准确税务资料的，也可以向主管税务机关申请一般纳税人资格认定，成为增值税一般纳税人。增值税小规模纳税人则适用简易计税方法，按照不含税销售额乘以3%的征收率计算缴纳增值税。

二、为何首先选择在上海试点

至于为何首先选择在上海实行营改增试点，除了上海对试点积极性较高之外，还有以下三个方面考虑：

（一）上海服务业的典型性与先进性

作为中国经济最发达的城市，上海市是全国重要的运输枢纽、国际航运中心，服务业门类众多、较为发达，尤其是现代服务业已成为上海重要的经济增长点。试点之前的2011年，三次产业的比例关系为0.6∶41.5∶57.9，第三产业增加值已连续13年占全市生产总值的

50%以上，成为引领上海发展的主要动力。其中：批发和零售业、金融业、交通运输仓储和邮政业、房地产业、信息传输计算机服务和软件业等五个行业占上海市生产总值的比重超过40%。以研发服务、信息服务、商务服务和金融服务为代表的知识密集型服务业加快发展，占第三产业的比重已达50%左右，生产性服务业占第三产业的比重达到30%以上。从服务业构成上来看，上海市服务业门类齐全，特别是生产性服务业尤为发达，其门类主要涉及：总集成总承包；专业维修服务；节能环保服务；科技研发服务；创意产业；时尚产业；技术推广、技术转移、技术经纪、科技交流等服务；科研支撑条件共建共享服务；产品质量认证和质量监督检验检测服务；国际服务外包产业公共服务平台建设等。首先选择在上海实行营改增试点，不仅可以较为全面地反映改革对服务业的影响状况，提高试点效果评估的有效性，积累改革经验，而且有助于推动上海市现代服务业的进一步发展。

（二）征管机构具有独特优势

除各银行总行、各保险总公司集中交纳的营业税属于中央收入外[①]，其他行业的营业税收入都属于地方收入。与此相应，各银行总行、各保险总公司的营业税由国家税务局负责征收，其他行业的营业税由地方税务局负责征收。实行营改增试点之后，原归属试点地区的营业税收入，改征增值税后收入虽然仍归属试点地区，但征管却改由国家税务局负责。因此，存在收入与征管的协调问题。而上海税务征管机构具有独特优势，国地税虽然名义上分设，但实质为一家，便于征收协调，改征后不会出现可能在其他地方发生的国家税务局和地方税务局争夺税源的问题，有助于改革试点的平稳展开。

（三）财政承受能力较强

对财政收入的影响，是税制改革需要考虑的一个重要因素。改革

---

① 自2012年1月1日起，铁路运输企业的营业税划归地方收入。

试点一般选择财政承受能力较强的区域，这样即使某一税种的改革影响财政收入，也不会给地方财政带来严重的影响，便于减少改革所产生的负面效应。从上海市财政收入情况来看，该市税源充裕。2011年，该市地方财政收入3429.8亿元，比2010年同口径增长19.4%，其中市本级财政收入1675.8亿元，增长21.5%。虽然地方财政收入居于广东和山东之后，排在全国第三位，但其人均财力却居于全国第一。相对于其他省、直辖市和自治区而言，上海税源较为充裕，财政承受能力较强，营改增试点不会导致财政收入出现较大波动。

三、为何试点行业选择“1+6”模式

此次改革试点，在行业模式选择上采取了“1+6”模式。“1”是指交通运输业，包括陆路、水路、航空和管道等四大类运输服务，“6”则代表现代服务业的六个行业，包括研发和技术服务、信息技术服务、文化创意服务、物流辅助服务、有形动产租赁服务、鉴证咨询服务。

（一）选择交通运输业试点的考虑因素

选择交通运输业试点主要基于以下两点原因：

1. 与生产环节的关联性较强，便于增值税抵扣链条的完整性

交通运输业既具有物质生产的共性，又具有区别于一般物质生产的特性。从物质生产的共性上来看，交通运输业是生产过程在流通领域内的延伸，是价值创造过程的继续。在运输过程中，被运货物的价值实现了增值。马克思曾对交通运输业的生产性质作了深刻分析：“除了采掘工业、农业和加工工业以外，还存在着第四个物质生产领域，……这就是运输业，不论它是客运还是货运。”① 从其特性上来看，交通运输业与一般的生产过程又具有明显的不同。对于一般产品生产而言，随着每一个生产过程的结束，新的产品一般都会被制造出

① 《马克思恩格斯全集》第26卷，人民出版社1979年版，第444页。

来，而交通运输业则不改变劳动对象的属性和形态，只改变其空间位移。因此，交通运输业是一个与生产环节关联性较强的特殊行业。对交通运输业征收营业税而不是增值税，导致增值税的抵扣链条被打断。交通运输业实行营改增，有利于保持增值税抵扣链条的完整性，消除重复征税，从而保证纳税人在公平税负的基础上展开竞争。

2. 与增值税制度的关联性较强，可以降低制度转换成本

交通运输业与增值税制度的关联性较强。现行税法规定，接受运输业劳务服务的企业可能按运输发票的7%作为增值税的进项税额抵扣，这也就意味着增值税系统中存在以运输专用发票的抵扣形式，并且自2007年1月1日起货运发票开始在全国范围内被纳入税控系统。因此，各地对运输发票已经具有一定的管理经验。将交通运输业纳入营改增试点范围，具有税收征管方面的技术优势，可以减少制度转换成本。

（二）选择部分现代服务业试点的考虑因素

选择部分现代服务业试点主要基于以下两点原因：

1. 有助于消除制约现代服务业发展的税制瓶颈，促进现代服务业的发展

从世界产业结构优化升级的趋势来看，主要发达国家的经济逐渐向服务型经济转变，基本上确立了以服务型经济为主的产业结构。现代服务业不仅成为经济发展的重要支撑力，而且成为发达国家参与国际竞争的核心产业。其发展水平也已成为衡量现代社会经济发达程度的一个重要标志。从我国现实来看，现代服务业将成为从经济大国迈向经济强国的战略性产业，加快发展现代服务业对于转变经济发展方式，提升国家竞争力，具有重要意义。将部分现代服务业纳入营改增试点范围，不仅可以从整体上减少服务业税负，有助于消除制约现代服务业发展的税制瓶颈，为其创造良好的发展环境，而且可以发挥联动减税效应，促进相关行业的发展。

2. 与制造业的关联度高，有助于促使企业分工不断深化

专业化分工既是经济社会发展的结果，又是促使其进一步发展

的重要动力。随着经济的发展，专业化分工呈现精细化倾向，除了传统意义上的主辅分离外，更多地体现在制造业和服务业内部及其之间的专业化分工协作。现代服务业主要源于企业内部服务的外部化，生产性服务部门从生产部门中内生分化出来，形成专业化分工的生产性服务企业，提高了产业链的整体效率。但是营业税制存在的重复征税问题，对企业分工的制约愈发显现，使产业链向服务业增值部分的延伸受到抑制。因此，现代服务业，特别是其中与制造业的关联度高的研发和技术服务、信息技术服务、文化创意服务、物流辅助服务、有形动产租赁服务、鉴证咨询服务等的行业，纳入营改增试点范围，可以减少产业分工细化存在的重复征税因素，有利于制造业领域专业化分工，进而促进制造业产业升级和现代服务业发展。

第二节 地区试点的扩大

2012 年 9 月至 12 月，营改增地区试点扩大至北京、天津、江苏、浙江、安徽、福建、湖北、广东和宁波、厦门、深圳等八个省、直辖市和三个计划单列市。2013 年 4 月 10 日，国务院常务会议决定扩大地区试点，自 2013 年 8 月 1 日，营改增在全国范围内推开。

一、地区试点扩大的进程

2012 年 7 月 25 日，国务院常务会议决定扩大营业税改征增值税试点的范围，并制定了试点扩大的时间表，即：自 2012 年 8 月 1 日起至该年年底，将交通运输业和部分现代服务业纳入营业税改征增值税试点范围，由上海市分批扩大至北京、天津、江苏、浙江、安徽、福建、湖北、广东和宁波、厦门、深圳等八个省、直辖市和三个计划单列市；2013 年继续扩大试点地区，并选择部分行业在全国范围试点。上述试点地区新旧税制转换的时间具体安排如表 4－3 所示。

表 4－3　　试点地区实行营改增的时间表

时　间	地　区
2012 年 9 月 1 日	北京市
2012 年 10 月 1 日	江苏省、安徽省
2012 年 11 月 1 日	福建省、广东省
2012 年 12 月 1 日	天津市、浙江省、湖北省

从 2012 年 1 月到 12 月，在短短一年的时间，试点范围由上海市扩大到北京、天津等八个省、直辖市和三个计划单列市。与其他税制改革相比，这次营改增试点范围扩大的速度较快。例如，增值税转型改革，由 2004 年 9 月东北试点到 2009 年的全国推开，历时四年多；房产税试点也已进行了两年多，至今仍停留在最初的状况，试点并未扩大。

2013 年 4 月 10 日，国务院常务会议决定扩大地区试点，自 2013 年 8 月 1 日起，将交通运输业和部分现代服务业营改增试点在全国范围内推开，适当扩大部分现代服务业范围，将广播影视作品的制作、播映、发行等纳入试点。同时，还决定扩大行业试点，择机将铁路运输和邮电通信等行业纳入营改增试点，力争“十二五”期间全面完成营改增改革。

二、加快地区试点的原因何在

营改增在上海试点不到一年就扩大试点范围，并决定在 2013 年 8 月 1 日在全国范围内推开。加快地区试点，其原因何在？

（一）上海试点效果的激励

从上海市营改增试点情况来看，改革试点进展顺利，效果好于预期。这些效果集中表现在：打通了第二、三产业增值税抵扣链条，有利于促进工业领域专业化分工；有利于促进服务业发展和转型升级；降低了大部分服务业企业的税负，减轻了生存压力；提升了产品出口，特别是服务贸易出口的国际竞争力；等等。例如，据统计，2012 年上半年，上海营改增改革试点企业和原增值税一般纳税人整体减轻税收负担约44.5亿元，有力地支持了企业的发展。对上海1200多户试点企业的调查显示，上半年这些企业的设备更新意愿逐步加强，交通运输业、物流辅助服务企业的设备采购额分别增长了10.8%和171.3%。再如，试点企业市场拓展加快，特别是服务贸易出口国际竞争力提升，2012年上半年试点企业上海本市客户数同比增长7.2%，外省市客户数同比增长11.6%，境外客户数同比增长3.4%，境外合同金额同比增长30.2%。受上海试点效果的激励，无论是中央还是地方，都对加快试点形成了较为统一的意见，从而调动了中央和地方两方面积极性。

（二）宏观经济形势倒逼改革提速

进入2012年以后，房价、物价涨幅明显降低；出口增长大幅回落，投资和消费增长也有不同幅度下降，经济增长率呈现继续下行态势。一季度GDP增长8.1%，增速较上年四季度降低了0.8个百分点。二季度GDP增长7.6%，创下自2009年二季度（7.9%）以来三年新低（见图4-1）。2012年上半年我国居民消费价格（CPI）持续回落，6月份CPI上涨2.2%，比上一个月回落0.8个百分点（见图4-2）。在经济增速放缓的情况下，宏观经济政策目标侧重于实现"稳增长"。继续落实结构性减税政策，减轻企业税负，也成为必然的政策选择。作为结构性减税的重要内容，营改增对于实现"稳增长、调结构、促改革"的目标具有积极作用。因此，在经济下行压力加大的背景下，扩大营改增试点范围势在必行。

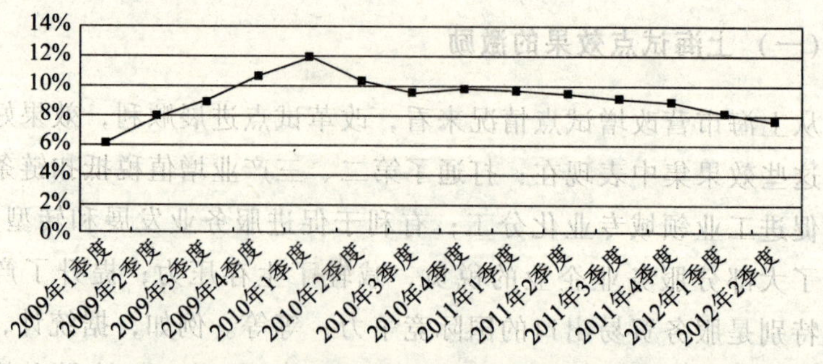

图4-1 2009年一季度以来GDP走势图

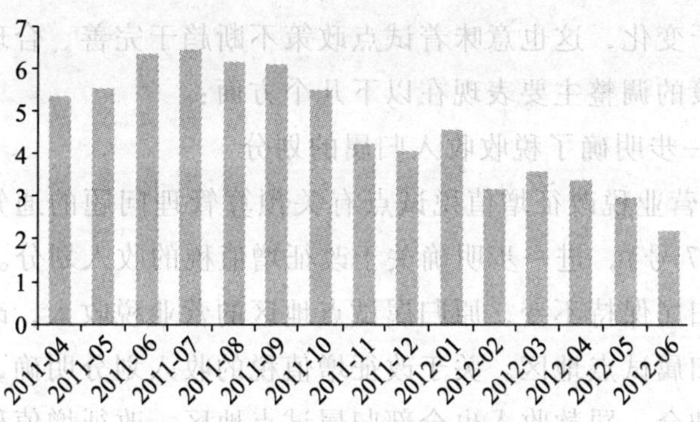

图 4－2 2011 年 4 月—2012 年 6 月全国物价指数

（三）区域试点样本的扩大有利于总结经验

从我国区域位置来看，这次试点范围由最初试点的华东，扩展至华北、华中和华南地区。从经济区域上来看，涉及的经济区域包括环渤海经济区、长三角经济区、珠三角经济区、海峡西岸经济区和长江中游经济区，基本上涵盖了我国最主要的经济区。从经济规模上来看，12 个试点省市的 GDP 总量占到全国 GDP 总量的 50% 左右，第三产业增加值占 52% 左右，税收收入占 56% 左右。试点地区范围进一步扩大，有利于进一步分析、总结政策的效果，对下一步改革在全国推开，具有十分重要的意义。

三、地区试点政策的调整与变化

根据区域差异，以及试点政策推行过程中出现的一些问题，财政部、国家税务总局等有关部门就试点政策做了适当的调整。

（一）北京等八省市试点政策的调整

2012 年 7 月 31 日，财政部、国家税务总局下发了《关于在北京等 8 省市开展交通运输业和部分现代服务业营业税改征增值税试点的通知》（即“71 号文”），并相应出台了一些政策。与上海试点相比，扩大试点地区的政策大同小异，总体上与上海模式保持一致，但仍然出现了若干变化，这也意味着试点政策不断趋于完善、合理。扩大试点地区政策的调整主要表现在以下几个方面：

1. 进一步明确了税收收入归属的划分

《关于营业税改征增值税试点有关预算管理问题的通知》（财预〔2012〕367号），进一步明确关于改征增值税的收入划分。强调试点期间收入归属保持不变，原归属试点地区的营业税收入，改征增值税后仍全部归属试点地区。关于改征增值税的收入划分明确，改征增值税税款滞纳金、罚款收入也全部归属试点地区。改征增值税收入不计入中央对试点地区增值税和消费税税收返还基数。因营业税改征增值税试点发生的财政收入变化，由中央和试点地区按照现行财政体制相关规定分享或分担。

2. 试点行业范围的调整

一是在上海市方案中，工程监理业务不纳入试点范围的服务项目，而在北京市的方案中，纳税人提供工程监理服务属于营业税改征增值税范围。二是在上海市方案中，代理记账、电子申报、共享开票业务不属于《应税服务范围注释》的规定范围，不纳入本次营业税改征增值税试点范围，而在北京市的方案中，纳税人提供代理记账服务属于营业税改征增值税范围。

3. 原公路、内河货物运输业一般纳税人的认定

"71号文"废止了"试点地区应税服务年销售额超过500万元的原公路、内河货物运输业自开票纳税人，应当申请认定为一般纳税人"的规定。北京市规定，不区分是否运输业自开票纳税人，以2011年全年、2012年1月至营改增前一个月的营业收入超过500万元以上（含）的纳税人为达标的一般纳税人。

4. 原留抵税额的税收抵扣问题

在上海市方案中，原增值税一般纳税人兼有应税服务的，截止到2011年12月31日的增值税期末留抵税额，不得从应税服务的销项税额中抵扣，而在扩大试点的方案中，"71号文"规定所有纳入试点地区原增值税一般纳税人兼有应税服务的，截止到该地区试点实施之日前的增值税期末留抵税额，不得从应税服务的销项税额中抵扣。

此外，规定按照一般货物及劳务销项税额比例来计算可抵扣税额及应纳税额，并规定了增值税期末留抵税额的会计处理。

5. 对航空运输业规定的变化

上海市方案中专门发布了针对东航的汇总纳税的优惠政策，但在上海注册的其他航空公司则不能享受这种优惠。“71号文”规定：“第七条第（一）项规定的注册在试点地区的单位从事航空运输业务缴纳增值税和营业税的有关问题另行通知。”这意味着政策将对试点地区注册的大小航空公司出台一视同仁的政策。

（二）相关政策的调整与完善

针对试点中出现的问题，财政部和国家税务总局对相关试点政策进行了调整。具体表现在以下方面：

1. 出台了相关减税政策

为解决试点中出现的部分行业、部门税负加重的情况，2012年7月17日，财政部和国家税务总局就营业税改征增值税试点，补充出台了四条减税政策，对部分之前规定不明确的，部分在实际运作中出现税负加重的情况作出相应规定。

（1）针对未与我国政府达成双边运输免税安排的国家和地区，向我国境内提供的国际运输服务的试点企业。此项服务，按3%的征收率缴纳增值税。

（2）试点动漫企业的一般纳税人，可以选择简易计税方法，即3%的征收率；一经选择，在2012年12月31日之前，不得变更计税方法。

（3）“船舶代理服务”统一按“港口码头服务”缴纳增值税，适用6%的税率。

（4）针对试点的经营租赁服务企业的一般纳税人，若在试点前，购有或自制有供租赁的有形动产，这些企业可选择简易计税法，即3%的征收率缴纳增值税。

2. 进一步明确了应税服务范围等有关事项

2012年12月，财政部、国家税务总局联合发文，就营改增试点中应税服务范围等若干税收政策做了更加明确地规定。例如，建筑图纸审核服务、环境评估服务、医疗事故鉴定服务、代理记账服务、文印晒图服务、组织安排会议或展览的服务等征收增值税问题；营改增试点地区的试点纳税人提供的往返台湾、香港、澳门的交通运输服务以及在台湾、香港、澳门提供的交通运输服务，适用增值税零税率；长途客运、班车（指按固定路线、固定时间运营并在固定停靠站停靠的运送旅客的陆路运输服务）、地铁、城市轻轨服务属于《交通运输业和部分现代服务业营业税改征增值税试点有关事项的规定》（财税〔2011〕111号）第一条第（五）项第2款规定的公共交通运输服务，试点纳税人中的一般纳税人提供上述服务，可以选择按照简易计税方法计算缴纳增值税，等等。

3. 明确总分机构增值税缴纳问题

2012年12月31日，财政部、国家税务总局联合发文，就营改增总分机构增值税缴纳问题进行了明确，其主要规定如下：分支机构发生《应税服务范围注释》所列业务当期已缴纳的增值税和营业税税款，允许在总机构当期增值税应纳税额中抵减，抵减不完的可以结转下期继续抵减；非试点地区分支机构发生该注释所列业务，按照现行规定申报缴纳营业税；分支机构发生《应税服务范围注释》所列业务当期已缴纳的增值税和营业税税款，允许在总机构当期增值税应纳税额中抵减，抵减不完的可以结转下期继续抵减；非试点地区分支机构发生该注释所列业务，按照现行规定申报缴纳营业税。

（三）2013年8月全国试点政策的变化与调整

2013年8月1日，将交通运输业和部分现代服务业营改增试点在全国范围内推开。财政部和国家税务总局联合下发了《关于在全国开展交通运输业和部分现代服务业营业税改征增值税试点税收政策的通知》（财税〔2013〕37号），对相关政策予以明确。与之前试点政策相比，全国试点政策主要发生了以下变化：

1. 将“广播影视服务”纳入应税范围

在“部分现代服务业”中增加“广播影视服务”子目，将在全国开展的营改增试点的应税范围由“1+6”扩大成“1+7”。新增的

"广播影视服务"适用增值税税率为6%，其应税服务范围包括广播影视节目（作品）的制作服务、发行服务和播映（含放映）服务。另外，对于境内的单位和个人在境外提供的广播影视节目（作品）的发行、播映服务将免征增值税。

2. 调整部分增值税进项税额抵扣政策

将应征消费税的摩托车、汽车和游艇纳入增值税抵扣范围，完善了增值税链条。自2013年8月1日起，全国范围内所有增值税一般纳税人购入自用的应征消费税的摩托车、汽车、游艇的进项税额均可抵扣，但专用于简易计税方法计税项目、非增值税应税项目、免征增值税项目、集体福利或者个人消费的除外。

3. 调整差额征税政策

与前期试点政策相比，全国试点政策取消了纳税人提供交通运输服务、仓储服务、广告代理服务和国际货物运输代理的差额征税规定，只保留了有形动产融资租赁服务差额征税政策。

4. 调整增值税抵扣政策

取消了试点纳税人和原增值税纳税人，按交通运输费用结算单据上注明的运输费用金额和7%的扣除率计算进项税额等两项运输费用进项税的抵扣政策，纳税人除了取得铁路运输费用结算单据外，将统一按照增值税专用发票的票面税额抵扣进项税额。

5. 其他相关政策的调整

全国试点政策还就其他一些政策做了调整，例如：纳税人向境外提供应税服务，符合条件的可以享受免税或零税率的优惠政策；纳税人提供应税服务同时适用免税和零税率规定的，优先适用零税率；取消了允许未与我国达成双边运输免税安排国家和地区的单位和个人暂按3%征收率代扣代缴增值税的规定，等等。

第三节 成效与问题

营改增试点改革在经过一年多的时间运行后，总体上达到了试点改革的预期目标和要求，通过营改增试点改革打通了服务业与工业之间的增值税抵扣链条，消除了试点企业的重复征税，有利于服务业的专业化分工，在全面减轻工业增值税税负的同时，也减轻了大部分试点企业的税负。同时，通过试点改革，也发现了原有试点政策制定中存在着的一些问题，为后续深化改革和增值税制度的完善积累了经验。但是，试点地区的营改增试点改革中也暴露出一些问题，这些问题主要是由于试点改革的不全面所形成的，有待在营改增试点改革推广到全行业和全国范围后逐步解决和消除。

一、试点地区的营改增试点改革成效

实现营改增改革是我国现阶段税制改革的一项重要内容，针对原有税制存在的商品劳务税不统一，增值税和营业税平行征收所带来的一系列问题，实施营改增的改革目标主要是：完善增值税抵扣链条、消除重复征税、促进社会专业化分工和三次产业融合，以及有利于服务业发展、调整产业结构、减轻企业税负、促进国民经济健康协调发展等方面。根据试点地区营改增试点改革的运行情况可以判断，试点改革初步实现了税制改革目标，取得了明显的成效。

（一）制度改革效应

营改增试点改革最基本的目标就是完善税制。营改增试点改革是完善我国货物劳务税制度上所走出的关键性一步，通过改革实现货物劳务税制度的统一，有助于进一步完善税制和推动财税体制改革。

1. 消除制度性的重复征税

（1）打通了增值税抵扣链条，跨区域、跨行业抵扣链条形成。此次营改增试点改革的“1＋6”行业为交通运输业（适用税率11%）以及研发和技术、信息技术、文化创意、物流辅助、有形动产租赁、鉴证咨询等6类现代服务业（除有形动产租赁适用税率为17%外，其余部分的适用税率为6%），可以看到，这些行业主要属于生产性服务业，处于整个产业链的中游位置。对这些生产性服务业实施营改增后，试点行业与其上下游行业抵扣链条已经打通，避免了抵扣链条的断裂，也不需要采用在交通运输业上实行的人为规定抵扣率来打通抵扣链条的不规范做法。同时，也促进了跨区域、跨行业抵扣链条的形成，强化了区域内外、上下游企业之间的联系。以安徽为例，试点以来江苏、上海、浙江三省市合计接受安徽营改增专用发票3.3万份、税额2.7亿元，占到安徽开具给外省总份数的50%以上，进一步密切了安徽与长三角地区的经济联系。

（2）试点行业基本消除了重复征税。对于服务业而言，针对营业税对营业额全额征税且无法抵扣和原有不能实行营业税差额征税制度的服务业的重复征税问题，实施营改增试点改革后，适用税率、计税方式、计税依据等全部按照新税制执行，其抵扣机制作用日益显现。已实行营业税差额征税的服务业也能够通过全额抵扣，实现更为彻底的避免重复征税。而对于制造业而言，抵扣链条的打通也意味着能够消除因为抵扣不足而产生的一定的重复征税问题。

总体看，目前的试点地区均已实现了营改增税制平稳转换，截至2013年1月，12个省市共有102.8万户试点纳税人，由缴纳营业税改为缴纳增值税。其中，一般纳税人21.6万户、占21%；小规模纳税人81.2万户、占79%。从行业分布看，交通运输业16.1万户、占15.7%，现代服务业86.7万户、占84.3%；征管系统平稳顺畅运行，相关税款及时入库。2012年已开出新的增值税专用发票3119.5万张、税额720.7亿元。同时，各地纳税申报顺畅，纳税服务到位，风险防控有效，纳税申报率达到99.8%[①]。

2. 为后续改革的完善积累了经验

试点改革的目的之一就是为了发现制度设计上可能存在的问题，并为后续全面的改革积累经验。尤其是一些特殊行业的制度设计，只有通过试点实践才能发现问题。此次营改增试点改革也发现了一些制度上的问题，并进行了调整和完善。例如，通过上海市的试点改革

① 数据来源：《营业税，巨轮正远航》，中国财经报，2013年2月17日。

过程，发现了财税〔2011〕111号等文件中存在的问题，并在后续文件中相继进行了修订。同时，对部分之前规定不明确的，部分在实际运作中出现税负加重的情况给予了安排（见表4－4）。此外，试点改革中也发现了其他一些问题，有待在后续改革中解决。例如，交通运输业在抵扣中存在着难以取得油费发票等部分征管配套问题。

表4－4 营改增试点改革的制度修订情况

序号	营改增政策修订内容	文件
1	“试点地区应税服务年销售额未超过500万元的原公路、内河货物运输业自开票纳税人，应当申请认定为一般纳税人”的规定废止。	财税〔2012〕71号
2	“第七条第（一）项规定的注册在试点地区的单位从事航空运输业务缴纳增值税和营业税的有关问题另行通知。”意味着政策将对试点地区注册的大小航空公司出台一视同仁的政策。	财税〔2012〕71号
3	针对未与我国政府达成双边运输免税安排的国家和地区，向我国境内提供的国际运输服务的试点企业。此项服务，按3%的征收率缴纳增值税。	财税〔2012〕53号
4	试点动漫企业的一般纳税人，可以选择简易计税方法，即3%的征收率；一经选择，在2012年12月31日之前，不得变更计税方法。	财税〔2012〕53号
5	“船舶代理服务”统一按“港口码头服务”缴纳增值税，适用6%的税率。	财税〔2012〕53号
6	针对试点的经营租赁服务企业的一般纳税人，若在试点前，购有或自制有供租赁的有形动产，这些企业可选择简易计税法，即3%的征收率缴纳增值税。	财税〔2012〕53号
7	制定了《总分机构试点纳税人增值税计算缴纳暂行办法》，明确总机构试点纳税人及其分支机构如何计算缴纳增值税。	财税〔2012〕84号

3. 推动财税体制改革

营改增不仅仅是营业税和增值税两个税种的改革，实际上牵动了整个财税体制。从改革的角度观察，营改增是拉开整个财税改革大幕的抓手，将带动整个财税体制改革。

（1）推动税制改革。营改增将使整个税制更加适应发展的要求。一是进一步简化了税制，我国的税种将会由18个减为17个，增值税将覆盖所有的行业和企业。二是进一步强化了税制中性。扩大增值税的范围会扩大了税制中性的领域，增强了整个税制的中性化，减少了对市场造成的扭曲。三是有利于税收征管。增值税与营业税并存导致的征管复杂性程度降低，同时增值税的内在抵扣链条也更加完整，可在一定程度上强化征管，减少了增值税的漏洞。

（2）带动财政体制改革。随着营改增改革的深入推进，其将直接触及中央和地方的利益格局，将成为拉开财税改革序幕的抓手。这对于推动健全中央和地方相匹配的财政体制，以及进一步促进其他财税制度方面的改革和完善具有重要的意义。

（二）经济效应

营改增试点改革在完善税制和消除重复征税的同时，也会带来良好的微观和宏观经济效应。一方面有利于减轻企业税负，促进企业转型升级；另一方面则有利于推动行业发展和经济发展方式的转变。

1. 减轻企业税负和促进企业转型升级

（1）切实减轻了企业税负，总体上体现了结构性减税要求。营改增试点改革不仅能够降低服务业的税收负担，也能够降低工业的税收负担，进而促进总体的税负下降。

一是原一般纳税人（主要为工业企业）税负下降。由于原增值税一般纳税人购进试点服务抵扣增加，可以获得较以前相比更多的进项税抵扣，因而对于原一般纳税人来说税负是下降的。

二是试点服务企业税负总体下降。①中小企业普遍减负。对于试点的小规模纳税人，适用3%的征收率，相对于原有最低3%的营业税税率，再加上增值税价外税的规定，其税负下降幅度平均达40%。②一般纳税人税负总体下降。试点的一般纳税人的税负根据企业所适用的增值税优惠税率、企业的成本结构、固定资产更新情况、取得增值税进项税发票的情况而有所不同。根据统计，试点地区95%左右的企业实现减税或税负不变的同时，5%左右的企业税负有所增加，主要是交通运输业一般纳税人中的部分企业和少数其他行业的企业税负有所增加。③出口服务企业税负下降。出口服务企业由于适用出口零税率进行退税，其税负也是下降的。例如，上海市截止到2012年10月底，受理零税率应税服务免抵退税申报50户，退税额2.25亿元；受理出口免税企业453户，估算减免税额约为5.4亿元。

三是试点改革实现总体减负。根据统计，营改增试点改革全年减税426.3亿元，其中，试点纳税人减税189.1亿元，原增值税一般纳税人购进试点服务减税237.2亿元。同时，增税面不断下降。以上海为例，2012年全年交通运输业一般纳税人增税面逐月下降，并于7月份实现了全行业减税。即使改革初期少数企业税负增加，各地也都采取了不同的扶持办法，对税负增加的企业予以财政补贴，对冲因税负增加而带来的负面影响，实际税负并没有增加。

四是营改增成为现阶段结构性减税的重要内容。减税对于促进企业发展、带动经济发展的作用显著，根据国内的经济形势，实施营改增试点改革也成为国内实施结构性减税的核心内容之一。根据对上海市近2000户试点企业抽样调查，调查对象2012年的设备采购金额同比增长136%，就业人员数量同比增长3.04%，高于服务业平均水平1.1个百分点。在市场销售增速回落的情况下，试点企业的营业收入和利润同比分别增长19.8%和19.3%。

（2）促进社会专业化分工协作，推动企业转型升级。营改增后，抵扣链条的打通和重复征税的消除，可以促进产业专业化分工与行业内协作，也有利于促进企业组织架构优化与流程再造，促进了企业转型升级，推动了企业经营组织模式转变和内部管理加强，提升社会化服务水平。

一是促进服务企业专业化分工。服务企业内部的专业化分工可以更加细化，可以将更多的业务实行外包。生产性服务业务外包将进一步优化企业组织架构，使企业从“橄榄型”转变为“哑铃型”，专注于提高主业核心竞争力。

二是促进工业企业实行主辅分离和转型升级。为更好地适应税制变化，企业在经营模式、市场营销和生产组织方式等方面做出适应性转变，如交通运输车辆挂靠经营、制造业中的研发与运输服务等，寻求通过专业化协作完成。例如，上海市发布了《关于试行鼓励制造业分离生产性服务业若干财政扶持政策的通知》（沪财税〔2011〕46 号），鼓励生产性服务业从制造业剥离。

三是促进了企业管理升级。很多企业主动从产业链构建、财务管理、合同管理、供应商选择等方面，完善了企业治理机制，内部管理水平明显提高。

2. 推动服务业和制造业的健康发展和产业结构调整

(1) 有利于服务业发展，促进产业结构调整。营改增试点改革，有利于推动服务业尤其是现代服务业的发展，并进而促进产业结构的调整。

一是服务业尤其是现代服务业得以更好的发展。由于服务业的重复征税得以解决，且总体上税收负担有所下降，增强了服务业的竞争能力，形成了良好的产业导向，可吸引社会资本向现代服务业集聚。这对于推动服务业发展，尤其是现代服务业的发展起到了良好的作用。第一，服务业企业户数增加较快。每月新办企业都在迅速增加。以湖北省为例，试点一个月全省新增试点纳税人 3952 户，增加最多的是文化创意服务业，占新增户数的 29.8%。第二，服务业经济总量快速增长。2012 年上海市国内生产总值增长 7.5%，其中二产增长 3.1%，三产增长了 10.6%，高出全市生产总值增速 3.1 个百分点；三产增加值占全市 GDP 首次突破 60%，拉动经济增长 6.2 个百分点。

二是推动了服务贸易出口，提升国际竞争力。营改增试点改革后，促进国际国内两个市场对接。随着国际运输和研发设计被纳入出口零税率方位，以及出口货物接受试点纳税人提供交通运输和部分现代服务业劳务所负担的进项税可以退还，实现了与国际通行税制的接轨，使国内服务业企业与国外企业处于更加平等的竞争地位，既有效地提高了服务出口企业的国际竞争力，也增强了企业参与全球资源配置的能力。从各地区的运行结果看，试点改革对服务贸易出口的促进作用已经得以逐步体现。例如，在全球经济低迷的情况下，上海市2012年全年新认定跨国公司地区总部50多家，投资性公司25家，研发中心17家，实际利用外资逆势上扬，增长20.5%。

(2) 促进第二、三产业发展和融合。生产性服务业营改增后打通了上下游的增值税抵扣链条，对上下游产业和企业发展都有着积极的影响，有助于企业间的技术合作和专业分工，推动新型产业的发展。

一是促进上游企业发展。从上游企业看，试点改革企业为了增加增值税进项税抵扣，将会倾向于更新设备和增加固定资产的购置，会在一定程度上促进上游制造业、修理修配业的发展；同时，试点改革企业也会倾向于进行服务业外包，向其他试点企业购买应税服务，也会促进上游服务业的发展。

二是促进下游企业发展。从下游企业看，其可以对服务业开出的增值税发票进行抵扣，这在一定程度上也消除了工业的增值税重复征税问题和减轻其税收负担，可增强企业的竞争力。同时，营改增在推动工业企业实行主辅分离的同时，也可能推动了工业（制造业）企业由原来单纯的加工制造向产业链前端的研发设计和后端的售后服务延伸，有利于实现全产业链。

三是促进上下游企业创新和融合发展。对于上下游企业，营业税改征增值税后，企业在进行技术研发时所采购的材料、设备、不动产、无形资产所含的增值税进项税额都可以抵扣，可加速资产折旧，从而促进了试点企业的设备更新改造，减低研发成本和鼓励科技创新，增强企业自主创新和科技研发的能力。通过上述几方面的积极影响，将有利于促进制造业与服务业的融合发展。

（三）社会效应

营改增试点改革在减轻企业税负和促进服务业发展的同时，也相应会有助于推动就业增长和稳定物价。

国内外的实践证明，中小企业是解决就业问题的最大载体和主力军，要想真正解决就业问题，就必须大力发展中小企业。而营改增在总体上减轻了企业税负，尤其是对于小微企业，税负减轻的程度达到40%。从企业角度来说，税负成本的降低会有利于扩大就业和创业空间，并进而直接带动就业。因此，实施服务业的营改增不仅有利于扩大就业，也有利于稳定就业和提升就业质量。上海市公布的数据显示，根据对部分现代服务业领域的近2000户试点企业抽样调查，调查对象2012年的设备采购金额同比增长136%，就业人员数量同比增长3.04%，高于服务业平均水平1.1个百分点①。

总体上看，营改增试点改革在实现原有完善税制、减轻企业税负和促进产业发展等预期效果的同时，由于试点改革的不全面性，还有部分成效在试点阶段还没有完全显现，应该说随着营改增改革的进一步深化，成效会越来越显著。

二、营改增试点改革存在的问题

试点地区的营改增试点改革也暴露出一些问题，这些问题来源于不同方面，主要的问题是由于营改增改革试点的不全面所造成的，而部分问题则属于相关配套政策不完善等其他原因。

（一）试点改革方案选择部分地区和行业实施

考虑到试点改革的难度和条件等一些问题，营改增的改革方案选择只在上海市和“1+6”行业进行试点，通过单个地区的试点改革来取得制度上的突破并取得改革经验，对于后期的深化改革意义是重大的。

但在理论上，营改增改革并不适合进行地区试点，而适合进行部分行业的全国范围试点。试点改革选择在部分地区和行业实施，会导致过渡性政策设计复杂。尽管目前已进行改革试点的12个省市在经济总量、产业结构、区域分布等方面具有较强的代表性，但由于在部分地区和部分行业进行试点，导致在试点改革中出现试点地区和非

① 《上海营改增一年减税逾270亿元　试点企业盼扩围加速》，新华网，2013年3月3日。

试点地区、试点企业与非试点企业之间较为复杂的营业税和增值税的协调问题，为此也需要制定较为复杂的过渡和临时性政策来解决。同时，在部分地区进行试点，会在一定程度上出现试点地区与临近的非试点地区在企业和税收方面的竞争问题。

营改增试点改革选择在部分地区和行业试点也是在我国实际情况下的一种选择结果，针对这些试点改革方案可能会产生的一些问题，有必要扩大和深化改革，在全国范围和全行业推行。国务院决定自 2013 年 8 月 1 日起，在全国范围内开展交通运输业和部分现代服务业营改增试点，就是对上述问题的解决。

（二）试点改革方案的自身局限性引发的问题

在部分行业试点改革和抵扣范围较窄的情况下（同时结合不同企业的成本构成和固定资产更新情况），这种试点改革的自身局限性，导致试点阶段的部分行业和企业会出现部分问题。

1. 部分行业和企业出现税负增加的情况

（1）由于尚未在全国范围和所有服务业推开营改增，目前企业的在可抵扣进项税的范围上还相对较窄，导致部分进项税抵扣不足。例如，占交通运输业成本主要构成的过路过桥费，目前尚不能取得增值税发票抵扣。而随着改革的深化，营改增在全国范围内和其他服务业的推开，企业还会增加一部分进项税抵扣。

（2）在原有的营业税制度下，服务业产业链中的上下游形成相对稳定的利益分配关系。营改增后，由于价格与税收之间的联系，必然会导致上下游企业之间原有利益格局的打破，会形成新的利益分配格局，上游因为税制调整而增加的负担，会有条件地向下游进行转嫁，从而在中长期形成新的分配结构。因此，企业同样有一个短期和长期利益之间的平衡，只不过需要有一定时间的转化。

2. 试点改革的配套政策有待完善

除了在营业税和增值税制度自身的协调外，其他相关制度也可能对营改增的运行产生影响。根据交通运输企业的反映，企业在油料增值税发票的取得和抵扣上，存在着在部分加油站不能取得增值税发票的问题。因此，也需要对其他相关制度进行完善，以配合营改增的顺利运行。

应该说，随着改革的深化，营改增在全国范围和全部行业的实施，这些由于试点改革自身局限性所导致的问题会得到解决。同时，从营改增的未来改革方向看，现行营改增过程中的增值税税率档次由两档调整为四档，也只是一种过渡性安排，未来将有必要适时简并税率档次。此外，还需要结合情况，对增值税优惠税率问题进行适度调整。

（三）营改增改革全面推广后面临的问题

除了营改增试点改革后涉及的一些增值税制度性的问题外，营改增涉及共享税、地方税两大税种，将对地方财政收入、财政体制改革等各个方面产生巨大的影响，还会带来一些即使在全面改革后依然需要解决的问题。

1. 地方财政压力加大

（1）财政减收问题。营改增会对地方财政收入产生减收的结果。根据上海市统计，截至 2012 年底，上海共有 15.9 万户企业纳入营改增试点范围，九成企业税负减轻，仅上海区域内的试点企业和原增值税一般纳税人因营改增减税就达 166 亿元，若再加上产业链跨省市的增值税延伸抵扣因素，减税规模将超过 270 亿元。北京的测算表明，营改增试点改革后每年将总减收 165 亿元，其中地方财政减收 72 亿元。而据财政部初步统计，营改增试点至 2013 年 2 月份，全国共实现减税 550 亿元人民币以上。同时，测算显示，2013 年 8 月 1 日起“1+6”行业试点扩至全国，预计全年减收规模为 1200 多亿元，全部推开营改增后全年预计可减税约两三千亿元[①]。

从发达地区来看，由于财政承担能力较强，营改增所造成的地方财政减收压力相对较小。同时，发达地区的服务业比重高，营改增后

① 《“营改增”提速财税改革：对话财政部部长楼继伟、国税总局局长王军》，新华网，2013 年 4 月 17 日。

服务业的做大做强也能够适度降低地方财政收入增长的压力。而不发达地区对财政减收的承担能力相对较弱，改革后通过服务业发展来增加税收收入的潜力也较弱，营改增对地方财政收入的减收压力更大，这也是部分地区不愿意进行营改增试点的原因之一。因此，营改增在全国范围的扩展，也需要考虑不发达地区，尤其是西部等落后地区的地方财政减收问题。

（2）对于试点改革中税负增加的企业，上海市以及其他地区都采用了给予税负增加部分进行补贴的方式。这属于为了顺利推行营改增的临时性措施。在财政收入减收的同时又额外增加了补贴支出，这增加了地方财政压力。对于一些经济发达地区，可通过产业的发展等方面来弥补税收收入损失，但对于一些落后地区，财政面临的压力要更大。

2. 中央与地方的利益格局变化

（1）中央与地方财政关系的调整问题。根据现行营改增试点改革的规定，原属于地方财政收入的营业税，在改为增值税后收入仍然归属于地方，尽管短期内营改增将不会影响中央和地方的税收划分，但这属于一种改革试点中的过渡性政策，不属于规范的分税制的做法，要想根本解决问题，需要更加全面的体制解决方案以调整中央和地方的收支划分。

（2）由于实行总分公司的增值税汇总纳税问题，会出现地区间的税收利益协调问题。目前的规定对此进行了部分规范，随着改革范围的扩大，地区间的税收利益问题将更为明显。

（3）增值税的征收范围扩大，营业税的范围则面临相对缩减，甚至被增值税取代，而营业税本是地方政府的第一大税种，有必要要构建新的地方税体系，形成有利于结构优化、社会公平的税收制度，同时增强地方财政实力。

3. 税收征管风险扩大

营改增改革后，也在一定程度上对增值税的税收征管带来挑战。

（1）增值税征税范围扩大，增值税纳税人数量的增加，会对国税局的征管能力提出更高要求，也增加了征管上的风险。

（2）试点企业由缴纳营业税改为增值税，也对企业的税务管理提出了较高的要求。

总之，基于营改增试点改革中存在的上述问题，需要进一步加快改革步伐，按照行业适时在全国范围内全面推开，避免区域试点带来的各种问题。同时，增强改革的协调性，深入研究完善财政体制改革、地方税体系建设、税收征管体系改革等问题，确保改革平稳顺利推进。

第五章 营改增：改革逻辑与路线图

作为财税改革的“重头戏”，营改增符合当前我国的改革逻辑。从总体上看，营改增全过程大体可分为部分行业地区试点、部分行业全国推行和所有行业全国实行等三个阶段。下一步改革将以分行业全国推行为主，为此，需要抓好交通运输业、邮电通信业、建筑业、金融服务业以及公共服务部门等重点与难点行业的改革设计，确保营改增顺利推进。

第一节 营改增的改革逻辑

实施营改增，不仅标志着我国自1994年开始的第一大税种——增值税的改革基本完成，也意味着我国其他相关财政改革将加速推进，进而吹响了我国新一轮全面改革的号角。

一、营改增标志着增值税改革的基本完成

我国的增值税制度改革基本上是沿着“建立——转型——扩围”这一逻辑顺序开展的，逐步走向完善。

党的十四大明确提出了我国的改革目标是建立社会主义市场经济体制。为构建与市场经济体制相适应的税收制度，1994年我国进行了新中国成立以来规模最大、范围最广、影响最为深刻的一次税制

改革。这次改革，建立了以增值税为主体的新流转税制度。改变了按产品分设税目、分税目制定差别税率的传统做法，确立了在生产和流通环节普遍征收增值税并实行价外计税的办法；增值税实行一档基本税率（17%）和一档优惠税率（13%）；明确规定了允许扣除的增值税范围和建立了凭专用发票注明税款扣税的制度。1994 年之后，根据经济社会发展变化及新税制运行过程中出现的新情况，又对增值税制度进行了调整和完善，例如：将农产品、农用水泵、农用柴油机、金属矿和非金属矿采选产品的增值税税率由 17% 调整为 13%；重新确定了商业一般纳税人的认定标准，将商业小规模纳税人的增值税征收率由 6% 调为 4%。

1994 年所建立的增值税属于生产型增值税，不允许企业抵扣购进固定资产的进项税额，存在重复征税问题，制约了企业技术进步和产业结构调整。为此，2004 年 9 月，对东北老工业基地的六个行业实施增值税由生产型向消费型的转型改革试点。2007 年 5 月，增值税转型改革试点范围扩大至中部地区。2008 年 11 月 5 日，国务院第 34 次常务会议决定自 2009 年 1 月 1 日起在全国范围内实施增值税转型改革。

增值税转型完成之后，余下的最大问题在于货物、服务征税的双轨制，即存在增值税与营业税并行问题，从而导致重复征税、不利于服务业发展和产业结构调整等诸多问题。实施营改增则能较好地解决这些问题，从而使增值税制度和税制结构更加合理，这标志着增值税制度改革的基本完成。

二、营改增倒逼财政体制改革，意味着财税改革提速

营改增是当前财税改革的“重头戏”。虽然它只是一项改革措施，但并非是营业税和增值税制度的简单转换，其影响面宽，牵一发而动全身。除了涉及一些增值税制度性问题外，营改增还涉及地方财政收入、财政体制改革、地方税体系的建立以及税收征管制度改革等重要问题。

从地方收入来看，营改增具有减税效应，虽然改革后原属于地方财政收入的营业税收入仍然归属于地方，但会减少地方财政收入，地方财政支出压力加大。特别是对财政承受能力相对较弱的不发达地区，财政压力更大。

从中央与地方的财政关系来看，营改增之后，地方税体系不健全的问题更加突出。将原属于地方政府收入的营业税改征增值税，会引起中央和地方政府利益的重新分配。尽管试点规定在改为增值税后原营业税收入仍然归属于地方，在短期内将不会影响中央和地方的税收划分，但这种过渡性政策安排很难解决财政体制中固有的一些矛盾。相反，营业税是地方第一大税，营改增之后被取消，会使财政体制中原有的矛盾放大，地方税体系不健全的问题更加突出，不利于建立规范的中央与地方财政关系。

从税收征管上来看，实行营改增给税收征管带来一些难题，增加了税收征管风险。例如，营改增后，增值税征税范围扩大，原缴纳增值税的企业和营改增后的企业都将由国税局征收增值税，对国税局的征管能力提出更高要求，增加了征管的难度和风险；企业由营业税的纳税人转为增值税纳税人，在发票管理、纳税申报等方面提出了更高的要求，这不仅会一定程度地增加税务管理成本，也带来了增值税专用发票管理方面的税务风险；营改增对地税局的职能和组织结构也将会带来较大影响。

因此，营改增虽然在表面上是一个税种的优化，即增值税扩围问题，但其影响却涉及财政改革的诸多方面。营改增的推进，不仅给财政体制、地方税体系、税收征管等带来一些新的问题，也使原有的矛盾更加突出，这就给当前诸多财税改革形成倒逼压力。只有加速财税改革，才能解决一些固有的、根本性矛盾，从而使财税制度更好地服务于中国发展的大局。

三、营改增吹响了中国新一轮改革的号角

西方曾有人如此断言：“社会主义是20世纪的产物，也必将终结

于20世纪。”然而三十多年改革开放的探索与实践，社会主义在中国进一步焕发出蓬勃生机。正是由于我国坚持正确的改革方向，坚定不移地推行各项改革，才极大地调动了亿万群众的积极性，为国家发展提供了不竭的动力。创造“中国奇迹”同时，也伴随着一些“成长的烦恼”，出现了一些不尽如人意的问题，这些问题相当程度上是改革不到位、不完善造成的。综合分析我国面临的国际国内环境和现实中存在的突出问题，可以说，我国的改革发展正处在关键时期，即：既是一个“黄金发展期”，也是一个“矛盾凸显期”和“重大利益调整期”。各项改革已进入深水区，面临着诸多深层次的问题，这些问题一旦处理不好，有可能葬送前一阶段取得的成果。我国前期推行的一些改革，都已经进入了攻坚阶段，行政体制改革、资源环境价格改革、垄断行业改革、财税体制改革、金融体制改革等面临的难度和复杂性都超过前一阶段。同时，改革的“增量共享”性质减弱，存量调整势在难免，受部分利益集团的阻挠和干涉，改革的推进变得更加艰难。然而，我国能否抓住战略机遇期，解决当前的一些突出问题，推动各项事业前进，关键在于能否继续深化改革。

营改增就是在这一改革大背景下出台的，并成为当前引人注目的一项重要改革。营改增释放了政府继续推动改革的积极信号。2012年10月11日，时任中共中央政治局常委、国务院副总理李克强主持召开扩大营业税改征增值税试点工作座谈会。他强调营改增既是重大的改革举措，也是有效的发展措施，是一项重大的制度创新。2012年11月，党的十八大提出“要始终把改革创新精神贯彻到治国理政各个环节”，并对重点领域和关键环节的改革作出了部署，彰显了中央继续推动改革的决心和信心。2013年4月10日，国务院总理李克强主持召开国务院常务会议，决定自2013年8月1日起，将交通运输业和部分现代服务业营改增试点在全国范围内推开。营改增加速推进，揭开了深化财政改革的序幕，也为我国新一轮改革吹响了号角。

第二节　营改增的基本特点和总体规划

为化解风险、保障改革顺利推进，按照统筹设计、分步实施等原则，营改增采取渐进式的改革路径，逐步推进。从总体而言，营改增全过程大体可分为部分行业地区试点、部分行业全国试点和全行业全国推行等三个阶段。

一、营改增的基本特点

营改增主要呈现以下四个特点：

（一）化解改革风险，逐步稳妥推进

虽然在理论上依据增值税自身特点，营改增改革最好一次性在全国、全部行业推开，但由于营改增牵涉多方面的利益分配问题，如行业税负变化、区域利益协调、中央与地方利益分配等，对经济社会各方面的影响也比较大，加之，增值税受征管条件和企业核算状况影响较大，如果一步到位、全面推开，可能会产生一些问题，如一些行业税负增加、征税的基础条件，带来一定的社会风险。因此，与我国整体改革的逻辑一致，此次营改增采取渐进式的改革方式，即：采取了循序渐进的稳妥改革方式，先试点和总结经验，再逐步推开。采取渐进式的改革方式，可以对税制的实施情况进行不断的检验和反思，便于根据实际情况及时调整，提高税制的科学性，减少和避免税制改革对经济社会发展的不利影响，降低改革的成本和风险。

（二）扩大地区试点，加快推进速度

营改增试点范围扩大的速度较快。从 2012 年 1 月到 12 月，在短短一年的时间，试点范围由上海市扩大到北京、天津等八个省、直辖

市和三个计划单列市。试点扩大之后，中央又决定自2013年8月1日起将交通运输业和部分现代服务业营改增试点在全国范围内推开，营改增试点明显提速。与其他税制改革相比，这次营改增试点范围扩大的速度较快。例如，增值税转型改革，由2004年9月东北试点到2009年的全国推开，历时四年多；房产税试点也已进行了两年多，至今仍停留在最初的状况，试点并未扩大。营改增推进速度加快，一方面，是因为改革形势的使然，另一方面，也显示了中央政府推动改革的决心和信心。

（三）优化推进路径，适时转变方式

营改增的推进路径，可以形象地比喻为从“雁阵排列”到“一字推开”。从我国区域位置上来看，这次试点范围由最初试点的华东，扩展至华北、华中和华南地区。从经济区域上来看，涉及的经济区域包括环渤海经济区、长三角经济区、珠三角经济区、海峡西岸经济区和长江中游经济区，基本上涵盖了我国最主要的经济区。从行政图上看，这些试点区域形成“雁阵排列”。在试点过程中，采取这种“雁阵排列”推进路径，可以较为全面的发现试点中存在的问题，便于总结经验。自2013年8月1日起将交通运输业和部分现代服务业营改增试点在全国范围内推开，此时的推进路径又呈现出“一字推开”状。营改增推进路径由“雁阵排列”到“一字推开”，符合渐进式改革的特点。从改革方式上来看，自2013年8月之后，改革的方式不再是地区试点，而是转向行业试点，分行业在全国逐步推开。改革路径的优化和改革方式的转变，意味着改革的不断深化和顺利推进。

（四）完善相关措施，逐步规范政策

由于行业之间、区域之间差异较大，在营改增中反映出来的问题也并不相同，因此，此次营改增采取边试点、边完善的方式，力争做好试点前后增值税与营业税政策的衔接、试点纳税人与非试点纳税人税制的协调。对于试点中出现的问题，及时出台、调整相关政策，

以便降低改革的负面影响，使其达到预期的改革目标。例如，针对上海试点出现的问题以及区域差异，北京等八省市出台的试点政策，在税收收入归属划分、纳税人认定、原留抵税额税收抵扣等方面，进行了进一步明确或调整；为解决试点中出现的部分行业、部门税负加重的情况，财政部和国家税务总局补充出台了四条减税政策，对部分之前规定不明确的，部分在实际运作中出现税负加重的情况给予了安排；进一步明确了总分机构增值税缴纳问题。财政部、国家税务总局在出台营改增全国试点政策时，整合了前期出台的一些试点税收政策，并根据试点中反映的问题，对相关政策进行了进一步调整，如调整部分增值税进项税额抵扣政策、取消了部分差额征税规定、取消了部分过渡政策等。正是不断完善相关政策，使营改增逐步规范，保证了改革的顺利开展。

二、营改增的总体规划

按照统筹设计、分步实施的原则，营改增的推进大体可分为三个阶段：

第一阶段：在部分行业部分地区进行试点

这一阶段的任务是选取部分行业在部分地区试点，以此发现制度设计上可能存在的问题，为后续全面的改革积累经验。2012 年 1 月 1 日，上海率先开展营改增试点工作，拉开了营改增的序幕。此次试点行业包括交通运输业和部分现代服务业，其中：交通运输业包括陆路、水路、航空和管道等四大类运输服务，部分现代服务业的六个行业，包括研发和技术服务、信息技术服务、文化创意服务、物流辅助服务、有形动产租赁服务、鉴证咨询服务。2012 年 9 月至 12 月，营改增地区试点扩大至北京、天津、江苏、浙江、安徽、福建、湖北、广东和宁波、厦门、深圳等八个省、直辖市和三个计划单列市。与上海试点相比，扩大试点地区的政策大同小异，总体上与上海模式保持一致，只是在一些政策方面做了调整与完善。

第二阶段：选择部分行业在全国范围内进行试点

这一阶段的任务是将部分行业的营改增在全国推开，以此分析、总结整个行业在全国实行营改增之后的效果与问题，为在全国范围内各行业实施营改增奠定基础。2013 年 4 月 10 日，国务院常务会议决定扩大地区试点，自 2013 年 8 月 1 日起，将交通运输业和部分现代服务业营改增试点在全国范围内推开，适当扩大部分现代服务业范围，将广播影视作品的制作、播映、发行等纳入试点。这标志着营改增进入了一个新的阶段。

第三阶段：在全国范围内实现营改增

这一阶段的任务是在全国范围内各行业实现营改增，使营业税完全退出历史舞台。这一阶段，同样需要采取分步推进的方式，按行业逐渐推行，准备好一个行业就推进一个行业，直至各行业全部完成营改增。

第三节　营改增下一步改革思路及改革重点

按照改革的总体规划，营改增下一步改革将以分行业全国推行。为保证改革的顺利进行，需要做好交通运输业、邮电通信业、建筑业、金融服务业以及公共服务部门等重点、难点行业的营改增准备工作。

一、营改增下一步改革思路

按照改革的总体规划，营改增试点已经完成了第一阶段，并明确了第二阶段的改革内容，即从 2013 年 8 月 1 日起将交通运输业和部分现代服务业营改增试点在全国范围内推开，因此，下一步改革的基本思路应是：在分析、总结交通运输业和部分现代服务业全国推进经验和问题的基础上，制定各行业营改增推进方案，做好相关政策设计，分行业在全国逐步推行营改增。

在改革的时间安排上，如果将营改增时间安排在“十二五”期间完成，依据下一步的改革思路，建议营改增大体分三个时间段安排：2013 年，按照中央的部署，在交通运输业（铁路运输业除外）、部分现代服务业实行营改增；2014 年，可选择在交通运输业中的铁路运输业、建筑业、邮电通信业实行营改增；2015 年，将剩余的其他部门实行营改增。见表 5 - 1。

表 5 - 1　　营改增分行业推进时间表

时间	改革行业
2013 年	交通运输业（铁路运输除外）、部分现代服务业
2014 年	铁路运输、建筑业、邮电通信业
2015 年	其他行业

二、营改增下一步改革的重点与难点

分行业在全国实行营改增，关键是要抓好重点和难点行业的改革。其中：重点行业包括已经有试点基础的交通运输业和部分现代服务业，以及电信业和建筑业；难点行业则包括金融服务业、不动产交易和公共服务。

（一）电信业

电信业以信息产品为对象，其纵向技术关联程度强于其他网络型产业。总体看来，电信业包括基础电信业务和增值电信业务。前者是指提供公共网络基础设施、公共数据传送和基本话音通信服务的业务，后者则是指利用公共网络基础设施提供附加的电信与信息服务业务，它主要面向社会提供信息服务。随着电信业外延的不断扩大以及技术进步的推进，产业分工细化和产业融合趋势明显，增值服务特征明显。由于电信业已经成长为带动国民经济发展的基础性、先导性、战略性产业，电信业实行营改增，对于促进本产业以及相关产业发展、实现产业结构升级具有重要意义。

电信业实行营改增面临着一些困难与挑战。例如，在电信产业链上主体日益增多、利润分配日益复杂、市场竞争日趋激烈的情况下，服务内容创新和营销模式创新给电信业增值税税制设计带来了挑战，尤其是对于既包含服务内容又包含货物的营销模式，如何做好业务划分和增值额的确定，并以此设计合理的增值税制度是一个难题；如何做好新老税制衔接以及税负平衡问题，防止对电信业形成较大冲击；受生产和消费时空分离等影响，对于以信息技术手段为支撑的电信业务，其增值税纳税地点确定则较为复杂和困难。为应对这些困难与挑战，电信业实行营改增首先要清晰界定电信业务的具体内容，可将电信基础业务设计单独的增值税制度，而在此基础上衍生的增值服务相应归至相关行业，适用相关行业的增值税制度。其次，为保证国内电信运营商之间以及国内与国际电信运营商之间的公平竞争，对于国内业务，应按照生产地原则征税，即电信服务提供商和用户均在境内，则在服务提供地纳税，而对于跨境业务，应实施消费地原则，即在用户所在地纳税。此外，应按照"税负持平或略有下降"的原则，设计好电信业增值税税率。

（二）建筑业

建筑业是我国国民经济的先导性、基础性产业，社会关联度高，就业吸纳能力强，在国民经济中具有十分重要的作用和地位。由于建筑业本身业务的复杂性以及改革涉及的因素较多，建筑业实行营改增面临着更加复杂的环境，存在着更为突出的问题与挑战。具体而言：一是总分机构问题。建筑行业普遍存在着总分机构的问题，许多建筑施工项目都是以分公司或项目名义与供货方或租赁方签订合同，由分公司或项目部自行采购工程物资和小型设备以及租赁施工机械等，增加了增值税征收与管理的难度。二是纳税地点问题。建筑业流动性比较大，跨地区经营的现象非常普遍，纳税地点的确定，将对地区间税收利益分配产生重大影响。三是进项抵扣及税负变化问题。建筑施工项目一般具有施工工期长、流动性大、施工地域广、材料品种多等特点，面临的市场环境、社会环境复杂而不规范，其进项抵扣及税负变化等问题较为突出。为解决这些问题，建议将机构所在地确定为纳税地点。但是考虑到建筑业异地施工行为的普遍性，为了保证地区间财政收入分配的平衡以及便利税源管理，建议对异地建筑工程按其结算工程款以一定的征收率在建筑劳务发生地预征增值税，到竣工或者年度结算时，向机构所在地税务机关进行汇算清缴。

（三）金融业

从金融服务的业务范围来看，金融服务主要由金融中介服务、直接收费的金融服务和间接收费的金融服务等三种组成。由于金融服务的特殊性，在理论上对金融服务按标准税率全面征收增值税显得比较困难。从增值税的征收原理和征收实践来看，直接收费的金融服务的增值税很容易核算，销项税额和进项税额也很容易确定，因此可以很容易地纳入通行的发票抵扣法增值税征管机制，而不会增加纳税人的遵从成本和税务机关的征收成本。而对于金融中介服务和间接收费的金融服务，实行营改增则面临两个难点：一是难以确定增值额。从理论上区分金融服务收入的性质，以及在实际操作中准确计算出增值额困难较大。二是难以在不同服务接受方中分解增值额。在一笔完整的业务中银行往往对应着两个服务接受方，增值额如何在两个服务接受方之间进行分割很难合理确定。

为此，金融业实行营改增，建议对核心金融业务和间接收费的金融服务，如银行贷款业务、投资收入、担保收入、证券管理收入及投资收入、证券承销业务收入等，适用简易征税办法和3%的征收率。对直接收费的金融服务，如安全保管、投资咨询等业务，应作为增值税的应税收入，纳入正常的增值税征收机制中。出口的金融服务则适用零税率。在保险业的增值税处理上，则采取分类设计、简便征收的方式。

（四）不动产交易服务业

由于不动产具有长期资产的特殊性，该资产涉及当前消费以及未来的持续消费，这种特性使得如何对不动产征收增值税成了一个国际性的难题。不动产交易服务业实行营改增，面临着一些困难与挑战。例如，对于业主自住的房产，虽然在理论上可以按估算租金价值征收增值税，但在实践中计算估算租金价值非常困难，相应地增值税征收也无法实现，但如果对自住的估算租金免税，却依然对市场出租行为征收增值税，则会造成对不动产租赁行为的歧视；一个合意的消费型增值税应该做到只对房地产的消费价值征税，而将其投资价值排除在税基之外，但在实践中无法明确区分开一个房地产价值中的消费性利益和投资性利益；如何辨别不动产的真正用途，确保纳税主体能够得到抵扣，并只对消费性服务课税，在实践中有较大的难度。不动产交易服务业实行营改增，建议对新建不动产，按照标准税率征收增值税，对不动产的租赁和再次销售，区分商业用不动产和居住用不动产适用不同的增值税处理办法。

（五）特殊部门

由于政府部门、非营利组织以及慈善机构（Public body，non-profit organization and Charity organization，简称 PNC 部门），在增值税处理往往比较复杂，也比较特殊，因此，本报告将这些部门通称为特殊部门。这些部门大都属于提供（准）公共产品和服务的部门，因而在增值税处理上较为特殊。从国际上来看，PNC 部门的增值税处理方法大体分为完整纳税、零税率和免税三种。基于政府部门和社会组织的特殊性，这些部门的增值税需要区别对待和设计。

依据我国实际情况，PNC 部门实行营改增，从短期来看，采取免税政策较为适宜。由于营改增在设计时，通常保留原有税收优惠政策，为保证改革的稳步推进，应对政府部门和社会组织等 PNC 部门适用增值税免税政策，这也符合我国目前的征管制度和征管能力要求。如果对政府部门和社会组织适用完整纳税机制，则意味着政府部门的票据均需要纳入增值税专用发票系统，这无疑会大大增加征管的复杂程度和难度，也对政府部门的资金核算提出更高、更新的要求，这势必会增加改革难度。但是，对政府部门和社会组织实施免税为权宜之计。从长远来看，应逐步向零税率或完整纳税方向迈进，这也既可以保证增值税抵扣链条完整性，又可以促进公共产品和服务的市场购买，提高其供给质量。

第六章　重点行业营改增改革：交通运输业与建筑业

第一节　交通运输业和部分现代服务业

交通运输业和部分现代服务业已经进行了一年的试点，取得了良好的经验，相关的政策也得到不断的完善，总体来说，在全国范围内推行交通运输业和部分现代服务业营改增已不存在太大障碍。

一、交通运输业和部分现代服务业全国试点

2013年4月10日，国务院召开常务会议决定，从2013年8月1日起将交通运输业和部分现代服务业营改增试点在全国范围内推开，同时部分现代服务业适当扩围纳入广播影视作品的制作、播映、发行等，择机将铁路运输和邮电通信等行业纳入营改增试点。2013年5月27日，财政部、国家税务总局发布了《关于在全国开展交通运输业和部分现代服务业营业税改征增值税试点税收政策的通知》（财税〔2013〕37号），对2013年8月1日起营改增试点扩至全国的相关税收政策作了明确。与之前的地区试点政策相比，新的全国试点政策对前期试点政策进行了整合，并根据前期试点中反映的情况，对部分政策进行了调整和完善。

（一）试点政策体系调整情况

自2012年营改增开始在上海和其他部分地区试点以来，财政部、国家税务总局先后发布了十来个营改增试点政策文件，现行有效的政策共有8个。试点政策散布在多个文件中，无形中增加了征纳双方的执行难度。

财税〔2013〕37号文对此前营改增地区试点涉及的诸多文件进行了归并和梳理，取消了《财政部、国家税务总局关于在上海市开展交通运输业和部分现代服务业营业税改征增值税试点的通知》（财税〔2011〕111号）、《财政部、国家税务总局关于应税服务适用增值税零税率和免税政策的通知》（财税〔2011〕131号）、《财政部、国家税务总局关于交通运输业和部分现代服务业营业税改征增值税试点若干税收政策的通知》（财税〔2011〕133号）、《财政部、国家税务总局关于交通运输业和部分现代服务业营业税改征增值税试点若干税收政策的补充通知》（财税〔2012〕53号）、《财政部、国家税务总局关于在北京等8省市开展交通运输业和部分现代服务业营业税改征增值税试点的通知》（财税〔2012〕71号）、《财政部、国家税务总局关于交通运输业和部分现代服务业营业税改征增值税试点应税服务范围等若干税收政策的补充通知》（财税〔2012〕86号）、《财政部、国家税务总局关于营业税若干政策问题的通知》（财税〔2003〕16号）第三条第（十六）和第（十八）项等政策文件，将相应内容调整、完善后，归集到财税〔2013〕37号文的四个附件中（包括《交通运输业和部分现代服务业营业税改征增值税试点实施办法》、《交通运输业和部分现代服务业营业税改征增值税试点有关事项的规定》、《交通运输业和部分现代服务业营业税改征增值税试点过渡政策的规定》和《应税服务适用增值税零税率和免税政策的规定》），较好地解决了文件繁琐、管理不便的问题。同时，保留了《关于营业税改征增值税总分机构试点纳税人增值税纳税申报有关事项的公告》（国家税务总局公告2013年第22号）、《总分机构试点纳税人增值税计算缴纳暂行办法》（财税〔2012〕84号）等两个关于总分机构缴纳增值税相关规定的政策文件。

（二）试点政策内容调整情况

与原来的地区营改增试点政策相比，新的营改增全国试点政策在内容上做了较大调整，将广播影视服务纳入了试点范围，作为部分现代服务业税目的子目；为适应营改增的全国推行，整合、完善了前期试点政策，完善了征管办法。总体来看，新的试点政策在内容上有以下几大变化：

1. 广播电视服务纳入试点范围

财税〔2013〕37 号文扩大了现代服务业营改增试点范围，在部分现代服务业税目中新增广播影视服务子目。广播影视服务，包括广播影视节目（作品）的制作服务、发行服务和播映服务（见专栏 6 - 1）。目前纳入营改增试点范围的部分现代服务业子目达到了 7 个：研发和技术服务、信息技术服务、文化创意服务、物流辅助服务、有形动产租赁服务、鉴证咨询服务和广播影视服务。

专栏 6 - 1　广播影视服务应税范围

广播影视服务，包括广播影视节目（作品）的制作服务、发行服务和播映（含放映，下同）服务。

1. 广播影视节目（作品）制作服务，是指进行专题（特别节目）、专栏、综艺、体育、动画片、广播剧、电视剧、电影等广播影视节目和作品制作的服务。具体包括与广播影视节目和作品相关的策划、采编、拍摄、录音、音视频文字图片素材制作、场景布置、后期的剪辑、翻译（编译）、字幕制作、片头、片尾、片花制作、特效制作、影片修复、编目和确权等业务活动。

2. 广播影视节目（作品）发行服务，是指以分账、买断、委托、代理等方式，向影院、电台、电视台、网站等单位和个人发行广播影视节目（作品）以及转让体育赛事等活动的报道及播映权的业务活动。

专栏6-1（续）

3. 广播影视节目（作品）播映服务，是指在影院、剧院、录像厅及其他场所播映广播影视节目（作品），以及通过电台、电视台、卫星通信、互联网、有线电视等无线或有线装置播映广播影视节目（作品）的业务活动。

2. 取消大部分的差额征税政策

差额征税政策主要用于解决营业税中同一行业纳税人之间因业务分包产生的重复征税问题。在营改增地区试点中，由于交通运输业和部分现代服务业没有完全纳入增值税抵扣链条内，因此对应税服务范围的税基计算沿用了营业税的差额征税办法，对纳税人提供交通运输服务、仓储服务、广告代理服务和国际货物运输代理服务采取差额征税办法。营改增全国推行后，按照增值税计税方法征税已经可以消除重复征税问题，差额征收政策已经基本没有存在的必要，因此财税〔2013〕37号文取消了纳税人提供交通运输服务、仓储服务、广告代理服务和国际货物运输代理的差额征税规定。但由于目前金融业尚未纳入营改增范围，为保证融资租赁服务业的税负不发生大的变化，仍然保留了融资租赁服务的差额征税规定。

3. 对运费抵扣政策进行调整

交通运输业营改增在全国推行后，原来财税〔2011〕111号文件规定的部分运输费用进项税额抵扣政策已无必要，财税〔2013〕37号文对此进行了调整。取消了试点纳税人和原增值税纳税人，按交通运输费用结算单据上注明的运输费用金额和7%的扣除率计算进项税额的政策；取消了试点纳税人接受试点小规模纳税人提供交通运输服务，按增值税专用发票注明金额和7%的扣除率计算进项税额的政策。由于铁路运输还没有纳入营改增范围，因此纳税人取得铁路运输费用结算单据的，仍可作为增值税抵扣凭证，按单据上注明的运输费用金额和7%的扣除率计算进项税额。

4. 将摩托车、汽车和游艇纳入增值税抵扣范围

增值税暂行条例实施细则规定，纳税人自用的应征消费税的摩

托车、汽车和游艇，其进项税额不得从销项税额中抵扣。财税〔2011〕111号文第24条规定，自用的应征消费税的摩托车、汽车和游艇的进项税额不得从销项税额中抵扣，但作为提供交通运输业服务的运输工具和租赁服务标的物的除外。财税〔2013〕37号文取消了上述规定，同时在《交通运输业和部分现代服务业营业税改征增值税试点有关事项的规定》中明确规定，即原增值税一般纳税人自用的应征消费税的摩托车、汽车、游艇，其进项税额准予从销项税额中抵扣。也就是说，从2013年8月1日起，应税消费税的摩托车、汽车和游艇也纳入了增值税抵扣范围。

5. 进一步明确适用免税和零税率的规定

纳税人向境外提供应税服务，符合条件的可以享受免税或零税率的优惠政策。财税〔2013〕37号文规定，纳税人提供应税服务同时适用免税和零税率规定的，优先适用零税率，进一步明确纳税人的权利。同时还规定，境内的单位和个人提供适用零税率应税服务的，可以放弃适用零税率，选择免税或按规定缴纳增值税。放弃适用零税率后，36个月内不得再申请适用零税率。也就是说，赋予了纳税人选择放弃适用零税率的权利，企业在适用政策上更为灵活。

二、进一步推进交通运输业和部分现代服务业改革

交通运输业和部分现代服务业经过了一年多的试点，已经积累了相当充足的经验，试点中暴露出的种种缺陷也大多数得到了弥补。一些未能消除的问题，主要是由营改增试点范围较窄引起的。因此，对这两个行业来说，未来主要的改革方向就是继续推进改革，将更多的子行业和相关行业纳入营改增范围。

（一）交通运输业

从交通运输业来看，目前交通运输业营改增的范围包括了陆路运输服务、水路运输服务、航空运输服务和管道运输服务，缺少了铁路运输服务。铁路运输服务之所以没有纳入试点，主要是有两个原

因。第一，铁路运输业的一个特点是分支机构较多，经营范围覆盖全国，运营系统比较复杂，因此难以在某个或某几个地区单独试点。随着营改增试点在全国范围内推开，这一问题已经不成障碍。第二，按照现行的分税制规定，铁路运输营业税由铁道部集中缴纳，属于中央收入，因此难以在某一地区单独试点。2012 年 9 月财政部、国家税务总局和中国人民银行下发了《关于调整铁路运输企业税收收入划分办法的通知》（财预〔2012〕383 号），将铁道部集中缴纳的铁路运输营业税由中央收入调整为地方收入，并制定了详细的地区间税收分配方案，这就消除了铁路运输进行营改增的关键障碍（见专栏 6-2）。下一步铁路运输完全可以纳入交通运输业整体中进行全国性的改革，从而实现交通运输业全行业的营改增。据报道，目前财政部和国家税务总局已经在抓紧制定铁路运输服务营改增的试点方案，力争 2013 年底或 2014 年初尽早出台。

专栏 6-2　铁路运输企业税收收入划分办法

根据《财政部、国家税务总局、中国人民银行关于调整铁路运输企业税收收入划分办法的通知》（财预〔2012〕383 号），从 2012 年 1 月 1 日起，对铁路运输企业实行新的税收收入划分办法。

一、中央与地方收入划分调整

（一）铁道部集中缴纳的铁路运输企业税收收入划分调整

铁道部集中缴纳的铁路运输企业营业税（不含铁路建设基金营业税，下同）、城市维护建设税、教育费附加由中央收入调整为地方收入，铁道部集中缴纳的铁路建设基金营业税仍作为中央收入；铁道部集中缴纳的铁路运输企业所得税（含中铁快运股份有限公司缴纳的企业所得税）由中央与地方按照 60:40 的比例实行分享。

（二）跨省合资铁路企业税收收入划分调整

跨省（自治区、直辖市，下同）合资铁路企业缴纳的营业税、城市维护建设税、教育费附加为地方收入。企业所得税由中央与地方按照 60:40 的比例实行分享。

专栏6-2（续）

二、地方收入分配办法

（一）铁道部集中缴纳的铁路运输企业税收收入分配办法

铁道部集中缴纳的铁路运输企业营业税、城市维护建设税、教育费附加和企业所得税地方分享40%部分，由中央财政按照各省、自治区、直辖市铁路客、货运周转量，客、货运发送量等因素所占比例在地区间分配，分配比例每两年根据上述因素变化情况进行调整。相关因素权重为：客运周转量占36%，货运周转量占54%，客运发送量占4%，货运发送量占6%。

（二）跨省合资铁路企业税收收入分配办法

跨省合资铁路企业缴纳的营业税和地方分享的所得税收入，按照相关省份铁路客、货运周转量和运营里程等因素所占比例在相关地区分配，分配比例每两年根据上述因素变化情况进行调整。相关因素权重为：客运周转量占28%，货运周转量占42%，运营里程占30%。

城市维护建设税和教育费附加100%为该企业注册地地方收入。

（二）部分现代服务业

现代服务业的发展与社会生产紧密相关，因此现代服务业营改增不仅有利于自身的发展，对促进社会分工、技术进步和生产力水平提高都具有非常重要的意义。目前纳入营改增试点范围的只有七大类，未来应尽快将更多的现代服务业纳入营改增范围。

第二节　建　筑　业

一、建筑业发展现状及营业税制情况

建筑业是我国国民经济的先导性、基础性产业，社会关联度高，

就业吸纳能力强，在国民经济中具有十分重要的作用和地位。据统计，截至2011年底，我国共有建筑业企业72280家，从业人员3853万人，当年总产值117060亿元，增加值31943亿元，占当年全国GDP的6.8%[①]。

我国目前对建筑业征收的是营业税，按照营业税暂行条例的规定，建筑业营业税的征收范围包括建筑、安装、修缮、装饰和其他工程作业。建筑业营业税按照营业额全额征税，包括纳税人提供建筑业劳务收取的全部价款和价外费用。但为了避免重复征税，对建筑分包行为实行差额征税方法，即对纳税人将建筑工程分包给其他单位的，以其取得的全部价款和价外费用扣除其支付给其他单位的分包款后的余额为营业额计征营业税。

二、建筑业营改增的意义

（一）建筑业是营改增整体改革中的重要一环

建筑业是营业税的主要税源之一。近些年，随着建筑业的快速发展，建筑业营业税一直是营业税收入的主要部分，2011年建筑业营业税收入达3364亿元，占当年营业税收入的24.6%[②]。因此，建筑业的税制改革对营改增的整体推进具有重要意义。

（二）建筑业营改增是我国建立完全的消费型增值税的重要前提

我国1994年税制改革时实行的是生产型的增值税，2009年在全国范围内实施了增值税转型改革，将机器设备类固定资产购置纳入增值税的抵扣范围，初步建立了消费型增值税。但是，由于建筑安装业和销售不动产行为课征的是营业税，厂房建筑等不动产购置无法进入增值税的抵扣范围，这使得转型后的增值税仍不是一个彻底的

① 数据来源：《中国统计年鉴2012》。
② 数据来源：《中国税务年鉴2012》。

消费型增值税。将建筑业由征收营业税改为增值税，有助于将厂房建筑等不动产纳入增值税抵扣链条，促使我国建立起一个符合国际惯例的消费型增值税。

（三）建筑业营改增有助于消除增值税的征管漏洞

建筑业的上游行业如钢铁、水泥行业，都属于增值税的征收范围，其产品需要缴纳增值税。由于建筑业没有纳入增值税的征收范围，其进项不能得到抵扣，因此，很多上游企业在向建筑企业销售钢材等建筑材料时，往往不开发票，由此造成了严重的偷漏税现象。如果将建筑业改为缴纳增值税，其购进材料能够凭借增值税专用发票获得抵扣，为了降低本环节的税负，企业必然监督上游企业开具发票，这就堵住了上游供货商偷漏税的漏洞，完善了增值税的征管机制。

三、建筑业营改增的难点分析

由于建筑业本身业务的复杂性以及改革涉及的因素较多，建筑业实行营业税改征增值税面临着更加复杂的环境，存在着更为突出的问题，这使得建筑业营改增方案迟迟无法出台。具体而言，建筑业进行营改增主要有以下几方面的难点。

（一）总分机构问题

建筑行业普遍存在着总分机构的问题，加剧了增值税征收管理的难度。许多建筑施工项目都是以分公司或项目名义与供货方或租赁方签订合同，由分公司或项目部自行采购工程物资和小型设备以及租赁施工机械等。按照《增值税暂行条例》的相关规定，取得的增值税发票进项税额只能在企业法人机构所在地进行抵扣。因此，企业取得的增值税发票名称必须与企业法人机构全称一致，但一个建筑企业一般有几个甚至几十个分公司，而各个分公司又有若干项目部，施工项目分布在全国各地，材料采购的地域也相应分散，材料管理部门多而杂。每笔采购业务都要按照现有增值税发票管理制度开具增值税专用发票，且材料发票的数量巨大，发票的收集、审核、整理等工作难度大、时间长。营改增后各地的增值税清算工作将是一项庞大的工作，而且难度相当之大。

（二）纳税地点问题

建筑业流动性比较大，跨地区经营的现象非常普遍。现行税法规定，一般的增值税和营业税都是在机构所在地缴纳，即企业注册在哪里，就在哪里申报纳税。而建筑业的营业税是在劳务发生地缴纳，举例来说，如果北京的建筑企业去河北建房子，则需要在河北申报缴纳营业税。建筑业的这种独特管理方式，决定了建筑业营改增将对地区间税收利益分配造成重大影响。

（三）进项抵扣及税负变化问题

建筑施工项目一般具有施工工期长、流动性大、施工地域广、材料品种多等特点，面临的市场环境、社会环境复杂而不规范。建筑施工企业承建的工程项目比较分散，很多工程所处的地域比较偏僻，在材料采购上普遍存在就地取材的情况，所面对的材料供应商及材料品种“散、杂、小”，如砖瓦、白灰、砂石、土方及零星材料基本上由个体户、杂货店、小规模纳税人供应，难以取得发票或取得的发票不是增值税专用发票，无法进行税额抵扣。另外，目前的施工工程项目普遍存在着由建设单位采购主要材料或大宗材料并调拨给施工单位使用，相应款项从工程款中扣除的现象，施工单位仅采购一些辅助材料或零星材料，从而施工单位可取得的进项税额非常少。因此，建筑业营改增后，实际可抵扣的进项税额将小于理论上可抵扣的进项税额，从而造成企业税负增加。

四、全国推行建筑业营改增的制度安排建议

鉴于建筑业营业税造成的增值税链条断裂及重复征税问题，未

来应将建筑业全部改为征收增值税。在我国境内提供建筑业劳务的单位和个人，应按照其提供建筑劳务收取的全部价款和价外费用缴纳增值税，并有权抵扣建筑劳务过程中发生的进项税额。

在纳税地点上，建议将其确定为机构所在地。但是考虑到建筑业异地施工行为的普遍性，为了保证地区间财政收入分配的平衡以及便利税源管理，建议对异地建筑工程按其结算工程款以一定的征收率在建筑劳务发生地预征增值税，到竣工或者年度结算时，向机构所在地税务机关进行汇算清缴。

第七章　重点行业营改增：电信业

电信业是国民经济行业中的主要部门之一，对其他产业发展起到重要支撑作用，相应电信业将成为继目前“1＋7”行业之后即将纳入营改增试点的行业，本章首先考察了我国电信业发展情况，之后对我国电信业营改增将会遇到的挑战与问题进行分析，接着详述欧盟电信业增值税政策的变迁和启示，最后提出了我国电信业营改增的原则。

第一节　我国电信行业分类标准与发展现状

一、我国电信行业分类标准

行业是指从事相同性质的经济活动的所有单位的集合。我国行业分类标准是由国家统计局统一编制，适用于统计、计划、财政、税收、工商等国家宏观管理活动中，用于信息处理和信息交换。目前最新国民经济行业分类标准为 GB/T 4754—2011。根据此标准分类，我国电信行业隶属于第三产业下的“信息传输、软件和信息技术服务业”门类，该门类下设 3 个大类分别为“电信、广播电视和卫星传输服务（大类代码为 63）”、“互联网和相关服务（大类代码为 64）”

和“软件和信息技术服务业（大类代码为65)”。其中，“互联网和相关服务”以及“软件信息技术服务”已实施了营改增。

在“电信、广播电视和卫星传输服务”中，又下设3个中类，分别为“电信（中类代码为631)”、“广播电视传输服务（中类代码为632)”和“卫星传输服务（中类代码为633)”。电信行业是指“利用有线、无线的电磁系统或者光电系统，传送、发射或者接收语音、文字、数据、图像以及其他任何形式信息的活动”，其下又分为4个小类，分别为“固定电信服务（小类代码为6311，具体是指从事固定通信业务活动)”、“移动电信服务（小类代码为6312，具体是指从事移动通信业务活动)”和“其他电信服务（小类代码为6313，具体是指除固定电信服务、移动电信服务外，利用固定、移动通信网从事的信息服务)”；广播电视传输服务下设2个小类，分别为“有线广播电视传输服务（小类代码为6321，是指有线广播电视网和信号的传输服务)”和“无线广播电视传输服务（小类代码为6322，是指无线广播电视信号的传输服务)”。

因此，从营改增的角度看，电信业有广义和狭义之分，广义是指包括广播电视和卫星传输服务的电信业，即大类63，而狭义的电信业仅为63大类下631中类。本报告主要针对狭义的电信业展开论述，但由于电信业与其他2中类关系密切，对于广播电视和卫星传输服务也会有所涉及，主要涉及内容集中于介绍欧盟电信业增值税政策的“国际经验”部分。

二、国内外电信业的发展现状与趋势

（一）国际电信业发展历程概述

从1878年电话技术投入商用至今，电信产业已经历了130多年的演进历史。进入20世纪80年代后，电信业发展突飞猛进，成为全球发展最快的产业之一，成长为国民经济行业的重要支撑产业。在技术进步、市场需求以及体制变革的综合作用下，电信业务已从单一的话音业务向话音业务、数据业务以及增值业务等多方面扩展，业务发展呈现出“多样化（提供满足社会多种多样需求的通信产品和应用，越来越强的网络智能使之成为可能）”、“个性化（通过友好界面向用户提供选择性通信服务，满足用户移动性、集成性、同步性、交互性、安全性以及不同服务质量等要求的特性）”和“多媒体化（具有集成性、同步性、交互性特点的多媒体信息服务，在生产、管理、教育、科研、医疗、娱乐等领域得到越来越多的应用，成为一个新的增长点。）”等特点。

同时，电信产业体制也经历了垄断经营、国内竞争和全球竞争三个阶段。从1878年电话技术投入商用至20世纪80年代初的百年期间，世界电信业处于垄断经营阶段；20世纪80年代初期开始，电信业的体制改革首先在发达国家兴起并逐步向世界范围扩展。改革的核心是打破垄断和引入竞争，实现电信市场对内开放和有效竞争；20世纪90年代，发达国家电信运营业开始尝试将竞争由国内引向国际（见专栏7－1）。

专栏7－1　世界电信业产业体制演变历程

总体来看，世界电信产业体制依次经历了垄断经营、国内竞争和全球竞争三个阶段。

20世纪80年代初期开始，电信业的体制改革首先在发达国家兴起并逐步向世界范围扩展。改革的核心是打破垄断和引入竞争，实现电信市场对内开放和有效竞争。至90年代中期，世界上最发达国家的电信改革基本完成。以引入竞争机制为特征的电信改革，同样具有多方面的条件和动因：随着科技高速发展和信息产业的诞生，电信业的产品种类和服务领域不断扩展，已成为具有巨大发展潜力和盈利能力的产业；在社会经济发展中，跨国公司不断成长壮大，所积累的巨额资本可以投资于任一具有盈利能力的产业；同时，电信垄断经营所导致的效率低下，也加速了垄断体制的终结；有些技术上的变化，如光缆和无线技术的使用，使基础设施的沉没成本大大降低；一些管理理念的变化，如实行“上下分离”或“网

专栏7－1（续）

营分离”等，也为引入竞争创造了条件。可竞争理论也提出，即使是具有自然垄断的行业，也可以在市场外创造为进入市场而竞争的机制。世界上绝大多数国家电信改革的起点都是邮电合营和电信业务行政性垄断；其改革的历程也大体相似，即递进实行邮政和电信分开一政企分开一进行公司化改造一股票上市。改革带来的显著变化在于，电信运营业从政府统一管理的基础设施部门转变为竞争激烈的自由企业，经营能力与竞争能力迅速提高，成为推动经济增长的主导行业。

20世纪90年代，发达国家电信运营业开始尝试将竞争由国内引向国际。各国政府纷纷放松管制，开放市场，鼓励多家电信企业竞争，并以世界贸易组织（WTO）为主渠道，呼吁并实施在世界范围的电信市场开放。1997年2月15日，拥有全球电信业务90%以上的69个WTO成员国，正式签署了《全球电信基本协议》，承诺于2000年对外开放电信市场，协议覆盖了电话、数据传输、卫星和无线通信等所有形式的电信服务。随着大多数国家开始兑现对外开放电信市场的承诺，世界电信产业进入到全球竞争的阶段。在此背景下，各大电信企业纷纷进行重组，以增强自身竞争实力，如德国电信的私有化、巴西电信的分割拍卖和美国电信业风起云涌的并购重组浪潮，都是对这一发展变化的反应。

通过实施改革开放的措施，各国普遍出现了更富有活力的企业结构，市场规模和企业规模迅速扩大，市场竞争更为激烈，服务价格明显下降，服务范围和品种不断增多，促进了全球电信产业的迅猛发展。

摘自：《中国电信产业发展报告》，http：//www. ot51. com/article_ 46631. html。

（二）国内电信业发展现状分析

1949年11月1日，我国成立邮电部，政企合一，由国有部门完全垄断经营电信产业。改革开放前的计划经济体制导致电信产业发展缓慢，不但大大落后于国际上其他国家，其发展也滞后于国民经济其他部门。改革开放之后，我国电信产业进入大发展时期，20世纪

80 年代中期开始全面建设，90 年代以来进入全面增长时期，发展速度令世界瞩目。

改革开放以来，我国电信业增加值占 GDP 的比重已从 1990 年的 0.33% 上升到 2010 年的 1.27%，2003 年至最高，达 2.31%，具体情况见表 7－1。

表 7－1　我国电信业增加值占 GDP 的比重

年份	电信业增加值（亿元）	电信业增加值占 GDP 的比重（%）
2000	1894	1.91
2001	2187	2
2002	2587.6	2.15
2003	3137.7	2.31
2004	3498.9	2.19
2005	3831	2.09
2006	4280	2.02
2007	4712.06	1.83
2008	4726.2	1.67
2009	5012.2	1.49
2010	5082.7	1.27

2010 年，电信主营业务收入同比增长 6.4%（9041.3 亿元）。截至 2010 年 12 月末，全国电话用户总数达到 11.5 亿户，其中移动电话用户 8.59 亿户，同比分别增长 8.7% 和 14.9%；基础电信企业固定互联网宽带接入用户增加到 1.26 亿户，全年净增 2236 万户。

第二节　电信业营改增面临的挑战

电信业是以信息产品为对象的价值增值链，其纵向技术关联程度强于其他网络型产业，并且随着电信业外延的不断扩大以及技术进步的推进，产业分工细化和产业融合趋势明显，增值服务特征明显，同时考虑该产业对其他产业的高支撑性，非常有必要尽快推进电信业的营改增改革，促进本产业以及相关产业发展，促进我国产业和消费升级。

基于电信产业自身特点以及未来发展趋势，结合增值税税制属性和现适用营业税情况，总的看来，电信业营改增面临以下几方面的挑战：

一、新老税制衔接以及税负平衡带来的挑战

与其他行业类似，在电信业营改增过程中，必然会存在新老税制的衔接问题。目前电信业适用营业税基本税制，且在此基础上有针对电信业的行业税收政策。而改征增值税后，原来的行业税收政策是否延续，如何延续？在尽可能保证短期内不对电信业形成较大冲击的前提下，实现新老税制的平稳过渡。微观企业更为关注的是在营改增过程中，其税负的变化如何，这在短期内直接关系到企业的盈利水平和再投资能力，进而影响其发展后劲和在全国市场乃至全球市场上的竞争能力。因此，新老税制衔接以及税负平衡，进而引出的电信业增值税税制设计是在营改增过程中面对最直接、最现实的挑战。

二、电信服务内容不断丰富以及新营销模式层出不穷给税制设计带来的挑战

一般而言，电信业务可以分为基础电信业务和增值电信业务。基础电信业务是指提供公共网络基础设施、公共数据传送和基本话音通信服务的业务，具体包括固定网络国内长途及本地电话业务、移动网络电话和数据业务、卫星通信及卫星移动通信业务、互联网及其他公共数据传送业务、带宽、波长、光纤、光缆、管道及其他网络元素出租、出售业务、网络承载、接入及网络外包等业务、国际通信基础设施、国际电信业务、无线寻呼业务、转售的基础电信业务九种业务。而增值服务是指凭借公用电信网的资源和其他通信设备而开发的附加通信业务，其实现的价值使原有网路的经济效益或功能价值

增高。随着技术进步、网络发展、移动通信在全球迅速普及、互联网与通讯网的不断融合，基于电信基础服务之上各类增值服务不断丰富，如大量基于因特网之上各类服务，如网上银行、网上办公、网上游戏等也逐渐成为电信服务的内容之一，且逐渐从处于补充地位演变成电信运营商的主营业务和盈利增长点。中国移动增值业务收入占比从2003年的10%上升至2009年的29.1%，中国联通的增值业务收入占比从2003年的5.3%上升至2009年的27.3%。在业务内容不断丰富的情况下，准确界定电信业务范围且保持标准相对稳定则变得异常困难，而这恰恰是电信业税制设计和完善的前提，因此电信服务内容不断丰富给电信业税制设计带来挑战。

同时，随着电信业外延不断扩大，服务内容不断丰富，产业内部的分工、合作融合不断复杂化，相关利益主体逐渐增多，利益分配趋于复杂。目前电信业逐渐形成了一个以电信运营商为核心，包含网络设备供应商、网络运营商、系统集成商、内容及服务提供商、专业应用开发商、软件开发商、虚拟运营商、终端设备生产商和最终用户等上中下游多个部分共同组成的产业链条，该链条上的每一个环节紧密连接，在相互促进的同时，也会相互影响和制约。在电信产业链上主体日益增多、利润分配日益复杂、市场竞争日趋激烈的情况下，服务内容创新和营销模式创新成为电信业相关主体生存和盈利的主要法宝。而不断创新的营销模式也给电信业增值税税制设计带来了挑战，尤其是对于既包含服务内容又包含货物的营销模式，典型如时下国内流行的“预缴话费送手机”和“送 iphone 合约计划的活动”均属这类营销模式创新。在这种情况下，如何处理赠送物品的增值税问题，以及如何界定该类业务（是销售服务，还是销售货物），进而适用何种增值税则变得模糊不清。

三、电信业服务提供地确认给税制设计带来的挑战

纳税地点的确定对于增值税税制设计而言至关重要。对于国家间而言，这是维护国家经济主权的体现；对于地区间而言，这是维护

本地财政利益的体现，尤其对于我国这样一个将增值税作为中央与地方共享税种，且增值税收入在地方政府收入中占有重要地位的国家而言，准确确定增值税纳税地点对于发挥地方政府积极性、避免地方政府间的恶性税源竞争具有重要意义。

我国目前货物增值税的纳税地点确立原则遵循供应地原则，即货物销售或起运地为增值税纳税地点，主要为机构所在地、进口报关海关以及扣缴义务人所在地。由于货物增值税在某种程度上可以有形货物所在地为基准确立增值税纳税地。而对于无形服务来说，纳税地点确定则变得复杂和困难，尤其是对于以信息技术手段为支撑的电信业务，其增值税纳税地点的确定则更加困难。服务的生产（提供）和消费不但可以实现时空上的分离，还可出现时空的变换和移动，典型如国际移动漫游服务，消费者的通话消费不但可以在本国，更可以跨国界。同时，不但本国电信运营商可以为本国居民提供服务，还可以为其他国家消费者提供服务，同理，外国电信运营商也可以为本国居民提供服务，或者为他国居民在本国提供服务等等，这种跨国界的电信服务给增值税纳税地点的确定带来了极大的挑战。

第三节　欧盟电信业增值税政策变迁及其启示

欧洲是最早实行增值税的地区，我国增值税制度是在借鉴欧洲增值税基础上并结合我国实际情况而形成的，其基本理念源于欧洲增值税，典型如货物和劳务分开等理念，为此本部分主要介绍欧盟电信业增值税的政策演变过程，从中获得启示。

一、欧盟电信业增值税政策的变迁

欧盟电信业直接税和间接税制度框架演变与电信运营商的法律

状态，即与电信运营商是由公有部门还是私营部门经营密切相关。自1967 年欧洲共同建立以来，欧盟电信业增值税政策的演变大致经历了四个阶段：①由公共部门主导的电信业增值税政策阶段（1977—1997 年）；②电信业增值税政策修改完善阶段（1998—2002 年）；③广播电视业增值税政策的完善阶段（2003—2006 年）；④电信业（包括广播电视业）增值税政策统一完善阶段（2007 年至今）。

相应地，与欧盟电信业增值税政策演变相关的重要政策文件大致包括以下几个。首先是 1977 年欧盟发布的增值税第 6 指令（the Sixth Directive），它是欧盟增值税制度的基础，在 2000 年之前，欧洲各国各行业增值税均在此指令下结合本国国情进行局部修订和完善，因此电信业增值税也不例外。其次是 1997 年 3 月 17 日颁布的欧盟理事会 97/2000/EC 号决议（Council Decision 97/2000/EC）和 1999 年 6 月 17 日颁布并于 2000 年 1 月 1 日生效的欧盟理事会 1999/59/EC 号指令（Council Directive 1999/59/EC，也被称为电信指令）。这两个法规是专门旨在解决欧盟电信业发展全球化和私营化过程中出现的新问题而对第 6 指令进行补充修订的政策文件，前者为过渡性政策文件，于 1977 年 3 月 17 日颁布并于 1999 年 12 月 31 日废止。而后者是对电信业增值税政策的长期制度安排的文件。第三个文件是 2002 年 5 月 7 日颁布的欧盟理事会 2002/38/EC 号指令（Council Directive 2002/38/EC），它是针对广播电视业以及电子商务增值税问题对第 6 指令进行的修订和完善。第 4 个文件是欧盟理事会 2006 年 11 月 26 日颁布的理事会 2006/112/EC 号指令（Council Directive 2006/112/EC），该指令是对 1977 年颁布的增值税第 6 指令的全面修订，是对第 6 指令的替代，欧盟增值税制度的一般性制度框架，相应包含了电信业增值税制度的一般性制度安排。第 5 个文件是 2008 年 2 月 18 日颁布的理事会 2008/8/EC 号指令（Council Directive 2008/8/EC），该指令对欧盟理事会 2002/38/EC 指令中相关政策的执行期限进行明确，并明确了 2015 年 1 月 1 日之后的广播、电视以及电信业增值税的相关政策。

二、现行欧盟增值税政策主要内容

最新欧盟电信业政策充分体现了增值税消费地纳税原则。欧盟电信业增值税政策主要是对电信业增值税征税范围、纳税地点进行了规定。

（一）关于电信业增值税的征税范围

欧盟电信指令规定："电信服务是指通过有线、无线、光纤或其他电磁媒介传播、发射或接收信号、文字、图像、声音或各类性质信息的服务，包括上述各类传播、发射或接收权利的转移或转让服务……也包括提供访问全球信息网络。"[①] 关于这一定义，欧盟又进一步解释了电信业包括的具体内容：利用双向电信设备进行的通信、频道以及标准接入的服务；提供电信网络的服务；使用独立线路网络的权限的服务；按照标准收费方式接入互联网的服务。

欧盟理事会强调，仅有通过互联网接入和交换信息的服务才被认为是电信服务，而提供该网络通道的服务不在此范围之内。同时，某些成员国根据本国国情，对该定义进行了细化。

（二）关于纳税地点的规定

在电信指令的前言中明确指出："电信服务纳税地点为服务接受者设立地，而不再为服务提供者设立地"。电信指令中关于纳税地点的规定包括两类，一类为基本条款，另一类为推定条款。

1. 基本条款

按照基本条款的规定，电信服务可区分为以下四种情况：

（1）国内提供：是指服务提供者和接受者为欧盟境内同一成员

---

① 英文原文为："refers to services relating to the trans – mission, emission, or reception of signals, writing, images and sounds or information of any nature by wire, radio, optical or other electronic systems, including the related transfer or assignment of the right to use capacity for such transmission, emission or reception. [...] shall also include provision of access to global information networks."

国境内。在这种情况下，电信服务纳税地为服务提供者的设立地。

（2）欧盟境内提供：是指服务提供者和接受者分属于欧盟境内不同国家，即服务提供者设立于欧盟境内某一国家，而服务接受者设立地为欧盟境内另一成员国。在这种情况下，电信服务纳税地为服务接受者开展业务地，或者接受服务的常设地，或者接受者的永久居住地①。上述规定是针对服务接受者为增值税纳税人的情况，如果服务提供给在其他欧盟成员国境内的非增值税纳税人，其纳税地为服务提供者设立地。

（3）欧盟境外提供：是指服务提供者在欧盟境内，而服务接受者在欧盟境外设立。由于服务提供给欧盟境外，因此对该类服务不适用欧盟增值税，即欧盟服务运营商无需为向第三国提供服务而缴纳欧盟增值税。

（4）跨境提供服务：服务提供者设立于欧盟境外，服务接受者在欧盟境内设立。服务接受地在欧盟境内，因此非欧盟境内服务提供者也要适用欧盟增值税，其纳税地点为服务接受者设立地，或者服务接受者的固定服务消费地。尽管服务提供者负有纳税义务，但由服务接受者根据“逆向纳税原则”（reverse - charge principle）缴纳税款。上述条款适用于非欧盟境内提供者向欧盟境内增值税纳税人提供服务。如果欧盟境内服务接收者为非增值税纳税人，增值税纳税地点为使用和享受服务地（the effective use and enjoyment of the service take place）。

2. 推定条款：安全网

除了上述基本条款外，电信指令还明确了一些推定条款（deeming provision），根据服务有效使用和享受地原则，对发生在欧盟境内外的一些电信服务缴纳增值税的情况进行了规定。

对于非欧盟境内服务提供者向欧盟境内提供的 BTOC 服务（接受者在境内，但不是增值税纳税人）而言，这些推定条款是强制性的，

① 英文原文为：“the supply is subject to tax in the Member State where the recipient has established his business or has a fixed establishment to which the service is supplied, or in the absence of such place, the place where he has his permanent address or permanently resides.”

必须按照此条款缴纳税款。如果按照上述基本条款，由于服务接受者并未在欧盟境内“设立”（establishment），因此不应该缴税。但根据推定条款，只要这些服务在欧盟境内有效使用和享用，则就应该适用欧盟增值税。但是，这些推定条款，并不适用与电信运营商之间提供的服务，因为欧盟境内的电信运营商均为增值税纳税人。

同时，欧盟成员国还可以将推定条款适用于其他类型的交易，典型的如欧盟境内电信网络运营商向非欧盟境内电信网络运营商（TNOs，Telecom Network Operators）提供的服务（B to B 交易），同时也是一个避免重复征税、征税盲区和扭曲竞争的安全网。

三、欧盟电信业增值税政策的启示

从欧盟电信业增值税政策变迁和内容来看，可得出以下几点启示：

（一）欧盟电信业增值税政策与电信业发展密切相关，增值税政策调整与时俱进

欧盟电信业增值税政策随电信业发展而不断调整，在电信业为公共部门提供的基本服务时，电信业基本不必缴纳增值税，随着私人资本的引入和服务提供市场化运作后，电信业全面适用增值税，之后随着电信业国际化潮流，电信业增值税政策开始适用消费地原则。此外，随着电信业服务内容的扩展和变化，电信业增值税征税范围也在不断调整，并且愈加明晰。

（二）增值税政策的调整其主要宗旨是保护公平竞争

增值税最大特点是“中性”，即对资源配置的影响最小。欧盟电信业增值税的调整也谨遵此则，尽可能保证税负公平，从而保护电信业的充分竞争。如从不纳税到纳税，从税负不公到税负公平，从适用生产地原则到适用消费地原则等，无一不体现尊重市场、尊重竞争，体现增值税的消费税特征。

（三）增值税政策的调整重视维护本国经济主权，尽可能减少本国财政收入的流失

如在1997年之前，欧盟国家对设在本国电信运营商提供的所有服务（欧盟区域内和欧盟境外）均适用增值税，而对欧盟境外电信运营商向境内提供服务不缴纳增值税。为规避欧盟高增值税税率，诸多电信运营商将机构设在欧盟境外，适用境外的低增值税税率，借助于快速发展的电信技术为欧盟境内消费者，其后果是欧盟国家税源流失，进而导致财政收入的减少。从而直接催生了1997年欧盟电信业增值税政策调整。

第四节　应对我国电信业营改增挑战的思考

针对上述电信业营改增过程中挑战，借鉴欧盟电信业增值税政策经验，本报告提出以下应对思路：

一、电信业营改增的基本原则

（一）避免扭曲市场竞争的原则

营改增的初衷是为了促进分工，进而促进竞争，因此电信业营改增过程中也应将避免扭曲竞争作为电信业增值税政策设计过程中首要原则。从欧盟经验来看，每次电信业增值税政策调整都是为解决当时增值税阻碍市场公平竞争而进行的。避免市场竞争扭曲则意味着不但要保证国内电信运营商公平竞争，还要保证国内电信运营商与国际电信运营商的公平竞争，因此应在电信业增值税制度设计中特别强调增值税的消费地原则，这样可以保证国内运营商向境外提供服务免征本国增值税，而国外电信运营商向国内用户提供服务应与国内运营商适用同样的税收政策。

（二）明确划分电信业务内涵

随着信息技术的发展，电信业务的外延在迅速扩展，在这种情况下，应清晰界定电信业务的具体内容。借鉴欧盟经验，仅将电信基础业务定义为电信业，而在此基础上衍生的增值服务相应归至相关行业，适用相关行业的增值税制度。这一点在当前增值税存在多档税率的情况下，尤为重要。如果电信业适用11%税率，如果业务范围不清晰，将造成微观企业主体想办法适用其他行业低税率；如果适用6%税率，那么又会造成适用高税率的业务想办法适用电信业的税率，这不但给管理上带来诸多麻烦，造成税收流失，更重要的是还会导致政策执行不一，扭曲市场竞争。同时，鉴于电信业务发展迅速，应适时动态修订电信业边界，以促进电信业发展。

（三）对跨境业务按消费地原则纳税

为了维护国家税收主权，避免税收流失，也为了保证电信业市场的公平竞争，对于国内业务，应按照生产地原则征税，即电信服务提供商和用户均在境内，则在服务提供地纳税，这样便于征管。但对于跨境业务，应实施消费地原则，即在用户所在地纳税。若本国电信运营商向境外用户提供服务，或者向境内用户提供在境外使用的电信服务，应免征增值税，这也是现行电信业国际业务免征营业税［具体参见《关于国际电信业务营业税问题的通知》（国税函〔2010〕300号）[①]］的延续，保持政策的稳定性。同时对于国际电信公司向本国用户提供电信服务，应缴纳增值税，以服务消费者为增值税纳税

---

① 该文件的具体内容为："单位或个人出租境外的属于不动产的电信网络资源（包括境外电路、海缆、卫星转发器等）取得的收入，不属于营业税征税范围，不征收营业税；境外单位或个人在境外向境内单位或个人提供的国际通信服务（包括国际间通话服务、移动电话国际漫游服务、移动电话国际互联网服务、国际间短信互通服务、国际间彩信互通服务），不属于营业税征税范围，不征收营业税。"

人，并在服务消费地缴纳。

二、关于营改增过程中一些具体问题的处理

电信业营改增过程中最现实的问题为税率的适用问题。本报告认为，秉承“税负持平或略有下降”的原则设计税率。具体测算情况为：

（1）式：应缴营业税＝含税主营业务收入×营业税率

营改增之后：

（2）式：应缴增值税＝销项税－进项税＝含税主营业务收入×销项增值税率/（1＋销项增值税率）－含税主营业务成本×可抵扣成本比例×进项增值税率/（1＋进项增值税率）

其中，含税主营业务成本＝（1－毛利率）× 含税主营业务收入

因此，营改增之后，企业税负的变化可以写成：

（3）式：税负变化＝应缴营业税－应缴增值税＝主营业务收入×[营业税率－销项增值税率/（1＋销项增值税率）＋（1－毛利率）×可抵扣成本比例×进项增值税率/（1＋进项增值税率）]

（4）式：税负率的变化＝税负变化/主营业务收入。

（5）式：净利率的变化＝税负率的变化×（1－企业所得税率）。这代表了对最终净利率的影响。

其中，从比较核心的（3）式和（4）式来看，营改增对企业毛利率的影响，取决于原有的营业税率、销项增值税率、毛利率、可抵扣成本比例、进项增值税率这五个变量。

因此，结论是：①原适用营业税率越高，则税负变化越有利。②销项增值税率越高，则税负变化越不利。③进项增值税率越高，则税负变化越有利。④毛利率越高，对于企业税负变化越不利。直观理解就是，企业经营的增值额越大，则要缴纳的增值税就越多。⑤可抵扣成本比例越高，对企业税负变化越有利。直观理解就是，可获得进项发票的那些成本越多，企业可抵缴的进项增值税越多。

第八章 难点行业营改增：金融与不动产交易

在增值税领域内，一些行业或部门难以适用增值税的一般征收方式，这些行业主要包括金融服务、不动产交易和公共部门等。从国际经验来看，各国都对这些难点行业制定了一些特殊的增值税征收规定，但并没有一个完全合意的解决办法。未来我国在这些行业进行营改增时，需要结合我国的征收对象，合理借鉴国际经验，制定一个合乎我国国情的增值税制度。

第一节 金融服务

一、金融服务税收原理分析

从理论上来说，一个完善的增值税制度应该对金融服务征收与其他应税项目一致的增值税。特别是，银行和保险等金融服务通常被认为是（实际上也是）高利润行业，且拥有巨额的资产，如果对金融服务不课征增值税，则对其他行业来说在税负上显得不公平。但是由于金融服务的特殊性，在理论上要对金融服务按标准税率全面征收增值税显得比较困难。从实践来看，当今也没有哪个国家能够实现对金融服务进行完全的征税。事实上，金融服务已经被认定为最难征收增值税的领域之一。

从金融服务的业务范围来看，金融服务主要由金融中介服务、直接收费的金融服务和间接收费的金融服务等三种组成。其中，金融中介服务和间接收费的服务构成了银行的核心金融业务，主要包括存贷款、贴现、投资管理、货币结算、股票、债券和其他有价证券交易、保险、期货和外汇业务等。直接收费的服务则主要包括安全保管、投资咨询、资产管理等。

从增值税的征收原理和征收实践来看，直接收费的金融服务的增值税很容易核算，销项税额和进项税额也很容易确定，因此可以很容易地纳入通行的发票抵扣法增值税征管机制，而不会增加纳税人的遵从成本和税务机关的征收成本。对金融服务课征增值税的难题主要体现在金融中介服务和间接收费的金融服务。这两种业务的征收难点主要来自以下两个方面：

（一）难以确定增值额

金融服务的产品价格（利息）具有特殊性，这一价格中不仅包括了金融服务的增值部分，而且包括了资本价值、通货膨胀率、违约风险和金融机构作为中间媒介的成本费用等因素。因此，要从理论上区分开金融服务收入的性质，以及在实际操作中准确计算出增值额非常困难。此外，金融服务有多种多样的提供方式，相应的也具有多种多样的支付方式，有些支付方式内含的价格非常隐蔽，比如金融机构提供的一些股票、外汇买卖等经纪服务，其收取的费用包含在低买高卖的差价中，这也加大了界定和计算金融服务增值额的难度。

（二）增值额难以在服务接受方中分解

即使增值额可以确定，但对于金融中介服务来说，在一笔完整的业务中银行往往对应着两个服务接受方，在这种情况下，增值额如何在两个服务接受方之间进行分割从而为二者分别提供增值税发票并无法确定。以存贷业务为例：在存贷业务中，存款方和贷款方都是金融服务的接受方。假设存款利率为2%，而贷款利率为7%，不考虑其他因素，则我们可以近似地认为银行提供中介服务的价值为5%。也就是银行中介服务的销项。但是，这一价格是银行同时为借款人和存款人提供的中介服务的价格之和，要单独核定借款人和存款人的中介服务价格不可能做到，因此在实践中银行也就无法分别为借款人和存款人开具增值税发票。这是在实践中对银行中介服务课征增值税的一大障碍。

二、国际经验借鉴

（一）除保险之外的金融服务业

针对金融服务业的特殊性以及对金融服务课征增值税面临的诸多困难，世界各国采用了不同的特殊方法加以应对，从对金融服务免征增值税到对金融服务适用零税率等等。这些方法各有利弊，总体而言，在对金融服务课征增值税上并没有一个完美的解决方案。

1. 欧盟的基本免税法

由于在实践中难以确定金融中介服务和其他间接收费金融服务的增值额，绝大多数实行增值税的国家，对金融服务采取了免税法。按照这种方法，将金融中介服务和间接收费的金融服务排除在增值税的征税范围之外，对直接收费的金融服务按照标准税率征收增值税，出口的金融服务则适用零税率。实行免税法的代表国家为欧盟国家。欧盟的做法最直接体现在欧盟第六号增值税指令和2006年指令上。

欧盟第六号增值税指令最早规定了对包括保险在内的诸多金融服务项目免予征收增值税。2006年修订的第六号指令延续了原来的规定，没有做任何修改。第六号指令第135条第一款指出，成员国应该给予免税待遇的金融服务包括：（a）保险和再保险业务，包括保险经纪人和代理人所提供的相关服务；（b）贷款的批准和谈判以及批准贷款行为人对贷款的管理；（c）贷款担保或其他有关资金安全的谈判或任何行为，以及批准贷款行为人对贷款担保的管理；（d）有关存款、现金账户、支付、转账、债务、支票以及其他可协商的金融工具的交易，包括谈判，但收债业务除外；（e）有关作为法定货币用途的通货、纸币和硬币的交易，包括谈判，收藏家的收藏行为例外，即是说，不作为法定货币用途或其他货币用途的金银或其他金属货币或纸币除外。（f）有关公司或协会股票、红利，债券和其他有价证券的交易，包括谈判但不包括管理或保管，也不包括为商品设置权利的文件以及第 15 条第二款中所指的权利和有价证券；（g）由成员国认定的特殊投资基金的管理。第 137 条规定了成员国可以赋予纳税人选择征税的权利。根据第 169 条（c）项规定，如果免税金融服务的购买方是欧盟境外的客户，则该项金融服务适用零税率。金融机构因出口的金融服务所发生的进项税额可得到抵扣。

在本国增值税法中采纳了选择性征税条款的主要有德国、法国、比利时、奥地利、爱沙尼亚和立陶宛。其中，在可选择征税的金融服务范围上，奥地利和比利时仅限于一类金融服务；德国、法国和立陶宛适用于大多数的金融服务，而爱沙尼亚则适用于所有的免税金融服务。

免税法的优点在于，它将金融服务排除在增值税征收范围之外，避免了确定金融中介服务和间接收费的金融服务增值额的难题，有利于降低纳税人的遵从成本和税务机关的征收成本。

但是，对金融服务免税也存在着一系列的弊端。第一，破坏了增值税的抵扣链条，导致重复征税，金融企业的进项无法得到抵扣，造成了金融企业的税收负担。第二，为了规避上述问题，金融企业减少外购商品和服务，更多地选择自我提供商品服务，减少不可抵扣的进项税额负担，由此扭曲了金融企业的经营决策，导致了服务提供的内部化，增加了金融企业的管理成本。第三，对金融服务的价格造成了扭曲，并对接受金融服务的家庭和企业带来了不同的影响。对家庭来说，免税的金融服务相对于其他应税的商品和劳务要来得便宜，税负显得过低。对企业来说，由于重复征税的存在，企业接受免税的金融服务无法取得进项，反而面临过高的税收负担。第四，增加了金融企业的遵从成本。如果金融机构既提供免税金融服务，又提供应税金融服务，那么金融机构必须将进项税额在应税服务和免税服务之间进行分割，由于金融服务项目很多，这就带来了复杂的计算，增加了金融机构的遵从成本。第五，金融机构为了享受免税待遇，可能会将免税服务与应税的直接收费服务捆绑在一起，从而减少了政府税收收入。

2. 改进的征税方法

世界上大部国家都采纳了欧盟模式，对金融服务给予免税处理。但为了避免免税引起的增值税链条断裂、重复征税问题和扭曲性经济影响，一些国家开始对金融服务实行了不同的特殊征税方法。这些国家主要有新加坡、新西兰、澳大利亚、以色列、阿根廷和南非等。

（1）以色列。以色列使用了一种被称为“确定增值额的附加法”的方法对金融服务征收增值税，根据这种方法，以色列金融机构必须就其支付的工资加上获得的利润之和作为金融服务的总增值额，缴纳增值税，但是，以色列对这一税收的征管由一个独立于增值税体系之外的所得税征管机构负责，因此金融机构提供服务所发生的进项税额不能得到抵扣，购进金融服务的企业也无法就其进项税额申报抵扣。

以色列的这种做法实现了对金融机构向消费者提供的金融服务的增值税征收，但是对购买金融服务的企业来说，却造成了更严重的重复征税问题。

（2）阿根廷。阿根廷对金融机构提供贷款服务获得的毛利息收入按标准税率征收增值税，税率为21%，目的是减少消费需求以降低通货膨胀压力。但是，对于《银行和金融机构法》管辖的金融机构的贷款利息适用10.5%的低税率，且经过增值税登记的企业在发生贷款后，可以抵扣其就贷款利息支付的增值税。

阿根廷的做法简化了对银行课税的复杂性，保证了财政收入，但是，由于银行毛利息收入还包含了其融资成本（支付的存款利息），它要大大超过银行提供中介服务的增值额，因此阿根廷的这种做法加重了消费者和从事免税活动的经营者的税收负担。

（3）南非。南非最早采用了欧盟的做法，对核心金融服务免税，对一些传统征税的直接收费服务如安全保管和咨询服务征收增值税，出口金融服务则适用零税率。但后来南非对金融服务的征税范围扩展到了绝大部分直接收费的金融服务。按照南非的做法，货币兑换交易，支票或信用证交易，涉及债券、股权或其他有价证券的交易和信贷提供都必须纳税，这是因为这些交易中服务接受方支付的对价都可认为是手续费、佣金或类似收费（扣除贴现成本后）。

与欧盟做法相比，南非的做法大大缩小了对金融服务的免税范围。因此也就较少了重复征税的程度，并导致了较低的价格扭曲。但是，这种做法也可能激励了金融机构更多地将直接收费服务和其他免税服务捆绑在一起，从而造成了新的扭曲。而且，与基本的免税法相同，金融机构仍然面临着将进项税额在两类活动间进行分割的问题。

（4）新加坡和澳大利亚。新加坡的金融服务增值税制大体上参照了欧盟的做法，对核心金融业务免税，而对金融机构提供的经纪、承销、咨询等明确收费的金融服务征税。与欧盟不同的是，为了减轻免税金融服务造成的重复课税问题，新加坡允许金融机构在提供免税金融服务时申报进项税额。新加坡的这种做法被称为“允许进项税额抵免的免税法”。

根据新加坡的增值税法，金融机构在提供免税金融服务时，可以选择使用特殊法或固定比例进项税额退税法抵扣进项。按照特殊法的规定，如果金融机构的免税金融服务是提供给增值税纳税人的话，那么金融机构在享受服务提供免税的同时，可以就这些服务的进项税额进行抵扣，也就是说这部分金融服务实际上享受了零税率的待遇。当然，金融机构必须将其提供给增值税纳税人的免税服务和提供给其他客户的免税服务分离开来。而按照固定比例进项税额退税法的规定，金融机构可以对其发生的全部进项税额按一个固定比例主张抵免。具体的比例视金融机构的类型而定（从 42% 到 96% 不等）。与特殊法相比，固定比例进项税额退税法在征管和遵从上要简便许多。

与新加坡类似，澳大利亚在对核心金融服务免税的同时，也允许金融机构抵免免税金融服务的部分进项税额。在澳大利亚，金融机构提供免税金融服务可以主张抵免其进项税额的25%。

新加坡和澳大利亚的做法在一定程度上减轻了免税金融服务带来的重复征税问题，同时它还试图消除进项税额在应税服务和免税服务之间分摊造成的征管困难。但是这一做法仍然无法完全消除重复课税现象，也没能根本解决进项税额的合理分摊问题。相对而言，新加坡对不同金融机构确定不同抵扣比例的做法更能体现金融机构间的差异，因此要比澳大利亚制定统一抵扣比例的做法更为合理。

(5) 新西兰。新西兰在金融服务的增值税处理上要比其他国家走得更远，它采用了明确的零税率法对金融服务进行征税，即金融机构向增值税纳税人提供的金融中介服务和间接收费的金融服务可以适用零税率，这部分金融服务在免税提供的同时还可以就其进项税额主张抵扣。如果金融服务的接受方为非增值税纳税人，则仍然按照免税法进行处理。此外，直接收费的金融服务仍然按照一般方法征税并进行抵扣。

新西兰采取的零税率法完全消除了重复课税问题，也使得金融服务处于零增值税待遇，从而有利于提高一国的金融部门竞争力，此外它还几乎避免了在免税服务和应税服务之间分摊进项税额的难题，降低了税收征管成本和遵从成本。但是，该方法并不能解决个人接受金融服务时税负过低的问题，而且实行零税率也给政府的财政收入带来了较大的损失。

(二) 保险业

在考虑对保险业的增值税处理时，区分开人寿保险和财产保险并适用不同的增值税规则十分必要。

1. 人寿保险

从各国实践来看，实行增值税的国家都对人寿保险给予了免税处理。这种一致的做法主要出于两方面的考虑。第一，人寿保险的保险费中虽然有部分是保险公司提供保险服务收取的费用，但大部分应被视为投保人的一种储蓄，因此不应该成为消费型增值税的税基。第二，人寿保险的购买者都是最终消费者，因此免税并不会造成重复课税。

2. 财产保险

在大多数国家，财产保险的增值税征收方法与其他非保险金融服务是相同的，也就是说在大多数采取欧盟免税做法的国家中，财产保险也是免税的，而在其他采取不同课税方法的国家中，财产保险也适用同样的课税方法。

但是，与其他金融服务相比，财产保险在经营模式上具有特殊性。保险公司收取的保险费中，有一部分是用来弥补预期损失的，并不是保险公司创造的增加值。因此，如果对财产保险实行常规的增值税征收方法，即保险公司按保险费收入计算销项税额，对购进的各项商品和服务包含的进项税额申报抵扣，那么保险服务将被过度征税。为了解决这个问题，新西兰采用了一种特殊的税收抵扣方法。按照这种方法，保险公司必须就其保险费收入全额计算缴纳增值税，如果被保险人是增值税纳税人，那么其支付保险费时缴纳的增值税可以作为进项税额进行抵扣。如果被保险人是最终消费者或从事免税行为的企业，则这部分增值税不能获得抵扣。在发生保险理赔时，赔偿金必须按照增值税税率返计还原为含税金额。比如，如果赔偿金为1000元，增值税税率为10%，那么实际赔偿金将为1100元。如果获得赔偿的投保人是增值税纳税人，那么它必须就所获得的赔偿金申报缴纳增值税。如果投保人是最终消费者或从事免税行为的企业，则不作任何处理。由于赔偿行为发生的增值税是虚拟出来的，在保险公司和投保人后续的税收处理中它将被对冲掉，因此这种做法并不会对政府财政收入和投保人及保险公司的利益造成影响。澳大利亚、南非、新加坡基本上都参照了新西兰对财产保险的这种增值税处理方法。

三、我国金融服务流转税制现状

改革开放以来，我国金融服务业实现了跨越式的发展，已经形成了一个以银行、保险、证券、信托为主体、其他相关金融服务为补充、相对比较完善的金融服务体系。金融服务业已经成为国民经济中的一个重要部门，对经济增长的贡献度不断增加。2011 年我国金融服务业创造的现价增加值为24958亿元，占GDP的比重为5.3%[①]。

目前我国对金融服务征收的是营业税。根据我国现行的营业税制度，应税的金融服务包括金融和保险业务。其中金融业务是指经营货币资金融通活动的业务，包括贷款（包括外汇转贷业务和一般贷款业务）；融资租赁；金融商品转让（包括转让外汇，有价证券或非货物期货的所有权的行为，如股票转让、债券转让、外汇转让、其他金融商品转让）；金融经纪业和其他金融业务（金融界一般称为中间业务，指受托代他人经营金融活动的业务，如委托业务、代理业务、咨询业务等）。保险业务是指将通过契约形式集中起来的资金用以补偿被保险人的经济利益的业务。

营业税的计税依据为营业额。由于金融保险业收取的费用具有较多的特殊性，因此在计税依据上又规定了多种方式，包括全额征税、差额征税和按净额征税三种。以营业额全额征税是最为普遍的征税方式，主要包括一般贷款业务和一般保险业务，这两类业务都是以金融机构取得的贷款利息收入和保费收入为计税基础。在一些情况下，纳税人也可以采取差额计税的方法。如外汇、有价证券、期货等金融商品买卖业务，以卖出价减去买入价后的余额为营业额。适用差额征税的业务还包括委托收款业务、规定的外汇转贷业务、再保险业务等。适用按净额征税的金融服务业务是融资租赁业务。经中国人民银行等国家有关部门批准经营融资租赁业务的单位从事融资租赁业务的，以其向承租者收取的全部价款和价外费用（包括残值）减除出租方承担的出租货物的实际成本后的余额为营业额，其中实际成本包括由出租方承担的货物的购入价、关税、增值税、消费税、运杂费、安装费、保险费和贷款的利息。

此外，我国还就一些特殊的金融和保险服务做出了免征营业税的规定。这些业务主要包括中国人民银行对金融机构的贷款业务，金融机构之间相互占用、拆借资金取得的利息收入，单位、个人将资金存入金融机构取得的利息收入，我国境内的保险机构为出口货物提

① 数据来源：《中国统计年鉴2012》。

供的保险，经批准的金融、保险企业办理的出口信用保险，保险公司开展的一年期以上返还性人身保险业务（包括普通人寿保险、养老年金保险、健康医疗保险），经审核批准的非一年期以上返还性的人身保险业务，农牧保险等等。

总体来说，我国目前在金融服务的流转税处理上，不管是对间接收费的金融服务还是直接收费的金融服务，一律征收营业税。与增值税相比，营业税全额计征且无法抵扣进项的做法具有重复征税的效应，一方面，金融机构在购买商品和服务时需要为其缴纳增值税或营业税，但在就其营业额全额缴纳营业税时无法抵扣其购进商品和服务发生的进项税额；另一方面，下游企业接受金融服务缴纳的营业税也无法在其发生销项税额时得到抵扣。

四、未来改革建议

在当前的经济背景下，金融业在我国国民经济中占有着重要的地位，改革牵一发而动全身，因此必须在充分借鉴国际经验的基础上，综合考虑各方面的因素，循序渐进，逐步推进金融业流转税制的改革。一个较为合意的金融服务增值税制，需要在减少重复课税带来的经济扭曲、保证财政收入以及降低征管和遵从成本等方面取得平衡。我国现行对金融服务课征营业税，带来了较为严重的重复课税问题，因此，对金融服务由营业税改征增值税是未来改革的必然趋势。但是，必须考虑的是，金融业缴纳的营业税占我国营业税总额的比例很大，2011 年金融保险业营业税收入为 2147 亿元，占全年营业税收入的 15.7%①。对金融保险业整体实行免税，放弃这部分税收收入，显然超出了财政的承受能力。而如果对金融服务采取变通征税的办法，则会带来一定的征管困难，对我国现阶段的征管能力是一大挑战。有鉴于此，我们认为，未来的金融服务增值税可采用如下的处理方法：

（1）对核心金融业务，如银行贷款业务、投资收入、担保收入、

① 数据来源：《中国税务年鉴 2012》。

证券管理收入及投资收入、证券承销业务收入等，适用简易征税办法和3%的征收率。同时，允许金融机构选择成为一般纳税人，适用正常的征管方式。与现行营业税制相比，这一做法既有利于减轻金融服务的税负，减少重复征税的程度，又有利于保持灵活性，降低征管成本和遵从成本，而且对财政收入的冲击也相对较小。

（2）对直接收费的金融服务，如安全保管、投资咨询等业务，应作为增值税的应税收入，纳入正常的增值税征收机制中。出口的金融服务则适用零税率。

（3）采用上述做法后，金融机构提供金融服务将同时面临正常征税、简易征税和出口退税三种不同的增值税处理方法，因此其发生的进项税额需要在不同的项目中进行分摊。为了降低征管成本和遵从成本，建议对金融机构因出口业务发生的进项税额进行单独核算，允许直接抵扣或退还，对国内业务发生的进项税额，则不再在应税业务和实行简易征税的业务之间进行分摊，而是按照一个统一的比例进行抵扣。

（4）在保险业的增值税处理上，可借鉴国际通行做法，对人寿保险以免税为主，这也延续了我国现行的营业税免税的做法。对财产保险，则比照银行业的做法，实行简易征税。随着我国征管能力的提高，未来可考虑借鉴新西兰的征税方法。

第二节　不动产交易服务

一、不动产交易税收原理分析

在增值税制度的设计和发展过程中，不动产是另外一个公认的复杂和难以处理的领域。不动产的潜在应税行为包括商业用房地产和私人居住自用房地产的使用、出租和销售，本文重点关注的是不动产买卖行为。

从增值税系统设计角度分析，不动产交易行为应当与其他交易一样作为增值税的应税项目。然而，不动产具有长期资产的特殊性，该资产涉及当前消费以及未来的持续消费，不动产的这种特性使得如何对不动产征收增值税成了一个国际性的难题。

（一）理想的不动产交易增值税处理方式

从原则上说，增值税是对供应货物和服务所发生的当期消费征收的税收。因此，根据消费型增值税理论以及增值税的发票抵扣机制，对不动产交易的理想的增值税处理方法是，对不动产的购买、使用或租赁，不管是建筑的首次出售还是二手房的买卖，不管是商业用房产还是居住用房产，都应该缴纳增值税，同时对经营者的消费实行进项税额抵扣[①]。

按照这种处理方法，纳税人在购买房产时，需要就其购买价缴纳增值税，同时这笔税款也就成为纳税人的进项税额，在后续的出租或销售行为发生时可以进行抵扣。如果房产是用于生产经营用，那么与其发生的其他进项一样，在产品销售时可以从销售税额中抵扣因购买房产发生的进项税额。如果房产是用于出租，那么发生的租金需要缴纳增值税，并抵扣其购买房产发生的进项税额。如果房产是用于自住，那么房产的所有人在使用房产时，是以与承租人一样的消费者的身份出现的，需要为其享受到的住房服务缴纳增值税。由于没有实际的交易发生，因此应当按照房产的估算租金价值计算缴纳增值税。

总而言之，在增值税的理论框架下，不动产被视为是耐用消费品，能够不断提供服务，因此不动产的销售、出租及自住都应当缴纳增值税，同时购买不动产时发生的进项税额则应当予以抵扣。

（二）对不动产交易征收增值税的难点

尽管在理论上存在着对不动产交易征收增值税的理想模式，但

① Cnossen, Sijbren, 1995, "VAT Treatment of Immovable Property", Tax Notes International, 10: 1337 - 42.

这一模式要应用到实践却存在着诸多难以克服的困难。

第一，不动产业主自行居住房产的行为造成了增值税的征收困境。对不动产的销售和出租行为课征增值税在实践中并不存在障碍，而对于业主自住的房产，虽然在理论上可以按估算租金价值征收增值税，但在实践中计算估算租金价值非常困难，相应地增值税征收也无法实现。但是，如果对自住的估算租金免税，却依然对市场出租行为征收增值税，则会造成对不动产租赁行为的歧视。此外，在市场出租房屋的大多是自然人，要对数量如此庞大的人群进行征税，这是任何一国的征管机构都难以胜任的。解决此问题的一个变通办法是对提供居住服务的行为，无论是出租租金还是自住的估算租金都不征收增值税，而是对新建的居住用房产的销售全额征收增值税。从理论上说，居住用房产的一次性购买价款等于购买者未来享受终身居住服务的价值总和，因此，对房屋购买价全额征税与对房屋未来的估算租金征税是等价的，它可以被认为是对未来发生的居住服务进行了预先的征税。

这种做法类似于对耐用消费品的征税方法，但是，与汽车、家电等耐用品相比，不动产却有着一个重要的特性，那就是它具有价值增值的可能。随着时间的推移和基础设施的改善，不动产会升值，租金也会上涨，这意味着不动产未来的使用或消费的价值有所增加。理论上不动产的增值应纳入增值税的税基，但是增值的幅度却难以判断。由于不动产的寿命期限非常长，在不动产销售时，交易双方都不可能准确地判断出该不动产未来的全部升值，因此，最初的销售价格并没有反映出未来消费中增加的这部分价值，也没有就这一部分价值缴纳增值税。再者，在不动产交易引入增值税时，大量已经存在的自住房产并不会被课税，只有新建的房产需要课税，这就造成了现存房产与新建房产的税收待遇不同，违背了增值税的中性原则和税收公平原则①。除此之外，预先征税的办法还存在另外一个问题，由于不动

① Poddar, Satya, 2010, "Taxation of Housing Under a VAT", *Tax Law Review*, 63 (2): 443 – 70.

产的使用年限很长，可以再次进行商业环节销售，这时其预先缴纳的增值税应该在重新销售时得到抵扣，但是，许多不动产的原始购买人不是一般纳税人，无法获得增值税发票，或者由于年代久远，纳税人原来的增值税发票不容易保留下来，因此，在未来不动产每次重新销售时进行征税都可能造成重复征税。

第二，在任何经济体下，房地产都具有消费与投资的双重功能。一个合意的消费型增值税应该做到只对房地产的消费价值征税，而将其投资价值排除在税基之外，但是，在实践中无法明确区分开一个房地产的价值中有多大部分是消费性利益，有多大部分是投资性利益。由于不动产可以重复出售，其同时包含的消耗和增值因素进一步加大了划分消费与投资成分的难度。

第三，不动产可以被持有，并同时用于多种用途，其中有些可能是增值税应税行为，有些可能是免税行为。比如，同一房地产可以在增值税纳税人生产货物与提供服务中使用，也可以用于医疗或教育等用途。如何辨别不动产的真正用途，确保纳税主体能够得到抵扣，并只对消费性服务课税，在实践中并不容易做到。

二、国际经验借鉴

从主要发达国家来看，对不动产交易的增值税处理主要有两种做法：免税法和征税法。免税法的代表是欧盟，而采用征税法的主要是加拿大、澳大利亚和新西兰等国。

（一）欧盟

欧盟第六号指令第 135 条第 j－l 款规定，“成员国应当对以下交易免税：（j）除第 12 条第一款中第（a）点中规定的以外，建筑物及其附属物和建筑物所占的土地的销售；（k）除第 12 条第一款中第（b）点所规定的建筑用地以外的未开发土地的销售；（l）不动产的出租。”根据这一制度，不动产的销售和出租理论上都属于免税的交易，但是新建房屋的出售则是应税行为。另外，为了避免可能造成的重复征税，针对商业性的房产销售和使用，欧盟也规定了成员国应当允许纳税人有权选择登记缴纳增值税。第六号指令第137条第b款和c款规定，“成员国可以允许应纳税人对以下事务享有税收选择权：(b) 除了第12条 (1) (a) 中规定的给付外，给付建筑物或部分建筑物，以及拥有建筑物的土地。(c) 除了第12 (1) (b) 中规定的建筑用地的给付外，尚未实施建筑的土地的给付。”

欧盟大多数国家都遵循了第六号指令的做法，对不动产出租和二手不动产的销售实行免税，对新建不动产的销售按标准税率征收增值。但也有一些国家对部分不动产交易行为给予了特殊的待遇，如英国对新建的商业用不动产的销售按标准税率征收增值税，但对新建居住用不动产的销售则适用零税率；西班牙对居住用不动产出租和二手居住用不动产的销售免征增值税，但对商业用不动产出租和二手商业用不动产的销售适用标准税率征收增值税，对新建居住用不动产的销售适用低税率。德国和葡萄牙不仅对不动产出租和二手不动产的销售免征增值税，对新建不动产的销售也免征增值税。

但是，在这些对不动产交易免征增值税的国家，往往会对二手不动产的买卖行为开征一些替代税种，如不动产转让税或登记税。表8-1列举了部分欧盟国家对不动产买卖的征税情况。

表8-1　部分欧盟国家不动产买卖征税情况

国家	新建		二手		
	居住用不动产	商业用不动产	居住用不动产	商业用不动产	替代税种
比利时	标准税率	标准税率	免税	免税	登记义务
丹麦	标准税率	标准税率	免税	免税	—
法国	标准税率	标准税率	免税	免税	登记义务
德国	免税	免税	免税	免税	不动产转让税
希腊	标准税率	标准税率	免税	免税	登记义务
爱尔兰	低税率	低税率	免税	免税	—
意大利	标准税率	标准税率	免税	免税	登记义务
卢森堡	标准税率	标准税率	免税	免税	登记义务
荷兰	标准税率	标准税率	免税	免税	财产转让税

续表

国家	新建		二手		
	居住用不动产	商业用不动产	居住用不动产	商业用不动产	替代税种
葡萄牙	免税	免税	免税	免税	不动产转让税
西班牙	低税率	标准税率	免税	标准税率	登记义务
瑞典	标准税率	标准税率	免税	免税	—
英国	零税率	标准税率	免税	免税	—

注：德国和葡萄牙新建不动产买卖也必须缴纳不动产转让税。

资料来源：全国人大常委会预算工作委员会编：《增值税法律制度比较研究》，中国民主法治出版社2010年版。

（二）加拿大

加拿大对不动产交易采用的是征税法，即不动产交易，包括转让、交换、出租等，原则上都是应税行为，除非法律特别规定了特定类型的不动产交易属于免税行为。根据加拿大的货物劳务税法，属于征税项目的不动产交易行为包括新旧商业用不动产的销售和租赁、新建居住用不动产的销售以及经过“重大翻新改造”的居住用不动产的销售。属于免税项目的不动产交易行为则包括居住用不动产的租赁（包括自住情况下的估算租金）和二手居住用不动产的销售。见表8－2。

表8－2　　加拿大不动产交易的增值税处理

	居住用不动产	商业用不动产
初次销售	应税	应税
再次销售	免税	应税
出租	免税	应税

由于加拿大货物劳务税的税率较低，因此，加拿大针对不动产转让行为，除了征收增值税，还课征了其他税费，包括土地转让费、公证费、登记费等。

加拿大采用的征税法使得增值税具有更宽的税基。与欧盟各国普遍采用的豁免法相比，加拿大把不动产区分为商业用和居住用，商业用不动产的销售和租赁都是应税的，这就使得企业在进行商业活动中使用不动产可以抵扣相关的进项，有利于消除重复征税问题。除了加拿大，澳大利亚和新西兰等国也采用了征税法对不动产交易进行增值税处理。

总的来看，不管采用的是免税法还是征税法，各国在不动产交易的增值税处理上都有着一些相通之处：

首先，各国在引入增值税时对已经存在的房产所提供的住房服务都免征增值税。

其次，对新建不动产，各国一般都对其将其纳入增值税的征收范围，并按标准税率征税。

最后，对不动产租赁行为和二手不动产买卖行为，各国一般对商业不动产和居住用不动产适用不同的制度。在采用征税法的国家，一般对居住用不动产的租赁和二手买卖行为免税，对商业不动产的租赁和二手买卖行为则按正常征税，以避免造成重复征税。在采用免税法的国家，虽然对所有不动产的租赁和二手买卖都实行免税，但为了减少或消除潜在的重复征税问题，多数国家都允许商业不动产的出租人或出售人自愿进行登记成为增值税纳税人，从而像其他纳税人一样对其获得的租金收入或销售收入缴纳增值税，同时有权全额抵扣其因应税行为发生的进项税额。

三、我国房地产交易税收制度

我国现行房地产税收体系中包括对房地产保有环节的税收和对房地产流转环节的税收两大类。其中，保有环节的房地产税收主要有房产税和城镇土地使用税。在流通环节征收的税种主要有营业税、契税、土地增值税、耕地占用税、印花税等，其中最主要的税种是营业税。

根据现行的《中华人民共和国营业税暂行条例》，房地产交易活动涉及营业税的应税行为包括销售不动产和转让土地使用权。销售不动产的征税范围包括销售建筑物或构建物和销售其他土地附着物。

转让土地使用权的行为按照转让无形资产的税目征税，但如果销售不动产时连同不动产所占土地的使用权一并转让的话，则比照销售不动产征税。

根据营业税的相关规定，房地产营业税纳税人是在中国境内销售不动产和转让土地使用权的单位和个人，计税依据为纳税人销售不动产或转让土地使用权所取得的全部价款和价外费用，适用税率为5%。但有一些例外情况，如对销售或转让购进和抵债所得的不动产或土地使用权，按照差额征税，即以全部收入减去购进原价或抵债作价后的余额为营业额。此外，处于对房地产市场进行调控的目的，我国对个人转让二手住房的营业税政策做出了特别规定并视房地产市场状况进行了数次调整。2005年国家税务总局、财政部、建设部印发的《关于加强房地产税收管理的通知》（国税发〔2005〕89号）规定："个人购买住房不足2年转手交易的，销售时按其取得的售房收入全额征收营业税；个人购买普通住房超过2年（含2年）转手交易的，销售时免征营业税；对个人购买非普通住房超过2年（含2年）转手交易的，销售时按其售房收入减去购买房屋的价款后的差额征收营业税。"此后财政部、国家税务总局又连续几年发文对个人住房转让房地产营业税政策进行了修改，这些政策包括《财政部、国家税务总局关于调整房地产营业税有关政策的通知财税》（财税〔2006〕75号）、《财政部、国家税务总局关于个人住房转让营业税政策的通知》（财税〔2008〕174号）、《财政部、国家税务总局关于调整个人住房转让营业税政策的通知》（财税〔2009〕157号），最新的政策文件是财政部、国家税务总局于2011年印发的《关于调整个人住房转让营业税政策的通知》（财税〔2011〕12号），按这一文件的规定，个人将购买不足5年的住房对外销售的，全额征收营业税；个人将购买超过5年（含5年）的非普通住房对外销售的，按照其销售收入减去购买房屋的价款后的差额征收营业税；个人将购买超过5年（含5年）的普通住房对外销售的，免征营业税。

随着我国房地产市场的发展，房地产流转环节缴纳的营业税呈现逐年增加的态势，成了我国营业税中最为重要的一个部分。2011

年，我国房地产营业税收入为3590亿元，占当年营业税收入总额的26.2%[①]。

从房地产营业税的征收范围来看，我国无论是对居住用不动产还是商业用不动产、租赁还是销售都要缴纳营业税，在不动产销售上，不仅是新建建筑的销售需要缴纳营业税，对二手居住用不动产，除了个人销售购买超过5年的普通住房免征营业税外，其他二手居住用房的销售都要按照全额或差额征收营业税。与国外征收增值税的国家相比，我国对房地产的营业税征税范围不仅大于实行免税法的国家，也大于实行征税法的国家。从理论上说，我国现行房地产营业税制的宽泛税基更接近于理想增值税制宽税基的模式，然而，由于营业税本身存在的弊端，现行税制却造成了更为严重的重复征税问题。

四、未来改革建议

对不动产交易的增值税处理非常复杂，营改增改革需要综合考虑对房地产市场发展、民众生活、财政收入以及税务机关征管成本和纳税人遵从成本的影响，选择适当的时机推进。我们建议：

（1）对新建不动产，按照标准税率征收增值税。由于销售新建不动产的卖方一般是房地产开发商，对其征收增值税在制度上和征管上不存在困难。

（2）对不动产的租赁和再次销售，区分商业用不动产和居住用不动产适用不同的增值税处理办法。

对商业用不动产的租赁和再次销售，建议按正常制度征收增值税，同时纳税人有权抵扣购进不动产时支付的进项税额和翻新、维修等活动发生的相应进项税额。

对居住用不动产的租赁和再次销售，考虑到交易双方一般都是个人，将其纳入增值税征收范围，将会导致巨大的征管成本和遵从成本，以我国目前的征管条件很难实现，因此建议免征增值税。

---

① 数据来源：《中国税务年鉴》。

（3）将营业税改征增值税后，适当考虑合并土地增值税、契税等税种，进一步消除重复征税，降低房地产流转环节的税负。对房地产的静态保有与增值，则通过开征房产税和加强所得税征管的做法加以调节。

从改革的时机选择来看，不动产的上游行业是建筑业，在建筑业没有实行营改增的情况下，对不动产交易适用增值税并不能取得应有成效。因此，不动产交易营改增的时间应该放在建筑业营改增之后，或者同时进行。

第九章　难点行业营改增：特殊部门

在增值税体系中，政府部门、非营利组织以及慈善机构（Public body, Non - profit organization and Charity organization，以下简称 PNC 部门）的增值税处理往往比较复杂，也比较特殊。从行业划分来看，这些部门也多属于第三产业，相应在目前我国税制体系中，多适用营业税。因此，在未来的营改增过程中，必然要涉及这类部门的增值税设计问题，本部分对此进行分析讨论。

第一节　中国特殊部门的发展情况

一、特殊部门的范围界定

从字面来理解，公共部门是指提供（准）公共产品和服务的部门，在一些地区，如欧洲，是指依据公共法（public law）设立的机构或部门。我国与此相对应的部门大致为国家政权机构，即政府机构及其事业单位，基本可理解为国民经济核算体系中资金流量表的“政府部门”。见专栏 9 - 1。

专栏 9-1 我国政府部门与国民经济行业的对应关系

我国资金流量表中的政府部门包括：各级公共管理和社会组织；科学研究、技术服务和地质勘探业中的研究与实验发展、专业技术服务、科技交流和推广服务、地质勘探这四个子行业；教育；水利、环境和公共设施管理；卫生、社会保障和社会福利；文化、体育和娱乐业中的新闻出版，广播、电视、电影和音像，文化艺术和体育四个子行业。其中，有部分子行业并非完全隶属于政府部门，只是将其部分作为政府部门，具体为：专业技术服务、科技交流和推广服务、教育、卫生四个子行业的80%作为政府部门，新闻出版的50%作为政府部门，广播、电视、电影和音像业的40%作为政府部门，文化艺术业和体育业的30%作为政府部门。

政府部门与国民经济行业分类的对应关系如表 9-1 所示。

表 9-1 政府部门与国民经济行业分类的对应关系

资金流量表部门分类	国民经济行业分类		
	产业部门分类	产业部门二级分类	产业部门三级分类
政府部门	科学研究、技术服务和地质勘探	研究与实验发展	研究与实验发展
		专业技术服务	专业技术服务×80%
		科技交流和推广服务	科技交流和推广服务×80%
		地质勘探	地质勘探
	水利、环境和公共设施管理	水利管理	水利管理
		环境管理	环境管理
		公共设施管理	公共设施管理
	教育	教育	教育×80%
	卫生、社会保障和社会福利	卫生	卫生×80%
		社会保障	社会保障
		社会福利	社会福利
	文化体育和娱乐	新闻出版	新闻出版×50%
		广播、电视、电影和音像	广播、电视、电影和音像×40%
		文化艺术	文化艺术×30%
		体育	体育×30%
	公共社会管理组织	公共社会管理组织	公共社会管理组织

资料来源：国家统计局国民经济核算司，《中国经济普查年度资金流量表编制方法》，中国统计出版社 2007 年版，第 16 页。

非营利组织和慈善组织在国外有明确的定义，但目前在我国的范围界定比较模糊，国内所使用的社会组织基本能涵盖此概念（见专栏9-2）。

专栏9-2 世界主要国家关于非营利组织的法律界定

世界上很多国家或国际组织都在法律或规则上对非营利组织进行了不同的界定。世界银行在其《非政府组织法的立法原则》中指出，非营利组织是指在特定的法律系统下，不被视为政府部门的协会、社团、基金会、慈善信托、非营利公司或其他法人，而且不以营利为目的。从这一表述可以看出，对于非营利组织的界定必须重视各国的法律系统，要在法律系统之下探讨非营利组织。尽管在不同国家的法律制度下，这一概念的内涵与外延可能存在差异，但其基本特征相同，即不被视为政府部门，并且不以营利为目的。

美国是"非营利组织"一词的发源地，也是世界上非营利组织最发达的国家。美国法律上对非营利组织的界定是通过组织是否具有免税资格来认定的，即满足免税条件的组织在法律上被认可是非营利组织。联邦税法第501（C）（1）—（C）（21）各条及第501（d）、501（e）、501（f）和第521条涉及的免税团体依次为[①]：根据立法成立的法人，持有所有权的公司，宗教、慈善、教育等，社会福利，劳动农业组织，企业团体，社交与疗养俱乐部，男子学生互助会，志愿就业人员互助会，国内男子互助会，教师退休基金，互助生命保险协会，共同墓地公司，消费者信用社，相互保险公司，农业金融机构，补助失业交付基金，就业人员退休基金，退役军人团体，法律扶助团体，矽肺病基金，宗教及传道团体，医疗合作社，教育共同社，农业合作社。第501（C）（3）条还规定了免税组织必须符合的三个条件：第一，该机构的运作目标完全是为了从事慈善性、教育性、宗教性和科学性的事业，或者是为达到该税

① （美）里贾纳·E. 赫兹琳杰：《非盈利组织管理》，中国人民大学出版社2000年版，第125—157页。

专栏9-2（续）

法明文规定的其他目的；第二，该机构的净收入不能用于使私人受惠；第三，该机构所从事的主要活动不是为了影响立法，也不干预公开的选举。

日本的法人有非营利法人与营利法人之分。非营利法人分为公益法人和中间法人，营利法人分为公共企业和营利企业。公益法人是指依据日本民法第34条而设立的社团法人或财团法人。设立公益法人必须具备三个条件：第一，从事公益事业活动；第二，不以营利为目的；第三，要得到政府主管部门的批准。除社团法人与财团法人外，在日本还有一些是根据其他特别法律而成立的以公益事业为目的的法人，这种法人被称作广义的公益法人。那些既不属于公益法人又不属于营利法人的中间团体，或作为没有权力的社团存在，或由特别的法律规定而可获得法人资格，这种法人一般被称作“中间法人”。为了规范与援助各种NPO的活动，日本政府于1998年3月25日颁布了《特定非营利活动促进法》。该法规定凡是从事下列11种活动的团体都可以按照法律进行登记后成为特定非营利活动法人，即：促进保健、医疗及福利事业发展的活动，推进社会教育的活动，推进社区建设的活动，文化、艺术及体育运动振兴活动，保护环境的活动，灾害救援活动，社区安全活动，维护人权及推进和平的活动，国际合作的活动，促进男女共同参与社会事务的活动，促进儿童健康成长的活动。

英国有专门针对非营利组织规范的《慈善法》。在英国，无论使用慈善组织一词，还是使用志愿组织一词，一般都不包括那些规模小、非正式且不适于注册的组织，后者一般被称为社区组织。英国对非营利组织的认定标准如下：一是该组织为公众而非私人利益设立；二是该组织雇用一些志愿服务、不领薪水的人员；三是领薪水的人员放弃应有的报酬（如接受比一般行情低的薪水）；四是盈余不得分配给会员；五是不支薪会员的理事负责管理该组织事务；六是其资金来自不同的组织。

摘自：《促进社会组织发展的税收激励政策研究》，财政部科研所研究报告，2012年。

我国“社会组织”概念由“民间组织”演化而来，并于十六届三中全会正式写入党和政府文件，十六届六中全会提出“健全社会组织，增强服务社会功能”，这一概念从而被正式提出。2007年党的十七大把“社会组织”建设摆到了更加突出位置，进行了多方面论述。

目前对“社会组织”概念的理解，分为广义和狭义之分。广义社会组织是指人们为实现一定目标而建立的具有特定功能的社会群体或组织。从狭义上而言，社会组织是指除政府机关以外的由民间设立的、不以营利为根本目的、从事社会公益和互益活动的组织。因此，国外非营利组织和慈善机构的范围应和我国狭义的社会组织概念接近。参见专栏9－3。

专栏9－3 社会组织的特征

社会组织具有五个特征：

社会组织是指人们为实现一定目标而建立的具有特定功能的社会群体或组织。从狭义上而言，社会组织是指除政府机关以外的由民间设立的、不以营利为根本目的、从事社会公益和互益活动的组织。本报告研究的社会组织，是指狭义上的范畴，它主要包括以下五个特征：

一是组织性。社会组织作为一个组织，其具有组织的各种结构特征、制度要素。例如，具有负责人、内部规章制度和经常性活动，而不是非正规的、临时聚集在一起；机构的设置必须具备一定的条件。由于产生的环境不同，中西方社会组织的制度、管理机制等也不相同。在西方，社会组织与企业和其他组织一样是自然发生而生长起来的，在国家法律制度框架内构建起一套自己的管理机制。而中国的社会组织是从全能国家、单位体制中转型而来的，许多地方还没有被纳入整体的制度结构之中。需要强调的是，在西方国家社会组织登记与否并不是组织合法性的前提，但若要获得税收等优惠政策，则必须进行登记，并取得法人资格。例如，在美国、加拿大等国家，一些社会组织被认为是公民的权利，注册与否可自

专栏9－3（续）

由选择。但要获得税收优惠，则需要经过复杂的申请，在经过批准取得相应的资格后才能享受。

二是非营利性。这是社会组织最本质的特征。非营利性是指社会组织虽然也会取得一些收益，但不以营利为目的，不以任何形式（货币形式或非货币形式，直接或间接的）在组织的成员中间进行分配利润，必须把其所得继续用于完成组织的使命。

三是公益性。社会组织主要从事的是社会公益方面的活动，并非主要追求该组织的内部利益，因此其具有公益性的基本特征。

四是民间性（非政府性）。社会组织属于民间组织，不隶属于政府，不是政府的组成部分。虽然可以接受政府的资金支持，但仍然独立于政府之外，活动不受政府制约。

五是自治性。社会组织具有自己的制度和规定，并按照自己的内部程序独立自主的运行，能够控制自己的活动，而不受外界支配。

从上述分析中可以看出，资金流量表中的“政府部门”和社会组织概念基本能够涵盖国外PNC部门。

二、我国PNC部门的发展现状

中国政府层级多，公共部门体系复杂庞大，事业单位数量众多，相应对GDP的贡献也较大。2000—2009年政府部门的国民收入①及其占比情况如图9－1所示。

从图9－1中可以看出，中国政府部门创造的GDP从2000年的7808.9亿元上升至2009年的33231.3亿元，占全部GDP的比重也从7.9%上升至9.7%。同时，政府部门创造GDP占全部GDP的比重呈稳步上升趋势。

新中国成立之前，我国的社会组织是革命力量的重要组成部分。

① 政府部门的国民收入基本等同于该部门的GDP。

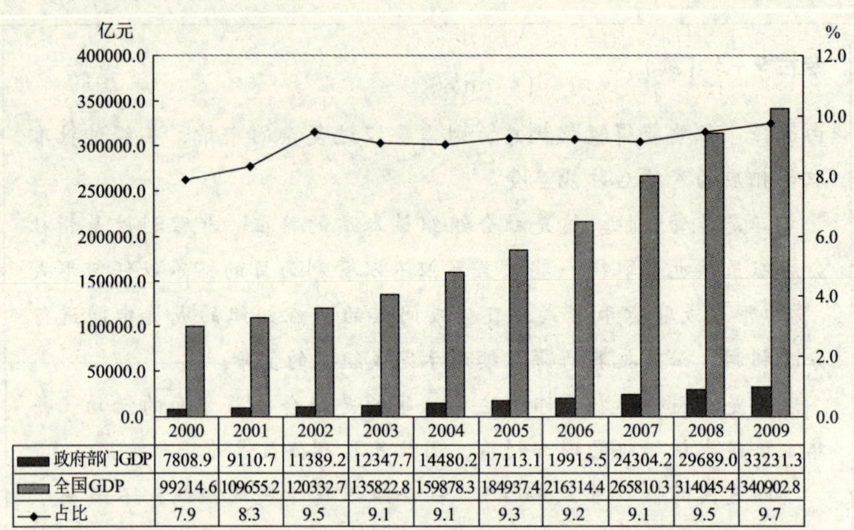

	2000	2001	2002	2003	2004	2005	2006	2007	2008	2009
政府部门GDP	7808.9	9110.7	11389.2	12347.7	14480.2	17113.1	19915.5	24304.2	29689.0	33231.3
全国GDP	99214.6	109655.2	120332.7	135822.8	159878.3	184937.4	216314.4	265810.3	314045.4	340902.8
占比	7.9	8.3	9.5	9.1	9.1	9.3	9.2	9.1	9.5	9.7

图 9-1　2000—2009 年中国政府部门 GDP 及其占比情况

数据来源：根据《中国统计年鉴（2012）》的“资金流量表”中相关数据整理得到。

新中国成立后，1950 年政务院颁布了《社会团体登记暂行办法》，对各种社团进行整顿，依法取缔了会道门等多种反动社团，对当时社会需要的各种社会团体进行了登记。但是在计划经济时期，政府掌控并垄断了绝大部分的资源配置，包揽了所有的公共产品和公共服务的供给，因此社会组织几乎没有存在和活动的空间。据统计，上世纪 50 年代初全国性社团只有 44 个，1965 年时有全国性社团近 100 个，地方性社团 6000 个左右。在文化大革命开始后，全国各类社会组织基本陷入了瘫痪的境地。

1978 年改革开放后，随着我国的计划经济向市场经济的转变，政府逐渐放松了对多个社会领域的管制与支配，社会组织作为政府、企业之外的第三部门获得了存在和发展的空间。另一方面，在经济体制转型过程中，政府单一的公共产品供给模式已经不能满足社会多元化的公共需求，社会组织的发展使得这一新需求得到了满足。在这种制度环境下，我国的社会组织进入了迅速发展时期。到上世纪 80 年代的时候，社会组织发展进入高峰期，但同时也出现了过多过滥、发展无序的现象，1988 年国务院对社会团体进行了整顿，社会组织经过规范管理后，随后进入稳步发展阶段。如表 9－2 和图 9－2 所示，1988 年我国经民政部门登记的社会组织有 4446 个，到 2010 年底我国社会组织已经发展到了 445631 个，较之 1988 年增长了近 100 倍，目前仍以每年 10%—15% 的速度在发展。此外，还存在大量未登记但以社会组织名义活动的组织和在我国境内开展活动的境外非政府组织。

表 9－2　1988—2010 年我国社会组织发展情况　单位：个

年份	社会组织合计	其中：		
		社会团体	民办非企业单位	基金会
1988	4446	4446		
1990	10855	10855		
1995	180583	180583		
1996	184821	184821		
1997	181318	181318		
1998	165600	165600		
1999	142665	136764	5901	
2000	153322	130668	22654	
2001	210939	128805	82134	
2002	244509	133297	111212	
2003	266612	141167	124491	954
2004	289432	153359	135181	892
2005	319762	171150	147637	975
2006	354393	191946	161303	1144
2007	386916	211661	173915	1340
2008	413660	229681	182382	1597
2009	431069	238747	190479	1843
2010	445631	245256	198175	2200

资料来源：《中国统计年鉴 2011》。

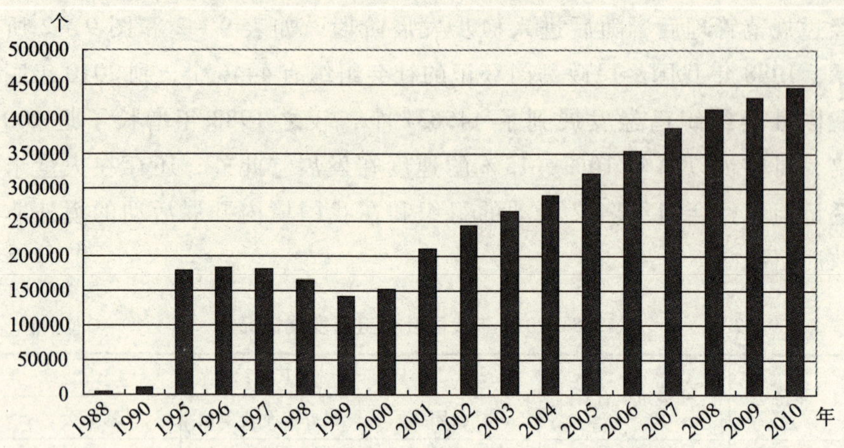

图 9-2 1988—2010 年我国社会组织发展情况图

资料来源：《中国统计年鉴 2011》。

社会组织在快速发展的同时，其总体实力也在逐步增强。截至 2010 年底，我国社会组织形成固定资产总值约 1864 亿元，收入 1525 亿元；全国社会组织专职工作人员达 618.19 万人，兼职工作人员 500 多万人，还有注册的各类志愿者 2500 多万人。①

第二节 特殊部门的增值税处理方法、依据及利弊

一、PNC 部门的增值税处理方法

由 PNC 部门提供的商品和服务在增值税的处理上大致包括三类：

——应税（Taxable）：由这些部门提供的商品或服务适用增值税

① 中华人民共和国民政部：《2011 年社会服务发展统计摘要》，转引自廖洪、石国亮：《中国社会组织发展管理与改革展望》，《四川师范大学学报》，2011 年第 5 期。

标准税率（或其他非零税率），与其他商品或服务一样，按应税行为处理。同时，因生产这些商品或服务而购进的进项税可以抵扣。

——零税率（zero - rate）：由这些部门提供的商品或服务适用零税率。这意味着，这些部门不但无需缴纳增值税，还可以获得之前所有环节所缴纳增值税的退税。在实行消费地征税原则的增值税制度中，出口也享受零税率待遇。

——免税（exemption）：这些部门在提供商品或服务时，无需缴纳增值税。同时，也无法享受进项税的抵扣。

澳大利亚、新西兰以及部分地区，如加拿大的魁北克地区均采用上述三种方法，或其中一种。

对 PNC 部门适用免税政策很普遍，但并不是全部。从增值税角度看，销售和购进之间关系，可以用表 9 - 3 表示。为简化起见，假设表 9 - 3 中的行为无混合销售（购进）行为，所以交易均为单一交易；如果公非慈部门销售或购进为应税或零税率，则增值税链条延伸至最终消费者或其他非注册机构。否则，增值税链条不延伸至最终消费者或其他非注册机构。

表 9 - 3　PNC 部门购销适用不同增值税处理方法的情况组合

购进适用的政策	销售适用的政策		
	应税	零税率	免税
应税	1. 正常的增值税	2. 无需纳税，且可以享受退税	3. 增值税支付至购进环节
零税率	4. 正常的增值税	5. 无税	6. 无税
免税	7. 重复增值税（抵扣链条被打断）	8. 增值税支付至购进的前一环节	9. 同 8

从表 9 - 3 可以看出，如果销售和购进均为应税（如情况 1），则为最正常的增值税。如果购进和销售均为零税率（如情况 5），或者购进应税而销售零税率（情况 2），则无税。如果购进零税率而销售应税（如情况 4），则为正常的增值税，但通常也没有进项税用于抵扣。

关于免税的情况远不清晰。在绝大多数情况下，如果购进应税而销售免税，增值税仅能征收至包括购进环节（情况3）。如果购进零税率而销售免税，则无增值税可征，因为无任何进项税（情况6），其实际效果和5相同。如果购进免税而销售应税，则产生重复征税，这是因为购进包含了未能抵扣的进项税（情况7）。如果购进免税而销售零税率，则增值税仅支付至购进之前的环节（情况8）。如果销售和购进均为免税，增值税仅支付至购进之前的环节，同情况8一样。

二、PNC部门增值税处理方法的依据和利弊

由公非慈部门提供的商品和服务非常多样，因此需要对其进行分类。Aujean、Jenkins和Poddar对公非慈部门的活动分类如下：

- 收入和财富的再分配
- 提供公共产品和服务
- 提供与市场上私人部门相类似的产品或服务

再分配包括利用税收、拨款以及补贴的形式将资源在人们之间的转移。这种转移不构成供给，从而不会增值。但是，管理这类资源转移却带来实际资源的耗费，为此涉及资源转移活动的机构会产生增值税进项税。任何中间服务均需要缴纳增值税，从而突出了对公非慈部门增值税处理的必要性，如表9-3所示。

公共产品或服务的受益面最广，且通常无法将个人交易与个人收入或受益一一对应。纯粹的公共产品或服务具有非竞争性和非排他性特点，典型如国防、路灯以及环境保护。准公共产品或者无排他性，或者会产生拥堵，典型如街道或高速公路、警察、消防、图书馆、音乐厅、疫苗、垃圾处理等。教育和医疗卫生为特殊的准公共产品，传统上称为公益品。值得注意的是，教育和卫生部门因政治上敏感，在增值税制度中优先考虑免税。

最后，PNC部门提供的商品和服务与市场上私人部门提供的类似。这包括诸如由国有部门提供的水电、邮政、煤气以及广电通信

等。对于非营利组织和慈善组织所提供的商品和服务而言，种类繁多，从T恤衫到博物馆和饭馆，从文化体育到贸易展销、艺术展览以及棋类比赛等。

Schenk 和 Oldman 将上述分类解读为：

a）政府转移支付实现收入或财富再分配目标

b）提供没有市场竞争的商品和服务

c）提供市场上有销售但不以市场价销售的商品和服务

d）提供市场上有销售且以市场价销售的商品和服务

上述带有争议性的分类带来了中央的困难：区分 c）和 d）意味着建立正确价格的能力通常是有限的。其中原因很多，包括无法获得建立正确价格的必要信息，或者其他政策目标等。为此可采取两类PNC 的处理方式：①业务供应免税，其主要限定于特定的商品和服务；②机构免税，这是指对特定 PNC 机构全部或绝大多数商品和服务免税。机构免税加剧了前文表 9－3 中的所提到的扭曲。混合供应，既有免税商品或服务，也提供非免税商品或服务，或者零税率将问题更加复杂化。例如，在下面所描述的加拿大增值税体系内，业务免税和零税率相互影响。

（一）全部纳税

十几年前，针对欧盟的增值税体系，Aujean、Jenkins 和 Poddar 就 PNC 部门完整纳税进行了令人信服的分析。他们认为，原来欧盟的增值税建立在公私部门几乎没有竞争的环境下，半个世纪以后，对PNC 部门实施免税已经严重扭曲竞争，因而有必要进行修改，向全部纳税方向改进，尤其是考虑现有或潜在的公私部门之间的竞争关系。消费者被剥夺了因公私部门竞争而带来的收益。尽管全部纳税的优点非常明显，但似乎降低其复杂性的任务也非常艰巨。总之，从效率（如减少扭曲、分配的需要、自己生产以及各种非中性）以及保证公私部门之间公平竞争等方面看，都是正确合理的。

第一，PNC 组织的行为多样，既包括公共和私人物品的提供，也包括公共管理和规制，还包括再分配；第二，商品或服务按照零或名义对价提供；第三，这些行为的融资手段多种多样，包括收费、税收以及债务等。

要求 PNC 部门完整纳税的困难主要为“对价”的确定。明确的收费容易处理。但拨款、补贴以及强制的无法明确纳税者的税收该怎么办？挑战来自于使用财政拨款所提供的公共产品或服务的增值税处理方法。表 9－4 归纳了 Poddar 关于公私部门提供商品和劳务同等待遇的五个评价标准：经济中性、对价、抵扣进项税、财政收入流失以及竞争扭曲。在完整纳税机制下，所有供应商均可享受进项税的抵扣权（如表 9－3 中的情况 1）。不管是 PNC 部门还是私有部门，它们提供商品和服务的增值税处理方式相同。只要对价是客观的，公共产品便可以缴纳增值税。否则，如果公共产品的价格为零，则赋税为零，因为标准税率乘以零价格等于零税。其最终结果与零税率无异，供应商可以获得增值税退税（如表 9－3 中的情况 2）。只有公共服务（如国防、消防等等）在价格确定上存在困难，有形物品提供可以按照市场价格定价。

表 9－4　　完整纳税的标准

标准	私人物品的税收处理	公共物品的税收处理
经济中性	私人物品和公共物品同等待遇	按照对价征收增值税
对价	按照对价征收增值税（价格加上与商品提供直接相关的拨款）	没有对价则付零税
抵扣进项税	完整抵扣（商品提供应税）	完整抵扣
收入流失	无	如果征收增值税的政府是提供商品的政府，则无收入损失
竞争扭曲	无	由于公共物品有私人部门提供，则无竞争扭曲

PNC 部门提供没任何拨款的私人商品，其增值税处理方式与私人部门提供无异：增值税对全部对价征税（表 9－3 中的情况 1）。在拨款直接与 PNC 部门提供私人物品的情况下，在计算增值税税款时，必须将拨款计入对价（表 9－3 中的情况 1）。所提供商品的单位税基

包括单位拨款加上单位价格。这种处理方法可避免公私部门之间的竞争扭曲，有利于公共部门，因为 PNC 部门的拨款常用来保证全部对价均等化，并避免对 PNC 部门的偏袒，因为拨款可以使 PNC 部门以低于私人部门的价格提供商品，从而带来竞争扭曲。

政府机构、公共部门、非营利组织、慈善机构以及类似免税机构，由于它们与某些政策目标相关，如社会目标、收入分配相关。这是解释这些部门享受增值税特殊政策的最主要原因。由于特殊政策仅限于某些特定的商品或服务，后者限定于某些特定部门，因此经常带来问题的复杂化。

从理论上看，给予上述部门特殊政策很容易理解。其经济效果却无法量化。这包括竞争扭曲、遵从成本、管理成本以及通过使用其他税收或支出政策而实现分配或其他社会目标所带来的成本节约。总而言之，因给予这些部门特殊政策而带来的竞争扭曲是巨大的。根据最近数据统计，2007 年美国政府部门（包括联邦政府、州政府和地方政府）创造的 GDP 占全部 GDP 的比重为 12.6%，再将其他适用免税政策的部门考虑进来的话，免税 GDP 占全部 GDP 的比重将高达 20% 左右，比例较高。

（二）零税率

对 PNC 部门提供的商品和服务适用零税率是政治家们的权宜之计，认为应该支持这些部门的发展。这类建议在过去常被提及，目前也多被使用。加拿大对某些私人商品的零税率也证明政府支持消费这些商品或服务，如基本生活必需品（牛奶、面包、蔬菜等），处方药以及药品分发费，以及医疗设施。尽管有一些比增值税更好的手段来提供这些救助（如支出以及转移支付政策），但零税率具有对特定敏感人群针对性强的特点。有趣的是，如果纯粹的转移支付本身没有适用零税率，它则是一项更优的政策。但是，由于它既不构成消费也没产生增值，因而不能简单地将其适用增值税。对转移支付的安排本身是一项特征明显的业务活动，即它被看做是调剂性服务，它消耗实际资源，相应产生增值。

如前文所述，零税率与完整纳税在公共产品和服务按零对价提供时是一致的，否则与完整纳税不一致，而对零税率的商品和服务有利。非出口（即国内商品）商品零税率必须尽可能地缩小范围，否则会产生一系列问题：

- 对财政收入产生明显的负面影响
- 与将消费作为税基的原则相悖
- 如果 PNC 部门提供私人商品但适用零税率，而生产同样商品的私人部门应税，在这种情况下将破坏税收中性
- 扭曲了消费者在应税和零税率商品之间的选择
- 零税率增加了管理复杂性，因此存在潜在分类争议
- 刺激更多部门争取纳入零税率范畴

总之，在必要情况下，零税率是一种较好的选择。但会带来税收流失等潜在风险。从避免税收流失的角度看，免税则为更优的一种选择。当然，免税也会带来上述的一些问题。

与零税率相比，对 PNC 部门适用优惠税率或许也是一种值得考虑的方案（零税率本身也是一种优惠税率），如在达到分配目标政策时，这将是一种较好的选择。

（三）免税

在目前盛行的免税制度下，PNC 部门的产出被有效地认定为商品和服务提供机构的最终消费而非消费者或非注册机构的最终消费。在纯粹的免税模型中，PNC 部门无需为增值税而注册。这样，就其提供的服务和商品无需缴纳增值税，但他们也无法抵扣增值税进项税。

免税最充分的解释理由为公平、分配和社会问题。但是，与零税率不同的是，免税却打乱了增值税的逻辑。根据增值税的逻辑，商品和服务的提供者在应税和零税率的情况下可以完全抵扣进项税。乍一看，由于 PNC 部门在生产商品和服务时耗费了实际的资源，产生增值。因此，居民对这些商品和服务的消费落在增值税范畴，那么为什么 PNC 部门要免税呢？

文献中对这个原因解释最多的包括：第一，有益品的情况。尽管排除用户、消费量或者支付价格等，论据为消费有益品会产生正的外部性。第二，对PNC部门生产的商品和服务免税意味着能够获得分配目标。典型例子如教育、健康等服务以低于市场价销售，这意味着要向消费者支付补贴。这与所谓的社会低收入群体密切相关，如果按照市场价提供服务，将剥夺这部分人接受这类服务的权利，因而不公平。除了拨款或必要的补贴来弥补市场价格和使用者价格之间差额外，免税也可以为这类供给提供支持。对于前两个理由的支持度非常高："与国际实践相一致，原则上卫生、教育，以及其他非收费服务都需要免税"。倾向于采用免税而非零税率方式处理PNC部门增值税问题或许是源于希望对这些部门间接征税（对其投入而非产出）并避免税收流失以及因零税率带来的腐败风险。

最后，常被提及的原因是PNC部门很难征税。根据这个理由，PNC的产出由于概念、遵从和管理原因等难于征税。这样，便倾向于牺牲对居民消费征税，而是通过对供应链上的注册机构征税进项税的方式征税。

在目前的模式下，清晰地确定供给的对价被看做是必需的。实际上，对公共部门适用增值税的诸多困惑源于或者无明确的收费价格，或者由于收费和公共商品的受益上的无直接对等性。

第三节　世界主要国家（地区）的具体实践

增值税在世界上许多国家广泛实施，但从PNC部门增值税处理方式来看，主要分成三类。一是免税，典型如欧盟国家；二是完整征税，典型如澳大利亚；三是有特色的退税系统，典型如加拿大。本部分对这三个国家（地区）的PNC的增值税处理方法做一详细介绍。

一、欧盟地区

（一）欧盟增值税基本制度

为了保证欧盟地区内部市场的建立和正常运行，欧盟增值税制度允许在最终消费前的生产和流通环节过程中发生的各种成本抵减。设立这种机制以便于保持增值税制度的税收中性，而不受生产环节多少的影响。

增值税法令的第2条规定了在欧盟境内适用增值税的商品和服务的交易范围。这些交易通常需要缴纳增值税，并且被称为应税交易。但是，在应税交易中，也有部分免税，即纳税人免于缴纳增值税。因此，任何交易是否适用增值税取决于两个条件：此交易是应税交易还是非应税交易？如果是应税交易，这种交易是免税还是不免税？

非应税交易发生的成本在增值税中不允许抵扣。同理，对于部分免税交易（诸如医疗、教育等公共部门的经济活动）是不可以在增值税中抵扣的。而其他交易活动（如欧盟境内经济活动和出口）则允许抵扣增值税进项。增值税第9条将增值税纳税人定义为：在境内独立进行任何经济活动的人。由于公共部门也从事经济活动，因此上述规定似乎也适用于公共部门。但是，欧盟增值税基本框架与其他国家类似，就公共部门的经济活动和与公共利益相关的经济活动，增值税作了特殊的规定（见图9－3）。

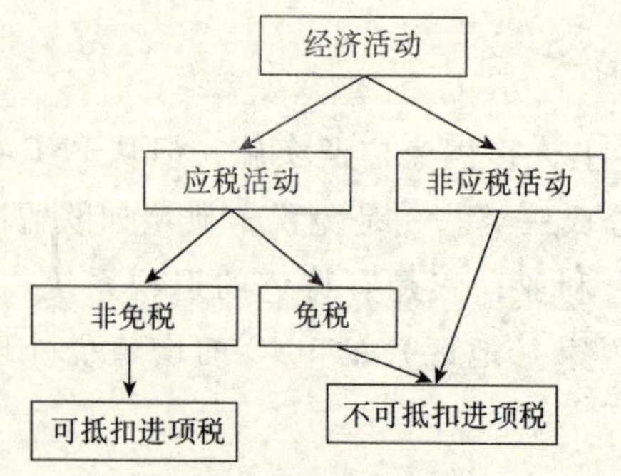

图9－3　欧盟增值税制度对经济活动的划分

增值税一般规定无法直接适用于各成员国，需要被各成员国本国法令认可后才能使用。

（二）PNC 部门的增值税处理

增值税一般框架中有若干条规定是专门针对公共部门而设计的。根据增值税的第 13 条规定，对于从事某些特定经济活动的公共部门，不被认定为增值税纳税人。对于第三部门，增值税一般框架中没有特殊的规定。按照第 9 条的规定，慈善组织没有得到任何补贴，慈善组织也不被认定为增值税纳税人。

如果公共部门和慈善组织从事了应税交易活动，根据第 132 条规定，或所谓的停顿条款中某一条的规定，这些应税交易是免税的。此外，应税和非免税活动也可能适用低税率（根据第 98 条的规定），如果成员国选择适用低税率的话。

1. 公共团体的增值税处理方法（第 13 条的规定）

国家、省、地方政府以及公共法规定的其他公共部门作为公共机构从事活动或交易不是应税交易，因此它们不是增值税纳税人。

但是，对于公共部门也有两条例外：

一是对于公共部门的活动或交易不被认定为应税交易的前提是，这些活动或交易没有产生显著的竞争扭曲。（扭曲条款）

二是在附录 I 中列示的交易或行为则被认定为应税交易，除非这些活动规模太小，可以忽略。

此外，根据第 13 条第 2 款规定，成员国可以选择将由公共法规定的公共部门的某项免税活动认定为公共政府所从事的活动。这样，这些活动便从“应税”但免税变成“非应税交易”了。

总之，如果某些经济活动符合以下标准，则该类活动为非税交易：根据公共法设立的机构的交易；公共机构被认定为从事政府机构；不适用竞争扭曲条款（即如果作为非应税交易行为，不会带来竞争扭曲）；不可忽略条款（即交易既不在附录 I 列示范围，其规模也小至可忽略）。

只有非应税行为的处理方法不适用免税条款，相关的增值税状态才能从免税转变为非应税。

按照第9条的规定，经济活动包括所有生产、贸易以及提供服务等在内的活动。

按照欧盟法院的解释，经济活动这个词语的范围非常宽泛，且具有主观性。

服务提供。根据欧洲法院的规定，公共团体是由公共法规定所设立的机构，并且本身必须是公共管理的一个部分。所以，一个私人，即使行使了公共权力，也不会被公共法认定为公共团体。此外，私人团体也不能适用第13条第1款，即使其股份100%由公共团体所控制。这表明第13条规定是为了将所有按照私人法律设立的机构全部排除在外。

不产生显著的竞争扭曲。之所以设定扭曲条款是为了避免增值税导致私人部门和公共部门之间出现不公平竞争。尽管公共部门适用特殊的规定，公共部门也会提供一些可由私人部门提供的经济活动，相应便在两部门之间产生竞争。如果两部门之间出现竞争，第13条第1款的规定将导致竞争扭曲，这是因为私人部门为增值税纳税人，而公共部门所提供的服务不必纳税。

由于第13条规定了非应税行为，公共团体也无法按照第168条的规定抵扣进项税。换句话说，增值税一般法律框架事实上将公共机构看作为最终消费者，由它来承担生产成本过程中的增值税负担。

显然，第13条的规定非常复杂，且给条文解释带来了弹性，如竞争的“显著性”或者附录1活动的不能忽略等。这又带来另外的、复杂的事实，也就是第13条高度依赖各国国内法。

由于法律禁止，公共机构的活动没有潜在的竞争者。其副作用在于，按照第13条的规定，成员国可以根据国内市场法律进行调整，从而影响各国增值税对公共机构的具体处理办法。其结果是，公共机构相同的交易在某一国家根据竞争条款被认定为应税交易，但在另一个国家由于法律上不允许私人公司竞争因此被认定为非应税交易。

由于公共机构的活动被认定为非应税行为，相应其购进也无法抵扣，这导致两种负面效果：

一是鼓励自行生产和不利于投资。由于不能抵扣进项税，公共机构在考虑投资或者向私人部门分包服务时，则产生额外的成本负担。但是，通过自行生产则能够规避成本的增加。这意味着，目前增值税制度鼓励公共机构自行提供服务，尽管市场上有可替代的分包服务或通过公私合作生产更有效率。成员国的税率越高，这种效果越明显。可用专栏 9－4 表示。

专栏 9－4　假设：增值税适用 20%的税率

	价格	增值税	进项成本
外包	100 欧	20 欧	120 欧
自行生产	110 欧	0 欧	110 欧

公共机构倾向于选择低效率的自行生产，以降低其投入成本。自行生产持续至与外包成本持平。

二是叠加效果。这种效果产生于公共机构提供的非应税服务作为中间投入而进入生产。公共机构有可能将不能抵扣的成本转嫁给私人部门，而由于增值税成本后转的隐蔽性，私人部门也无法抵扣，相应又转嫁给其用户。值得注意的是，这种情况不但出现于公共机构的非应税行为，对于公共机构和私人部门按照 132 条和 135 条的规定享受免税待遇时，也会出现叠加效应。

2. 公共部门免税交易的处理

即使被认定为纳税人，也并不意味着其实际负有增值税纳税义务，如果其活动被认定为免税行为，则可免予纳税。

第 132 条列示了与公共利益相关的免税交易，范围非常广泛。有些免税是与商品或劳务提供商的身份有关，有些与活动性质有关。关于提供者的身份，一些免税明确要求为公共机构[①]，还有一些是由成员国正式认可的一些机构。如医院则属于132条第1款b项中的免税规定，如果这些服务由公共机构或者有相当条件被类似的机构提供的话。

此外，增值税的第13条提供了一些例外条款，这是新老成员国之间协调的结果。这些免税与一般增值税框架不匹配。部分免税规定与公共机构有关。

第133条允许成员国对免税施加一系列额外条件。这种变通方法导致成员国之间免税条件差异非常大。

此外，第134条包括其他强制性限制条件，如医院、医药以及社会福利机构，规定这类服务对于免税交易而言并不重要，或者可以通过该交易获得收入，且与适用增值税私人公司直接竞争。

关于进项税抵扣的问题，免税行为的效果与非应税行为相似。按照第132条的规定，从事免税活动的纳税人如果仅从事免税活动，其进项税不允许抵扣，相应将其看作为最终消费者。如果同时从事免税和非免税活动，进项税根据第173—175条的规定，按比例进行抵扣。

3. 优惠税率

根据第98条的规定，成员国可以引入1到2档优惠税率，且最低优惠税率在5%左右，但适用优惠税率的商品和劳务必须为附录3所列示范围之内。

但是，也有例外条款。成员国在1991年1月1日适用低于5%税率的商品和劳务，只要能够解释清楚且让利于消费者，根据第110(1)条的规定，可以继续适用低税率。结果是，某些成员国有所谓的零税率。与一般的免税不同的是，零税率还导致进项税的流失，这

---

① In particular, the supply by the public postal services [Art. 132(1)(a)]; hospital and medical care and closely related activities [Art. 132 (1) (b)]; the supply of services and of goods closely linked to welfare and social security work [Art. 132(1)(g)]; the supply of services and goods closely linked to the protection of children and young persons [Art. 132(1)(h)]; children's or young people's education, school or university education, vocational training or retraining [Art. 132(1)(i)]; certain cultural services and goods closely linked thereto [Art. 132(1)(n)]; the activities of public radio and television bodies other than those of commercial nature [Art. 132(1)(q)].

是因为它不但免去了纳税人此环节的增值税，同时还允许抵扣进项税款。

4. 补贴

公共机构（也包括慈善机构）经常获得补贴。第 73 条规定应税额通常应包括与生产有关的补贴额。至于支付给由公共机构控股的私人部门或支付给慈善机构的补贴，无法清晰界定此补贴是酬金还是其他，因此应负有纳税义务。如果补贴接受者相应提供了服务，此补贴与酬金直接相关。

另一方面，与供应不直接相关的补贴未必减少增值税可抵扣税金。

专栏 9－5　各个国家关于公共机构的处理案例

示例 1

一个市政公司向市民提供垃圾处理，它是按照公共法而设立的。市民必然要使用该公司提供的服务。私人公司不允许向市民提供垃圾处理服务。

市政公司的经济活动为非应税行为。因为，市政公司为公共机构，由于不允许私人公司提供该项服务，所以不会产生竞争扭曲。最后，垃圾处理服务不属于附录 1 所列示的服务项目。

示例 2

一个市政公司提供公共街外泊车服务。按照法律规定，私人公司也可以提供该项服务，但现实中市场并没有私人公司提供该项服务。市政公司的该项服务为应税行为，因为随时都将出现潜在的竞争对手。

示例 3

一个市政公司为全市 100 万居民供应天然气。私人公司不允许在此区域提供该项服务（国家垄断）。市政公司按照公共法设立。

市政公司的该项活动为应税活动。市政公司为公共机构，也没

专栏 9－5（续）

有竞争扭曲。但是，天然气服务属于附录 1 列示的活动，并且由于规模巨大，无法忽略。

示例 4

根据国内法的规定，公共团体出租动产为应税行为。成员国可以选择将应税但免税行为看作为非应税行为。

公共机构的活动为非应税活动。由于公共机构按照国内法标准发生的行为不符合第 13 条的规定，且有可能与市场其他出租不动产的“人”（法人和自然人）产生竞争。但是，不动产转让被认定为免税行为（根据第 135 条的第 1 款）。这样，根据第 13 条第 2 款的规定，也可以看做是非应税行为。

几乎所有的欧盟成员国均由公共机构来进行垃圾处理，这意味着成员国必须提供生产公共服务。一般而言，这类服务提供适用公共法。必须注意的是，从增值税的角度来看，垃圾处理应适用增值税第 13 条，也就是不属于附录 I 列示的内容。但是，成员国关于垃圾处理是否为政府部门提供的服务的解释却不尽相同。既不能根据 132 条免税，也无法根据例外条款免税。对于一些成员国而言，可以适用优惠税率。

5. 增值税之外的补救办法

为了弥补增值税处理对自行供应引致的偏差，奥地利、丹麦、芬兰、法国、荷兰、葡萄牙、瑞典和英国都引入了公共机构不能抵扣的补救措施。补救办法形式各异。如奥地利的补救制度可看做对具体部门的补救制度，该补救制度仅针对内科医生、牙医、家庭护理、医院、养老院和社会保障部门。该制度仅就不可抵扣的进项税金进行补偿。其相关制度体系不在增值税范围之内，而是属于健康与社会保障系列。

2008 年，社保机构得到退税 56 亿欧元。与其他补助体系不同的是，奥地利的补助计划严格限制与免税服务的进项税金部分。

二、澳大利亚

（一）澳大利亚增值税基本情况

澳大利亚于2000年开征货劳税。货劳税是对商品和劳务的交易和进口进行征税，税率目前为10%，货劳税为含税价，即税款的1/11。

应税交易是指在境内注册的公司的交易。因应税行为而产生的进项税可以抵扣。

增值税纳税人必须注册，注册起征点为年应税交易额在75000澳元（折52500欧元）。

如果免征交易税或者免进项税，则称为非应税交易。

免货劳税是指不征收货劳税且可以抵扣进项税（这种机制也称为零税率机制）。

澳大利亚的零税率适用范围包括：①持续经营公司的转让；②出口和其他消费在澳大利亚之外的交易；③国际邮政；④食品；⑤污水和垃圾处理；⑥医疗卫生；⑦证明对身体有利的物品；⑧急救和救援；⑨补充医疗服务，即针灸、中医、物理疗法（3年期限）；⑩残疾人专用汽车；⑪儿童护理；⑫教育；⑬成人教育与培训；⑭宗教服务；⑮慈善机构的非商业活动。

免税范围包括：①金融服务；②居民住宅租赁；③住宅销售。

（二）PNC部门的增值税处理

公共部门和非营利组织（PNC中的PN）均纳入澳大利亚的GST体系。对于这两类机构的增值税处理有两个特点：一是没有专门针对公共部门和非营利组织的具体增值税减免政策；二是公共管理机构或其他具有公共职能的机构提供服务的价格为国会预算。

例如，非营利组织体系以下服务均需要缴纳增值税：①演出、音乐会或者展出；②提供场地出租；③向会员提供服务；④销售书籍、演出服装以及其他食品等物品。

澳大利亚的多数教育、幼儿看护以及健康服务适用增值税零税率。但也有些服务适用免税政策①，如由非营利组织经营的学校小卖部等。

对于慈善机构（PNC 中的 C）、免税捐赠接受机构以及公立学校则适用一些特殊规定。由慈善机构、免税捐赠接受机构以及公立学校提供的以下的商品或服务，适用零税率：①二手捐赠物的销售；②抽奖；③商品和服务的非商业销售（包括住宿）。

1. 公共团体

根据澳大利亚增值税第 149 条规定，公共团体必须要进行增值税注册，无论其是否为公司或实体（关于公共团体的规定非常复杂）。这样，澳大利亚政府要对其自身征收增值税，至少在理论上如此。公共团体或许不愿意注册即使他们超过起征点 75000 澳元（折合 52500 欧元）。如果注册的话，将和其他实体适用同等的基本税收待遇。

如果政府提供某项服务，并且服务接受方没有对等的义务或相应支付货币（单方转移），这种服务无需缴纳增值税。这样，如果政府无条件地提供某项服务，如，提供社会保障或补贴的服务，这类服务将不必缴纳增值税。从政府角度看，这类服务或交易无需在申报表中反映。

议会预算时所确定政府间增值税转移支付相关的拨款。这类拨款通常不必征收增值税。如果该项拨款由于某种原因不能满足拨款条件，受到拨款的一方政府或许需要缴纳增值税，而拨款政府也可以抵扣进项税。

但是，如果与提供服务的政府是交换关系，税基为交换价值或市场价格。如果无法确定该服务的市场价值。

2. 非营利组织

---

① 即欧盟的“exempt”政策，澳大利亚称为“input tax”。

一般而言，非营利组织被认定为增值税纳税人，但适用一些特殊条款，这包括起征点和某些服务适用零税或免税。

如果非营利组织年营业额超过150000澳元（折合105000欧元），必须注册，该起征点高于其他实体（75000欧元）。如果营业额低于150000欧元，非营利组织可以自愿选择注册，但一经选择，一年之内不允许变更。如果非营利组织没有注册，GST不包括在销售价格中。同时，进项税也不能抵扣。如果非营利组织注册，要按照10%的税率缴纳增值税。同时可以抵扣进项税。

如果某项服务由拨款（来自于政府或基金）来资助，则需要缴纳增值税。同理，来自于广告收入、冠名权或其他方面的收入也需要缴纳增值税。赠与不属于交易，因而无需缴纳增值税，在衡量注册起征点时，不包括在年营业额中。赠与为自愿行为，也就是说，付出方没有收到相同利益的（No contractual obligation）。这类物质利益或许是票据、晚餐等有价值的其他物品。

如果非营利组织注册了，它将获得以下让步：①小学或中学的小吃部，可以选择免税（不交税也不抵税）；②易形成增值税群（GST Groups）的非营利组织。

对于某类非营利组织，如慈善机构、礼品免税店以及公立学校可享受一些特殊的优惠（这类机构在澳大利亚税法中有明确规定）：①抽奖游戏零税率。②与募捐有关的销售免税。③如果售价低于某一价格，零税率（非商业行为）。含税价必须低于市场价的50%，或者低于购入价的75%（住宿服务抵扣含税价的75%或成本的75%）。④弥补志愿者支出。⑤销售捐赠的二手货为零税率，在所售商品特征未发生实质性改变。⑥宗教团体之间的交易零税率。⑦退休村（Retirement Villages）服务零税率，但不包括对游客或雇佣者的服务。⑧子机构。非营利组织分支机构独立注册，独立组织和独立核算。

三、加拿大

（一）加拿大增值税的基本情况

加拿大的货劳税是对所有的生产和进口行为而课征，税率为5%。同时，加拿大各省还课征省级销售税，其税率各异。在有些省份里，省级销售税和货劳税在法律层面相互协调（即所谓的HST，包括联邦级和省级两部分）。在其他一些省份，仍然保留着独立的销售税（也就是魁北克的QST）。GST在计算时不考虑省级的零售税或土地转让税。

加拿大货劳税允许对因应税交易而发生的进项税的扣除，但对进项税的扣除有严格的规定：①俱乐部向会员提供餐饮、娱乐以及体育服务；②向乘客提供交通服务超过30000加元；③餐饮业支出(50%可扣除)；④尽管对小企业设定了注册起征点，但纳税人的法定定义仍然十分宽泛。

应税交易是指与其生产经营活动有关的商品和服务的提供，且与加拿大有关。

如果交易适用零税率或免税，则该交易为非应税交易。零税率意味着无需缴纳增值税，但仍享受抵扣权利。免税意味着无需缴纳增值税，同时也不享受抵扣权利。零税率适用于：①出口货物；②出口金融服务；③大多数的国际运输服务；④基本食品；⑤某些农业和渔业；⑥部分药品和医疗服务；⑦与省政府及其分支机构的交易。

很显然，适用零税率的交易与欧盟增值税法中规定的增值税免税类似。其区别在于加拿大的零税率是可以抵扣进项税的。

免税范围包括：①国内金融服务；②住宅出租；③居民住宅销售；④牙齿护理；⑤儿童看护；⑥大多数的教育服务；⑦注册的慈善机构、政府以及其他公共团体所提供的商品和服务，不包括与私人部门竞争的商品和服务；⑧法律援助；⑨过路、过桥收费。

加拿大的免税范围与欧盟增值税的免税范围非常接近，都不允许抵扣进项税。

（二）PNC 部门的增值税处理方法

1. 公共团体

公共团体的注册起征点为5000 加元（大概折3750 欧元）。当然，也允许自愿注册。非注册机构无需缴纳增值税，也不能抵扣进项税。

联邦政府的购买行为需要缴纳货劳税。除了那些需要因其生产或销售行为缴纳增值税的省份和地区之外，其他省份可免予支付其购买所应承担的进项税。向免税省份政府提供商品和服务的供应商无需缴纳货劳税但可以抵扣进项税。

加拿大货劳税中的公关团体是指市政服务和市政当局，而对市政服务和市政当局的范围则相当宽泛，包括城市、县、乡村及其职能部门，如卫生局等。关于市政局身份还需要得到加拿大收入局的认可。

市政局的以下行为免税：①图书馆服务；②注册局/许可证局；③执法部门；④消防；⑤居民服务如垃圾处理，如果是强制性提供；⑥由市政局承担的垃圾处理；⑦由市政局承担自来水、垃圾处理、下水系统；⑧市政交通服务；⑨其他市政服务（如街道清扫、除雪等）；⑩一些城市间的服务；⑪某些娱乐项目等；⑫食品、饮料或短期住宿服务；⑬对老年人或残疾人由市政公司提供的家政服务；⑭公共机构提供的慈善活动；

如果公共机构提供应税交易，其进项税可以抵扣。如果提供免税服务，则不允许抵扣进项税。但是，根据退税计划的安排，有些情况可以申请退税。

2. 慈善机构和非营利组织

如果慈善机构发生应税行为且超过小企业注册起征点，慈善机构必须注册。如果注册的慈善机构缴纳增值税，其进项税可以抵扣。慈善机构是指经过注册的慈善机构或者已注册的因所得税原因而注册的加拿大业余运动员协会。

慈善机构适用特殊的扣税方法，即所谓的净税计算法，其进项税抵扣受到严格限制。按照此办法，必须缴纳60%的货劳税。另一方面，仅能对部分项目的进项税进行抵扣。在某些规定下，慈善机构不能按照净税法计算增值税。在净税计算法下，慈善机构根据退税系统可获得部分退税。非注册的慈善机构也可以通过该退税系统申请退税。

慈善机构的以下行为免税：①大部分的劳务；②捐款或二手货交易；③提供短期住宿服务；④流动餐服务（Meal on wheel programs）；⑤为私人提供的餐饮服务；⑥为慈善筹款的物品和服务拍卖；⑦筹款活动；⑧直接成本免除（提供商品或服务不超过直接成本）；⑨某些博彩事项；⑩为14岁及以下儿童提供的娱乐活动；⑪免费服务；⑫会员服务；⑬娱乐场所准入；⑭减贫活动。

加拿大对于赠与不适用增值税（自愿的赠与货币或财产）。同样也不适用于补贴。

对不动产和印刷品的购买，有特殊规定。对于非营利组织也适用类似规定。非营利组织或指定的政府组织需具备有40%资金由政府资助的条件。

（三）退税系统

利用退税系统，公共部门可以申请增值税进项税退还，以弥补在增值税条款下无法抵扣完的进项税。该系统对公共部门适用（包括慈善机构、NPO，一些政府部门），无论公共部门是否注册为增值税纳税人，均可申请。这个与欧盟国家补助系统类似。值得注意的是，退税系统对于执行HST的省份也适用。

退税系统的资金来源于政府一般预算收入。退税系统按照进项税的一定比例进行退税（见表9-5）。

表9-5 加拿大各机构退税比例

公共部门类型	退税因素
市政机构	100%
大学	67%
学校当局	68%

续表

公共部门类型	退税因素
公立大学	67%
医院	68%
Facility operator	83%
外部供应	83%
慈善	50%
符合条件的 NPO	50%

第四节　关于中国特殊部门增值税政策的思考

在未来营改增过程中，基于政府部门和社会组织的特殊性，这些部门的增值税需要区别对待和设计。

从其他国家和地区的实践来看，无非有三种选择，如澳大利亚和新西兰，完整纳税；如加拿大，实施退税；如欧盟，免税。结合本国实际，本报告认为，从短期来看，采取免税政策较为适宜，但应逐渐向完整纳税方向靠拢。

短期选择免税政策是基于以下几点考虑：

一是保证改革稳步推进。目前我国政府部门和社会组织均免征营业税，以便于管理和促进社会组织发展。营改增设计方案中明确要求应实施稳步过渡原则，保留原有税收优惠政策。因此对政府部门和社会组织适用增值税免税政策是落实营改增改革原则的要求。

二是与目前征管制度相适应。我国增值税制度实行发票扣税法，即增值税一般纳税人使用增值税专用发票，并据以进行进项税抵扣和计算应纳税款。而目前政府部门之间资金来往多使用财政资金往来票据。如果对政府部门和社会组织适用完整纳税机制，则意味着政府部门的票据均需要纳入增值税专用发票系统，这无疑会大大增加征管的复杂程度和难度，也对政府部门的资金核算提出更高、更新的要求，势必使本来复杂的改革难上加难。

此外，我国目前增值税管理体系尚不具备管理普遍退税（具体见下章的分析）的能力。如果不实施免税政策，无论适用完整纳税机制还是零税率机制，均会存在政府部门和社会组织大量退税的情况，从而增加了征管难度。

三是与进行社会改革、促进社会组织发展的大形势相吻合。社会组织具有提供公共服务，满足社会需求多样性、动员社会资源，弥补政府社会发展资金和人力的不足、参与收入分配，有利于缩小贫富差距、参与社会治理实现有效社会民主管理的、参与社会保障，提高弱势群体的保障能力、创造就业机会，扩大就业渠道的作用。与国外相比，我国社会组织发展缓慢，其职能和作用远未发挥，因此需要大力发展。对社会组织征收增值税，或者提高了社会组织的税负，或者提高了消费者购买的价格，因此会产生减少供给、抑制需求的负面影响，与促进社会组织发展的大形势不吻合。

四是有利于我国民生类公共产品或服务的供给。与民生息息相关的（准）公共产品和服务包括医疗、卫生和教育等，而这些产品和服务在我国当前存在严重供给不足的问题，如果对政府部门一般增值税政策，则会产生与社会组织类似的问题，即供给不足或产品价格高，这不但不利于公共产品和服务的供给，更重要的是会剥夺一部分人享受基本民生公共品的权利。

但是，对政府部门和社会组织实施免税为权宜之计。从长远来看，应逐步向零税率或完整纳税方向迈进。这样做的好处在于：

第一，促进公平竞争。随着公私合作的增加，公共产品或服务垄断由政府部门或社会组织来提供的局面将逐渐被打破，从而产生了PNC部门和私人部门之间的竞争。而PNC部门和私人部门之间适用不同的增值税政策将不利于公平竞争。

第二，促进公共产品或服务的市场购买。政府部门和社会组织是提供公共产品和服务的主体，但这并不意味着一定由PNC部门来生产。基于效率的考虑，如果市场购买更加节约成本，应倾向于从市场购买。但是对 PNC 部门适用特殊的增值税政策引致政府倾向于自行生产，而非市场购买，从而扭曲全社会资源的配置，降低效率。

第三，保证增值税抵扣链条完整，完善增值税税制。如果政府部门或社会组织提供的商品或服务为中间产品，而非直接进入最终消费环节，则会带来重复征税。因此，对政府部门和社会组织适用完整纳税或零税率，则可以保证增值税抵扣链条完整，促进税制完善。

第十章　营改增：改革的其他难点

营改增除面临行业改革的诸多难点外，也将面临增值税税制规范的问题，如小规模纳税人问题解决，多档税率如何处理以及退税制度如何完善等。本章就营改增其他难点问题进行分析探讨。

第一节　关于小规模纳税人的处理

一、小规模纳税人的特点

（一）小规模纳税人的定义

从理论设计上，增值税可实现环环抵扣、道道计征的征税方式（即扣税法计征），但从世界各国的实践来看，均无法实现完全的扣税计税方法，这是由纳税人的现实情况以及征管能力决定的。一般而言，扣税法多实行发票扣税，即按照发票记录的进项税款进行扣税，相应发票记载的进项税款对于本环节增值税税款多寡有重要影响，这无疑大大提高了发票管理和开具的重要性和要求，需要纳税人严格管理增值税发票，需要纳税人具备相应的财务管理能力等。但现实情况是，诸多中小微企业不具备这种能力。为降低增值税偷税风险，降低征纳成本，世界各国对规模小、财务管理不健全的纳税人实行简易征收办法。

根据我国税法的相关规定，小规模纳税人是指年销售额在规定标准以下，并且会计核算不健全，不能按规定报送有关税务资料的增值税纳税人。所称会计核算不健全是指不能正确核算增值税的销项税额、进项税额和应纳税额。我国目前具体的认定标准为：

（1）从事货物生产或者提供应税劳务的纳税人，以及以从事货物生产或者提供应税劳务为主，并兼营货物批发或者零售的纳税人，年应征增值税销售额（以下简称应税销售额）在50万元以下（含本数，下同）的；"以从事货物生产或者提供应税劳务为主"是指纳税人的年货物生产或提供应税劳务的销售额占全年应税销售额的比重在50%以上。

（2）对上述规定以外的纳税人，年应税销售额在80万元以下的。

（3）年应税销售额超过小规模纳税人标准的其他个人按小规模纳税人纳税。

（4）非企业性单位、不经常发生应税行为的企业可选择按小规模纳税人纳税。

（二）小规模纳税人的特点

我国小规模纳税人是相对于一般纳税人而言的，其计税方法、适用税率（征收率）以及增值税专用发票的使用均与一般纳税人显著不同。

1. 适用简易征收办法

我国增值税一般纳税人实行发票扣税法，即本期应纳税款 = 本期销项税款 - 本期进项税款。小规模纳税人销售货物或者应税劳务，实行按照销售额和征收率计算应纳税额的简易办法，并不得抵扣进项税额。其应纳税额计算方式为：应纳税额 = 销售额 × 征收率。

由于小规模纳税人在销售货物或提供应税劳务时，一般只能开具普通发票，取得的销售收入均为含税销售额。所以在计算应纳税额时，必须将含税销售额换算为不含税的销售额后才能计算应纳税额。

小规模纳税人销售货物或提供应税劳务采用销售额和应纳税额合并定价方法的，按下列公式计算销售额：销售额 = 含税销售额/（1 + 征收率）。

2. 按照征收率纳税

我国增值税一般纳税人按照其适用税率计算销项税款，相应计算本期应纳税款。而小规模纳税人按照特殊税率计算应纳税款，该特殊税率被称为征收率。目前，我国小规模纳税人增值税征收率分为2档，即3%和2%。2009年1月1日之后，我国小规模纳税人多适用3%征收率，而小规模纳税人（除其他个人外）销售自己使用过的固定资产，减按2%征收率征收增值税，且只能够开具普通发票，不得由税务机关代开增值税专用发票。

3. 增值税发票使用严格

按照我国现行税法规定，小规模纳税人不得自行开具增值税专用发票，如对方索要，应到当地税务局代开增值税专用发票。而小规模纳税人销售自己使用过的固定资产，不得由税务机关代开增值税专用发票。

4. 征收方式多元

小规模纳税人主要有三种征收方式：一是查账征收。税务机关按照纳税人提供的账表所反映的经营情况，依照适用税率计算缴纳税款的方式。这种方式一般适用于财务会计制度较为健全，能够认真履行纳税义务的纳税单位；二是查定征收。税务机关根据纳税人的从业人员、生产设备、采用原材料等因素，对其产制的应税产品查定核定产量、销售额并据以征收税款的方式。这种方式一般适用于账册不够健全，但是能够控制原材料或进销货的纳税单位；三是定期定额征收。税务机关通过典型调查、逐户确定营业额和所得额并据以征税的方式。这种方式一般适用于无完整考核依据的小型纳税单位。

5. 企业规模小，均为微型企业

按照我国目前增值税划型标准，工业企业年销售额在50万元以下、其他商业等纳税人年销售额在80万元以下以及营改增纳税人年销售额在500万元以下的纳税人均可申请认定为小规模纳税人。

如果将我国小规模纳税人认定标准和我国现行中小微型企业标准［《关于印发中小企业划型标准规定的通知》（工信部联企业〔2011〕300号）］做个对比，便会发现，我国小规模纳税人均为微型企业，但并不是所有微型企业均为小规模纳税人，部分工业和商业企业年销售额超过50万或80万，因而被划定为增值税一般纳税人，具体情况见表10－1。

表10－1　小规模纳税人与企业划型标准的比较

类型		一般纳税人	小规模纳税人
工业	中型	√	
	小型	√	
	微型	√	√
商业	中型	√	
	小型	√	
	微型	√	√
营改增	中型	√	
	小型	√	√
	微型		√

二、小规模纳税人现状：数量众多，税收贡献小，数量与收入不匹配

从纳税户数量上看，我国小规模纳税人占绝对主导地位。虽无法找到准确数据，但从国税系统登记户数与个体工商户（绝大多数为小规模纳税人）数的对比情况便可见一斑。2002年，全国国税系统登记户数1244.12万户，其中个体工商户876.01万户，占全部登记户数的比重为70.4%。2006年，全国国税系统税务登记户数1472.5万户，其中个体工商户970.98万户，占全部登记户数的比重为65.9%。

但是，从收入贡献看，小规模纳税人的收入贡献较低，且有逐年下降的趋势，具体见表10－2。从表中可以看出，2001年，我国小规

模纳税人缴纳税款占全部增值税的比重仅为10%，而2009年这一比重下降致4.0%。

2009年小规模纳税人户数占83%，而所交税金只占3.99%。从安徽省反映的情况来看，在小规模纳税人中，有80%的小规模纳税人是征不上“税”的纳税户，其余20%的户上缴的增值税仅占2%①。

对于纳入营改增范围的服务业纳税人而言，由于小规模纳税人认定标准更高，带来的小规模纳税人占比相应也更高。

表10－2　　2001—2009年一般纳税人和小规模纳税人纳税情况表

单位：万元，%

年度	增值税收入	一般纳税人	小规模纳税人	一般纳税人占比	小规模纳税人占比	数量占比（小规模）
2001	70907670	47426367	7098893	66.9	10.0	
2002	81411790	56212851	6541157	69.0	8.0	
2004	125936461	82670109	6631915	65.6	5.3	
2005	148670583	99367871	7616620	66.8	5.1	
2009					4.0	83

从局部地区情况来看，也表现出小规模纳税人数量多，税收贡献小的特点。2010—2012年某地级市一般纳税人与小规模纳税人的户数比和纳税比情况见表10－3。

表10－3　某地级市一般纳税人与小规模纳税人的户数比和纳税比

年度	户数比	纳税比
2010	0.26	9.78
2011	0.3	9.82
2012	0.27	7.9

从表10－3中可以看出，2010—2012年，该市小规模纳税人占全部纳税人的比例分别为79.3%、76.9%和78.7%，而同期该市小

①　韩邵初：《改革进程中的中国增值税》，中国税务出版社2010年版，第304页。

规模纳税人缴纳增值税税款占全部增值税税款的比重分别为9.3%、9.2%和11.2%，这意味着该市近80%的小规模纳税人对增值税收入的贡献在10%左右，呈现出明显的纳税户数众多、收入贡献有限的特点。

三、营改增后小规模纳税人制度的完善

（一）我国小规模纳税人政策设计存在的问题

从理论上看，小规模纳税人的存在不符合增值税税制的设计机制，中断了增值税的抵扣链条，从而影响增值税“中性”作用的发挥，进而影响行业间、纳税人之间的公平竞争。但从现实管理以及政策导向来看，小规模纳税人的存在确有必要。因此，小规模纳税人的政策设计应把握好理论与现实的平衡。

在当前我国支持中小微企业发展的大形势背景下，在营改增的税制改革环境下，小规模纳税人政策设计的难点不仅仅面临国际普遍面临的困难与矛盾，同时还面临着如何统一各行业间小规模纳税人认定标准和支持中小微企业发展的问题。

目前小规模纳税人的认定标准大致为：工业纳税人年销售额在50万元以下、其他商业等纳税人年销售额在80万元以下、而纳入营改增范围的服务业纳税人年销售额在500万元以下的纳税人均可以认定为小规模纳税人。新纳入增值税征税范围的服务业纳税人的小规模纳税人认定标准（500万元）远远高于工业和商业，这带来行业间的不公平竞争。

基于支持微型企业发展、完善增值税扣税机制、促进公平竞争以及简便征管的考虑，我们建议逐渐取消小规模纳税人制度，代之以起征点制度。

（二）我国起征点制度简介

起征点制度是增值税税制的重要内容之一，实行增值税的国家

均根据本国实际情况设立了起征点制度（参见表10－4），我国也不例外。

表10－4　　2011年OECD国家增值税起征点

	起征点						是否自愿放弃免税	最低注册期限（年）
	一般起征点		劳务起征点		非营利及慈善组织起征点			
	本国	美元	本国	美元	本国	美元		
澳大利亚	75000	48199			150000	96398	是	1
奥地利	30000	34281					是	5
比利时	5580	6118					是	无
加拿大	30000	23056			50000	38427	是	1
捷克	1000000	67190					是	1
丹麦	50000	5762					是	无
爱沙尼亚	16000	26076					是	无
芬兰	8500	8461					是	无
法国	80000	87503	32000	35001			是	2
德国	17500	20544					是	5
希腊	10000	12804	5000	6402			是	5
匈牙利	5000000	33913					是	2
冰岛	1000000	6807					是	无
爱尔兰	75000	77623	37500	38811			是	无
以色列	70605	15787					是	无
意大利	30000	35440					是	无
日本	10000000	81895					是	2
韩国	24000000	26344					是	无
卢森堡	10000	10201					是	5
荷兰	1345	1551					否	无
新西兰	60000	37502					是	无
挪威	50000	5188			140000	14527	是	2
波兰	150000	73430					是	1
葡萄牙	10000	13971					是	无
斯洛伐克	49790	85567					是	1
斯洛文尼亚	25000	36407					是	5
瑞典	30000	3213					否	无
瑞士	100000	59870			150000	89806	是	1
英国	73000	103838					是	无

数据来源：Ebrill，Keen，Bodin，and Summers，The Modern VAT（2001），pp. 114 。

起征点，又名“征税起点”或“起税点”，是税法规定的对课税对象开始征税的最低界限，当课税对象的应税数额达到起征点时，需全额征税；未达到起征点时则无需征税。所以一般把规定起征点的征税方式称为全额累进制。起征点又可分为起征税额和起征价额。前者则以应征税额为起征数额，后者是以征税对象的价值金额作为起征数额。

为照顾个体经营者，主要是广大的个体工商户的发展，我国对增值税和营业税规定了起征点，均为起征价额，其计税依据为业户的实际销售额。2011 年 11 月 1 日，我国大幅提高了增值税起征点，销售货物和提供应税劳务的，月销售额由原来的 2000—5000 元和 1500—3000 元统一提高到 5000—20000 元；按次纳税的，每次（日）销售额由 150—200 元提高到 300—500 元。营业税起征点的幅度也大幅上调，按期纳税的，月营业额从 1000—5000 元上调至 5000—20000 元；按次纳税的，每次（日）营业额从 100 元上调为 300—500 元。

（三）以起征点制度代替小规模纳税人政策的利弊分析

起征点制度设计重在减轻纳税人负担，兼顾方便征管，而小规模纳税人政策设计重在方便征管。以起征点制度代替小规模纳税人政策设计具有以下好处：

1. 减轻微型企业负担

为中小微企业发展创造有利环境，促进中小微企业发展是我国未来很长一段时间的政策主基调。从目前小规模纳税人政策设计来看，征收率为 3%，由于不能抵扣进项税金，其税负稳定在 2.64% 左右，考虑增值税一般纳税人可抵扣进项税的缘故，即使适用 17%、13%、11% 或 6%，其税负未必高于小规模纳税人，这意味着微型企业增值税税负未必一定低于其他企业。而对微型企业适用起征点的制度，可以保证微型企业不再缴纳增值税，这将大大减轻微型企业负担，从而促进微型企业发展。

2. 简便征管

目前起征点制度仅适用个体工商户，而小规模纳税人既适用于个体工商户，也适用于一般法人企业，两套政策设计无疑带来税务局征收管理以及纳税人纳税的不便，增加征纳成本。目前月收入20000元的个体工商户免征增值税则意味着年销售额在24万元以下的个体工商户类的小规模纳税人无需纳税。对于个体工商户而言，仅有年销售额在24万（不含）—50万（或者80万）元[①]的个体工商户适用小规模纳税人政策。数量众多的个体工商户和小规模纳税人适用多种增值税政策，给征管带来诸多不便。如果将增值税起征点制度涵盖绝大部分小规模纳税人（即起征点略低于小规模纳税人认定标准），这样将大大简便征管。

但是，增值税起征点制度的最大弊端在于税负的陡增，即年（月）销售额在起征点以下的纳税人免征增值税，而起征点以上纳税人则全额缴纳增值税，从而带来增值税起征点左右税负的陡增。以20000元的起征点为例，20000元以下不缴纳增值税，因此税款为0，税负为0。而月销售额如果在20001元，则税款为582元，税负为2.91%。销售额多1元，但税款多582元。起征点税负陡增的机制则会激励纳税人拆分企业，从而不利于企业做大做强。

总体而言，小规模纳税人与增值税起征点政策合二为一利大于弊，因此从长远税制完善的角度看，应逐步实行二者合一。

第二节 增值税税率的问题

税率是税种设计中重要的要素之一，它一方面决定了该税种筹集财政收入的能力，另一方面也直接影响纳税人（负税人）的税收负担，进而间接影响经济运行效率和公平。本节在介绍我国和世界各国增值税税率现状基础上，提出营改增后我国增值税税率设计思路。

① 此处不包括本次纳入营改增范围的纳税人。

一、多档税率并存的利弊分析

（一）我国增值税税率现状

总体而言，我国目前的增值税有5档税率，1档征收率。税率适用于一般纳税人，征收率适用于小规模纳税人。

5档税率分别为17%、13%、11%和6%和零税率。总体而言，17%和13%分别适用于2012年之前增值税应税项目。除新纳入试点范围的“租赁有形动产”适用17%的税率外，11%和6%适用于2012年之后涉及营改增范围的应税项目。

对于2012年之前的增值税应税项目，除与人们基本生活和农业生产密切相关的部分产品（如初级农产品、牛奶、图书、农机具、化肥）适用13%的税率，其余均适用17%的基本税率。

对于2012年之后通过营改增纳入增值税征税范围的应税项目而言，《营业税改征增值税试点方案》（财税〔2011〕110号）明确规定：“在现行增值税17%标准税率和13%低税率基础上，新增11%和6%两档低税率。租赁有形动产等适用17%税率，交通运输业、建筑业等适用11%税率，其他部分现代服务业适用6%税率。”

零税率是针对我国出口退税的商品，征收率是我国增值税小规模纳税人所适用的税率。

（二）多档税率并存的利弊分析

多档税率是我国增值税改革进程中为平衡各方利益而形成的“过渡性”格局，对于顺利推进营改增是必要的。从税负测算上看，营改增涉及的行业，其原营业税税负较低，且这些行业均属于高增值率的行业，这意味着这些行业可抵扣的成本占比低，相应如果适用17%或13%的税率，短期内将导致这些行业税负大大提高。而增值税税负转嫁既取决于供求关系，也需要时日。因此，税负短期大幅提高，不仅增加改革难度和阻力，而且也违背营改增的促进专业化分工、进而促进现代服务业发展的初衷。为此，《营业税改征增值税试点方案》中明确提出“改革试点行业总体税负不增或略有下降”的基本原则，在此原则指导下，新增了两档税率，即11%和6%，进而形成了目前多档税率并存的格局。

因此，从平衡各方利益、减少改革阻力的角度看，目前多档税率是必要的。从试点地区的运行效果看，基本实现了税负平衡或略微下降的目标。根据财政部和国家税务总局的数据显示，截止2013年2月1日，12省市的纳税申报情况看，目前共有102.8万户试点纳税人，由缴纳营业税改为增值税。2012年，试点地区共为企业直接减税426.3亿元，12省市平均减税面达到95%。其中，以中小企业为主体的小规模纳税人减税力度更大，平均减税幅度达到40%[①]。

但是，从长远来看，多档税率的弊端很明显：

1. 扭曲增值税税收“中性”，影响资源配置，进而不利于市场经济的完善

增值税是典型的生产税，尽管其税负最终由消费者承担，但由于在生产流通环节征收，因此对生产流通产生影响。增值税是对价格征税，是依商品（服务）价格的一定比例征税，该比例便为税率。保持统一税率，意味着对所有商品（服务）价格施加同样的影响，相应对所有商品（服务）的生产、流通和消费的影响是相同，因此能够对资源配置产生同等影响，因此是“中性”的。反之，如果不同商品（服务）适用不同税率，进而对其价格影响程度不同，而价格又是决定市场供需的关键因素，税率不同导致不含税价格（生产者价格）相同的商品（服务）的含税价不同，进而改变原来的供求关系，影响资源配置。

同样，对于最终消费者而言，价格也是决定消费者行为的重要因素。如果适用相同的税率，不含税价格相同的商品其含税价依然相同，因此对消费者的偏好和选择不产生影响。反之，如果商品（服务）适用不同的税率，则会导致不含税价格相同的商品（服务）的

① http：//news. xinhuanet. com/politics/2013 -03/08/c_124433226. htm。

含税价（消费者价格）不同，也可能造成不含税价不同的商品（服务）含税价（消费者）价格相同，从而影响消费者的行为。

市场经济强调公平、竞争，生产要素充分流动，相应要求政府的行为尽量减少对市场主体行为的干预，如果增值税税率不同，则将对生产要素配置和消费行为选择产生影响，从而不利于市场经济的完善。尤其对于我国目前市场经济不尽完善的国家而言，更应该强调增值税的“中性”作用，相应减少税率设计对市场的干预。

2. 加大征纳难度

经济系统极其复杂，各种商品（服务）的差别极其细微，且不断产生新的商品（服务），因此清晰准确界定各种商品（服务）是极其困难的。而增值税适用不同的税率必然要求税法要对适用不同税率的商品（服务）范围作出清晰准确的界定，同时要求税法不断作出更新，以适用不断发展和变化的经济现象，也要求征管部门准确界定纳税人提供的商品（服务）是否为应税商品（服务），适用何种税率，管理难度自然加大。此外，纳税人也需要根据税法，将其提供商品（服务）适用不同税率，增加其纳税难度、核算成本。

3. 给寻租提供可乘之机

从纳税人角度而言，如果其商品（服务）适用低税率，在其他条件不变的情况下，消费者价格自然较低，这意味着其商品在市场上有更大的竞争力。因此，纳税人则倾向于选择适用低税率，而是否适用低税率一方面取决于税法的规定，也在一定程度上取决于基层税务机关的执行，尤其是对特征比较“模糊”、处于高、低税率中间区的商品，给基层税务机关的税法执行带来了空间和弹性。在这种情况下，寻租空间自然产生且难以避免。这一方面耗费纳税人精力（争取低税率），影响效率，另一方面也增大执法人员的执法风险和腐败的可能。

依据上面分析，我们基本可以得出结论：多档税率在目前我国营改增进程中是必要且有效的，但从长期看，这种做法弊远大于利。

二、世界主要国家增值税税率的现状

增值税在世界范围内广泛开征，这为我国寻求国际经验借鉴提供了可能。本部分通过系统梳理世界主要国家增值税税率情况，为我国未来增值税税率设计提供参考。

（一）欧盟国家的税率档次

欧盟是增值税的发源地，其各国税率多为一档基本税率加上 1 到 2 档优惠税率。欧盟委员会一直试图在欧盟区统一增值税税率，但鉴于尊重各国传统，统一增值税税率的进程非常缓慢。欧盟地区各国增值税税率情况如表 10－5 所示。

表 10－5　　欧盟国家最新增值税税率表

国别	标准税率	优惠税率
奥地利	20%	10%（租赁居住房，垃圾处理、食品、书籍杂志，艺术品收入）
比利时	21%	12%
保加利亚	20%	7%
塞浦路斯	17%	5%，8%（公共交通）
捷克	21%	15%（食品、医药、书籍、公共交通）
丹麦	25%	0%
爱沙尼亚	20%	9%
芬兰	24%	14%，10%
法国	19.6%	5.5%，2.1%，7%
德国	19%	7%（食品店，书籍，花等）
希腊	23%	13%，6.5%（住宿业）
匈牙利	27%	18%，5%
爱尔兰	23%	13.5%，9.0%，4.8%
意大利	21%	10%，4%
拉脱维亚	21%	12%
立陶宛	21%	9%，5%

续表

国别	标准税率	优惠税率
卢森堡	15%	12%，9%，6%，3%
马耳他	18%	5%
荷兰	21%	6%
波兰	23%	8%，5%
葡萄牙	23%	13%，6%
罗马尼亚	24%	9%（医药和书籍），5%（特殊情况下首次购买新房）
斯洛伐克	20%	10%
斯洛文尼亚	20%	8.5%
西班牙	21%或7%	10%
瑞典	25%	12%（食品，餐馆，住宿），6%（公共交通，书籍）
英国	20%	5%（家庭能源再利用，杂货铺，水、处方药，童装，公共交通，书籍，杂志）

资料来源：http：//en.wikipedia.org/wiki/Value_added_tax#cite_note-22。

（二）非欧盟国家（地区）增值税税率

从税率结构上看，非欧盟国家也采取了基本税率+优惠税率的模式，除少数国家外，优惠税率多为一档。从基本税率的水平上看，多数国家的增值税基本税率在20%以下，税率最低的国家安道尔，其税率水平仅为4.5%。基本税率最高的国家为冰岛，税率水平达25.5%。非欧盟国家非零优惠税率因基本税率不同而不同，大致水平多在基本税率的一半左右。非欧盟国家增值税税率情况如表10-6所示。

表10-6　非欧盟国家增值税税率情况

国家和地区	标准税率	优惠税率
阿尔巴尼亚	20%	10%（医疗服务）
科索沃	16%	
安道尔	4.5%	1%
阿塞拜疆	18%	10.5%

续表

国家和地区	标准税率	优惠税率
阿根廷	21%	10.5%
亚美尼亚	20%	
澳大利亚	10%	
白俄罗斯	20%	10%，0.5%
孟加拉国	15%	4%，5%，5%，5.5%
巴巴多斯	17.5%	
波斯尼亚和黑塞哥维那	17%	
巴西	12%	0%
玻利维亚	13%	
加拿大	5% + 0－10% HST（GST + PST）	5%
智利	19%	
哥伦比亚	16%	
克罗地亚	25%	10%，5%
多米尼加	16%	12%
厄瓜多尔	12%	
埃及	10%	
萨尔瓦多	13%	
埃塞俄比亚	15%	
斐济	15%	0%
法罗群岛国	25%	
格鲁吉亚	18%	0%
加纳	13%	
危地马拉	12%	
圭亚那	16%	0%
伊朗	5%	
冰岛	25.5%	7%
印度	13.5%	12.5%，5%，1%，0%
印度尼西亚	10%	5%
以色列	17%	0%

续表

国家和地区	标准税率	优惠税率
日本	5%	
泽西	5%	0%
约旦	16%	
哈萨克斯坦	12%	
黎巴嫩	10%	
列支敦士登	8.0%	3.8%，0.5%
摩洛哥	20%	
摩尔多瓦	20%	8%，5%，0%
马其顿	18%	5%
马来西亚	10%	
马尔代夫	6%	0%
墨西哥	16%	11%，0%
摩纳哥	19.6%	5.6%
黑山	17%	
毛里求斯	15%	
纳米比亚	15%	0%
尼泊尔	13%	0%
新西兰	15%	
挪威	25%	15%，8%
巴勒斯坦地区	14.5%	
巴基斯坦	16%	1%，0%
巴拿马	7%	0%
巴拉圭	10%	5%
秘鲁	16%	
菲律宾	12%	6%
俄罗斯	18%	10%，0%
圣克里斯托弗	17%	
塞尔维亚	20%	8%，0%
新加坡	7%	
南非	14%	0%

续表

国家和地区	标准税率	优惠税率
韩国	10%	
斯里兰卡	12%	0%
瑞士	8%	3.8%，5%
中国台湾	5%	
泰国	7%	
特立尼达和多巴哥	15%	0%
突尼斯	18%	
土耳其	18%	8%，1%
乌克兰	20%	0%
乌拉圭	22%	10%
乌兹别克斯坦	20 %	
越南	10%	5%，0%
委内瑞拉	12%	11%

资料来源：http：//en. wikipedia. org/wiki/Value_ added_ tax#cite_ note－22。

（三）典型国家增值税税率及适用范围

我们选取欧盟、加拿大、澳大利亚为代表，考察这些国家和地区免税、低税率以及零税率适用情况。

1. 欧盟

根据欧盟增值税框架指令（2006112 号指令）第 98 条的规定，成员国可以引入 1 到 2 档优惠税率，且最低优惠税率在 5% 左右，但适用优惠税率的商品和劳务必须为附录 3 所列示范围。可适用低税率的商品和服务包括：①人类和动物消费的食品（包括饮料，但不包括酒精饮料），食品生产中所需要活体动物、种子、植物以及配料；食品替代品；②自来水；③医药设备和药品；④客运；⑤书籍、杂志、报纸；⑥演出、展览、动物园、博物馆；⑦无线电、电信业；⑧著作权；⑨服务于社会政策目标的房屋建筑、翻修；⑩农业生产之物资；⑪住宿业；⑫体育相关产业；⑬用于提高社会福利的商品或服务提供；⑭殡葬业；⑮医疗护理；⑯垃圾处理。

2. 澳大利亚

澳大利亚于2000年开征货劳税，目前为税率10%，货劳税为含税价，即税款的1/11。澳大利亚的零税率适用范围包括：①持续经营公司的转让；②出口和其他消费在澳大利亚之外的交易；③国际邮政；④食品；⑤污水和垃圾处理；⑥医疗卫生；⑦证明对身体有利的物品；⑧急救和救援；⑨补充医疗服务，即针灸、中医、物理疗法(3年期限)；⑩残疾人专用汽车；⑪儿童护理；⑫教育；⑬成人教育与培训；⑭宗教服务；⑮慈善机构的非商业活动。

3. 加拿大

零税率适用于：①出口货物；②出口金融服务；③大多数的国际运输服务；④基本食品；⑤某些农业和渔业；⑥部分药品和医疗服务；⑦与省政府及其分支机构的交易。

（四）总结和思考

从上述分析中可以看出：

1. 基本税率+优惠税率是各国税率设计的基本模式

尽管从理论上看，单一税率最为理想，但从各国实践来看，均不约而同采取了基本税率+优惠税率的2档及其以上税率模式。这一方面是源于对历史传统的继承，另一方面也兼顾体现社会政策和产业政策导向，即将与人民生活紧密相关的产品或服务设定为低税率（包括零税率），这样一方面可预防基本生活品价格因税而上涨，另一方面也可以削弱增值税在调节收入分配方面的“累退性”。

2. 多数国家优惠税率为1档，至多2档，且与基本税率差距较大

从表10-6、表10-7中可以看出，尽管各国均设立了优惠税率，但税率档次多为1档，极少数国家设定2档以上优惠税率。同时，从税率水平来看，优惠税率的税率水平远低于基本税率。

3. 欧盟国家基本税率高于非欧盟国家地区的税率

从表10-6、表10-7中可以看出，欧盟国家的基本税率多在

20%左右，最高可达27%，而非欧盟国家和地区的基本税率多在20%以下，极少数国家基本税率超过20%。

三、增值税税率的完善

基于以上分析，我们认为，在营改增推进过程中，保持多档税率确有必要，但从长期来看，应对目前5档税率进行简并，即实行1档基本税率、2档优惠税率（非零优惠税率和零税率）的基本模式，并适当拉大基本税率与非零优惠税率的差距。

（一）降低增值税基本税率

前文已分析了多档税率的弊端，恰也体现了简并的必要性。借营改增之机，适度降低增值税税率，是出于以下几点考虑：

一是有利于我国经济发展方式转变。降低企业税负，对企业来说意味着降低了成本，有利于企业的转型升级。企业活力增强了，为整个发展方式的转变提供了动力。尤其在我国经济增长放缓的背景下，适当降低税负更有必要。通过低税负来扩大税基，是一更有利于长远的选择。

二是改善我国政府收入结构。目前我国税制改革需要预留增税的空间，如环境税（碳税）、资源税、消费税等方面的改革都需要相应的税收空间，适当降低增值税税负有利于为此创造条件。

三是顺应目前结构性减税的政策形势。自2008年金融危机以来，我国实施了结构性减税政策，以减轻企业负担，走出危机。在全球经济处于低迷的未来几年内，结构性减税仍是我国财政政策的主基调，降低增值税税率的减税效果好，恰可以顺应我国结构性减税政策形势。

兼顾增值税筹集财政收入的功能，我们认为将增值税基本税率未来降低至13%—15%较为合意。

（二）归并优惠税率

多档税率并存的负面影响前文已分析，理论上应采用单一税率。但是，无论从我国现实国情，还是从国外实践来看，都无法实现真正的单一税率。为此，应立足于本国国情，借鉴国际经验，我国增值税在基本税率基础上，需要设定优惠税率，但不应过多。因此，建议在基本税率的基础上，设定2档优惠税率，即非零优惠税率和零税率。其中，零税率不仅作为国内商品（服务）提供的优惠税率，也是出口业务所适用的税率。

适用零税率的行业范围，应集中于关乎民众基本生活需要以及与农业生产相关的商品和服务，如牛奶、食品、书籍、农机具以及化肥种子等商品。而适用低税率的行业包括，国家扶持的产业、特殊部门所提供的准公共产品或服务等。并且，随着国家发展战略的调整，适用优惠税率的国家扶持的产业应随产业政策导向而不断调整。

关于非零优惠税率的设定，我们认为设定在6%较为合理。这是基于以下两点考虑：一是与基本税率保持一定差距。从国际经验上看，基本税率与优惠税率的差距多在10%以上，如果将我国基本税率设定在13%—15%，那么6%的优惠税率则较为合意。二是目前已有6%税率这一档，无需再增设，保持政策的连续性，便于实施，纳税人也易于接受。

（三）实施路径

对于原来适用17%的商品（服务）来说，适用13%—15%的税率将减轻这些商品（服务）的负担，因此，不存在任何障碍。但对于目前适用11%或6%的行业也适用13%—15%的税率，在短期内则会带来商品（服务）税负的陡增，因此应稳步妥善推进。

为此，我们建议，增值税税率的归并应采取渐进的方式，即首先将目前适用6%和11%税率的行业税率按照每年0.5%的幅度递增至13%或15%，然后将目前适用17%税率的行业税率每年按照0.5%的税率递减至13%或15%。如果二者同时推进，对于目前适用11%和6%税率的交通运输业和现代服务业而言，销项税率在提高，而进项税率在降低，则会带来税负增加的双重效应。为规避这种情况，建议采取先提高，而后降低的方式。同时，每年以0.5%的税率提高，且提前颁布税率调整政策，提高纳税人的预期，并且给予纳税人价格调整、消化的充分时间和空间，避免改革带来过大的震荡。此外，对财政收入的影响也较为缓和。

第三节　退税制度的完善

一、增值税退税的国际实践

在实践中，征缴增值税往往是通过对出口退税、对进口正常征税的方法来实现，这意味着某一商品（服务）在出口时，将之前全部环节所征缴的增值税退还，相应在进口国征相应的税，体现同样商品同样税负的公平原则。出口退税在实践中的最直接表现为出口适用零税率。

从微观纳税人角度看，当某期的进项税款大于销项税款时，则意味着本期购入品价值高于其销售品价值[①]，二者之差在增值税上则表现为本期负增值税，因此也应该退税。

出口商品（服务）适用零税率，是世界各国普遍做法，相应也可以保证进出口净额不负税。但对于投资部分的退税问题，各国做法不尽一致，少数国家及时完全退税，部分国家部分退税，还有一些国家将其作为留抵税款，待后期继续抵扣。对留抵税款实施退税的国家情况如表10-7所示。

---

① 假设进项购入品适用增值税税率与所销售商品的税率相同。

表 10－7　对留抵税款实施退税的若干国家情况

国家	具 体 情 况
澳大利亚	未抵扣的进项税首先用于冲抵其他应纳税款，余额将以电子退税方式退还。纳税人可以在纳税申报后的 14 天内得到退税。
加拿大	如果申报表中显示为负数（未抵扣的进项税会在货物及服务税申报表上显示为负数）可以申请退税。如果税务部门在 21 天内没有处理该申请，要向纳税人支付利息。
法国	未抵扣的增值税额可以结转下期。如果申请退还的增值税额超过 760 欧元，并且该季度所有申报表上的应纳增值税税额为负数，企业可以在当季申请退税。如果申请退还的增值税进项税额高于 150 欧元但不高于 760 欧元，企业有权在年底要求退还未抵扣的增值税进项税额。 按月退税的上限与适用零税率的服务或服务的销售有关。
德国	未抵扣的增值进项税额经主管税务机关批准可以退税。退税依据纳税申报期间进行（月度、季度）。
日本	未抵完的进项税在进行纳税申报后可以申请退税。
韩国	当期未抵扣的进项税可以在以后纳税期间按如下方法申请抵扣或退税：上半年第一季度申报日期必须在 4 月 15 日前。如果第一季度有未抵完的进项税，可以在以后纳税期间抵扣或退税，但不能迟于 7 月 15 日。第二季度申报日期必须在 7 月 15 日前。第一季度未抵完的进项税可以用来抵顶第二季度净应纳税额。如果第二季度有未抵完的进项税，可以和第一季度未抵完的进项税申请退税。下半年应用同样程序。
俄罗斯	未抵扣的进项税应首先来冲抵当期其他应缴税款或以下 3 个月的应交税款。可冲抵的金额以未抵扣的进项税为限。如果冲抵 3 个月后仍有余额，企业可申请退税。退税到期日后税务机关退税的，税务机关应向企业支付过期退税的利息。实践操作中，申请退税可能会受到税务机关的审计，有时可能需经法律程序。
南非	未抵扣的进项税可以申请退税。税务机关通常应该在收到纳税申报表的 21 个工作日内，否则税务机关将要支付过期退税的利息。
新西兰	通常以两个月为一个申请期。依据申请可以按季度申请，小规模经营机构以半年为申请期。未抵扣的进项税金将予以退还。税务机关对公司或企业进行税务及服务税申报评估后，以支票方式将退还税金寄往公司或企业。另外，如果纳税人在新西兰有银行账户，税务机关将所退税金直接转入纳税人的账户。

续表

国家	具 体 情 况
新加坡	未抵扣完的项税准予退还。按季度申报的情形下，若税务机关对申报没有质疑，应该在收到增值税季度申报表后的3个月内退税。按月申报的情形，若税务机关对申报没有质疑，应该在收到增值税季度申报表后的1个月内退税。若纳税人存在未完成纳税申报表或未缴税款的情形，或是税务机关对退税申请有质疑的，税务机关有权扣留退税。未抵扣完的进项税款可以用来抵缴其他税款。
英国	按季度申请退税，经常性取得增值税退税的纳税人准予按月申请退税。未抵扣的增值税进项税额可以退还，并且可被用作抵扣其他应交税款和欠税。

二、关于营改增后我国退税制度的若干思考

（一）我国增值税退税制度现状

我国目前实行出口退税，但当期税款为负时结转下期继续抵扣的办法。

按照增值税暂行条例的规定，我国出口适用零税率，这意味着按照商品适用的税率设计退税率，即某商品适用17%税率，其出口时退税率也为17%，如适用13%税率，其退税率也为13%，但在实践中并未如此，仍然存在大量商品以低于其适用税率的退税率进行退税，这些商品多为国家限制出口的商品，极端情况不退税，如稀有矿产资源。这意味着，我国将增值税出口退税率作为一种调节我国商品出口结构的一种工具予以使用，而非从增值税基本属性角度来设计出口退税制度。

我国留抵税款规模巨大，对国内增值税收入贡献较大。以某地级市为例，2010—2012年，该市国内增值税入库税款与留抵税款的比分别为2.84∶1、2.36∶1和6.12∶1。这意味着，保守估计，如果留抵税款全部退给纳税人，则至少导致该市增值税减收15%（1/6.12）以上。这对于增值税收入占绝对优势的我国的财政收入来说，影响自

然很大。

对国内生产和销售行为产生的负增值税结转下期继续抵扣，自然对增值税收入效果较好，且可以在一定程度上抑制投资，但其负面效果也是很明显的，即影响微观纳税人现金流，且会产生不公平，即不利于投资占比高的行业发展。

（二）营改增后退税制度的完善

随着营改增的逐步扩大，涉及出口退税的商品和服务种类更加繁多，且涉及金额也更加巨大。尤其是，服务是一种与有形商品有着本质差异的商品，对其进行出口退税则变得更加复杂，如出口服务如何认定，纳税时间如何认定等。

同时，营改增一方面意味着增值税的征收范围逐渐扩大，另一方面也意味着增值税可抵扣范围也在逐步扩展，相应带来留抵税款的增加，这也更加凸显了税款留抵给微观纳税人经营带来的不利影响。

留抵税款是否退税面临两难选择：如果退税，一方面会带来增值税收入的减少，另一方面也大大增加骗税风险，从而增加了管理上的难度。如果不退税，则对企业的现金流占用过多，不公平的问题随之产生。不符合增值税的“中性”原则。

从未来发展看，出口退税是需要完善的，尤其是在营改增完全到位后，出口退税且完全退税机制更应完善，以促进我国服务业出口，优化我国出口结构。

对于留抵税款退税问题，应在谨慎的前提下，积极稳步实施退税，降低企业负担，减少对企业现金流影响。留抵税款退税大致可遵循两个原则：①留抵超过一定期限（如半年或一年以上）；②留抵税款金额过大，可选择某个比值，如留抵税款占销售额的比重、留抵税款占利润的比重等。

总之，无论从完善增值税制度来看，还是从优化出口结构、实现公平角度看，增值税退税制度应该坚持，不但要实现出口退税，还要实施留抵税款退税制度。在目前条件不允许实行完全退税情况下，应谨慎稳步推进我国增值税退税制度的完善。

第三篇　营改增：牵一发而动全身

第十一章　营改增：对转变经济发展方式的促进作用

营改增，不只是涉及营业税被取代这样一件事情，而是关系到广义服务业及其与制造业的相互联动的结构性问题，是产业分工、产业融合的重要条件。就此而言，营改增对转变经济发展方式具有重大影响。

第一节　营改增有利于加快转变经济发展方式

加快转变经济发展方式是我国经济社会领域的一场深刻变革，将贯穿于经济社会发展全过程和各领域之中。实施营改增，通过增值税抵扣链条、消除重复征税，有利于促进服务业发展、调整产业结构、实现经济发展方式的转变。

一、税收与经济：从“蝴蝶效应”说起

“蝴蝶效应”，是气象学家罗伦兹 1963 年提出来的。对于这个效应最常见的阐述是：“一只南美洲亚马孙河流域热带雨林中的蝴蝶，偶尔扇动几下翅膀，可以在两周以后引起美国德克萨斯州的一场龙

卷风。”之所以产生这样的结果，其原因在于：蝴蝶翅膀的扇动，导致其身边的空气系统发生变化，并产生微弱的气流，而微弱的气流的产生又会引起四周空气或其他系统产生相应的变化，由此引起一个连锁反应，最终导致其他系统的极大变化。蝴蝶效应说明，事物发展的结果，对初始条件具有极为敏感的依赖性，初始条件的极小偏差，将会引起结果的极大差异。税收与经济密切相连，税收政策的变化，对经济社会的影响也会出现“蝴蝶效应”。

税收对经济的影响，实际上起到一种“蝴蝶效应”。例如，降低税率，起到减税效应，个人与其企业的税收随之减少。个人税收的减少，将对增强居民消费能力、提升消费意愿起到积极的影响，从而影响消费需求和消费结构的变动，有利于扩大居民消费。企业税收的减少，将会增强企业投资意愿，刺激民间投资和需求，促进经济增长和经济结构的调整。此时，减税对国民经济产生的效应，远远超出减税本身的数额，实际带来的是一种乘数效应。此外，市场经济体制越是完善，税收对经济的这种“蝴蝶效应”越能够显现。

二、营改增的“蝴蝶效应”分析

营改增对转变经济发展方式，也会产生“蝴蝶效应”。其传导机理在于：营改增通过消除商品和劳务流通中的重复征税、完善增值税抵扣链条，为深化企业分工解除税制上的障碍，可以促进制造业主辅分离和生产性服务精细化发展，从而实现工业、服务业转型升级，优化产业结构。营改增通过联动减税效应和改善预期，即所有向实行营改增的纳税人购买应税产品和服务所产生的进项税额可以抵扣，由此实现制造业和服务业等相关行业的整体性减税，从而引导需求结构的调整与改善、实现资源优化配置。总之，营改增所带来的税收制度的统一、增值税抵扣链条的完善、减税以及形成良好的发展预期，都会对转变发展方式产生积极的促进作用。具体而言，主要体现在三个方面：

一是有利于促进企业分工进一步深化。营业税、增值税并行制度，造成了重复征税，使专业型企业的税负相对较重，而全能型企业税负相对较轻，阻碍了产业的分工，不利于企业实行专业化协作。而实行营改增后，则为深化产业分工解除税制上的障碍。当税负与产业流转环节无关条件下，就会改变加工制造企业自办生产型服务业的情况，可促进研发、设计、营销等内部服务环节剥离出来，成为效率更高的创新主体，提升产业层级，实现产业分工细化，扩大专业化协作，有利于实现创新。

二是有利于解决制约经济发展方式转型的结构问题。经济结构决定资源消耗结构、收入结构，影响着城市功能、环境质量和生活品质。结构问题，已经成为制约我国经济社会发展的深层次问题。抓住经济结构问题，就抓住了经济的主线。实行营改增，有利于产业结构优化、需求结构调整和出口结构高级化，从而对推进经济结构战略性调整发挥着积极作用。营改增打通了二、三产业增值税抵扣链条，鼓励企业增加投资、加快技术改造，带动整个工业转型升级，使产业层次从低端走向中高端；可以消除产业分工细化带来的重复征税问题，促使企业主动将生产性服务业务外包，加速了生产性服务业与制造业的分离和高端服务业的发展，从而实现服务业的转型升级。

三是有利于提升资源配置效率。营改增所带来的减税、税收抵扣、制度引导等作用，以及所产生的分工深化、结构调整等效应，对于优化国内外资源配置、提升国家在全球资源配置中的能力都起到积极作用。营改增有利于在促使产业升级、服务业与制造业协同发展中，引导要素资源向先进产业、行业和优势企业集中，从而提高物质资源的整体配置效益。营改增在促进服务业发展与升级的同时，也会产生资源的区域优化和整合效应。实施营改增后，服务业将会增加对国外投资的吸引力，从而起到推动服务业资源配置效率提升的作用。

第二节 营改增的分工深化效应

早在1776年，经济学之父亚当·斯密就在其《国富论》中对分工与经济增长进行了深入的研究，并指出专业化分工是经济发展的重要源泉。随着市场规模的扩大、技术的进步以及需求的多样化，现代经济生活中的分工远远突破了企业内和企业间的古典分工形式，发展为包括产业间、产业内等多种形式的复杂的分工链条或分工网络。从我国情况来看，很多企业内部专业化程度不高，尤其是为制造企业内部提供生产所需的各种生产性服务业发展较为滞后，没有发挥出专业化分工的优势和效益。实现由“中国制造”向“中国创造”的转型升级，必须要深化产业分工，促使生产向生产链的中高端环节转移。营改增具有分工深化效应，对于促进我国产业升级将起到积极作用。

一、国际产业分工的新趋势

从国际分工发展的趋势来看，国际分工已经从产业间分工、产业内分工转变为产品内分工。国际产业分工呈“U”型曲线状，一端是高利润的研发、设计、标准制定等，另一端是高利润的品牌、销售和服务，中间是低利润的加工生产。自进入新世纪以来，随着科技的发展以及全球经济环境的变化，国际产业分工出现了一些新的趋势和特点。主要表现在以下几个方面：

（一）制造业服务化分工深化，带动了生产性服务业的迅速发展

随着市场规模的扩张、交易效率的提高以及工业生产的复杂和多样化，制造业内部分工深化，服务化趋势不断演进，最终促使生产服务从制造企业生产中分工分离出来，形成一个新的产业。制造业的

发展，直接导致中间需求力量的迅速扩张，这反过来又会刺激分工环节的不断延伸和拓展，从而再次形成内部中间需求的张力，促使产业分工环节的延伸和扩张。上世纪 80 年代以来，独立化形式的生产性服务业开始蓬勃发展，发达国家一些附属于原生产单位内部的生产性服务业活动，如包装、运输、广告、营销等，开始逐渐转向外部化。随着信息化和全球化程度的不断加深，世界生产性服务业逐渐向纵深发展，其产业规模不断扩大，内部结构不断升级，并呈现出一些新的特点。例如，生产性服务业与制造业的互动性增强，生产性服务不断融入生产环节，成为企业构成产品差异和决定产品价值增值的基本要素；分工深化使企业的组织结构发生变革，导致管理和市场运作等与生产信息处理有关的部门逐渐强化，并在专业分工基础上日趋独立化，等等。

（二）垂直型分工的细化，产品内分工更加发达

与产业间分工和产业内分工相比，产品内分工是产业分工的层次进一步细化。产业间分工是指不同产业部门之间生产的国际专业化，它是由要素禀赋和相对价格差异决定的分工。产业内分工又称“产品差异分工”，是指相同生产部门内部各分部门之间的生产专业化，它主要是由规模经济决定的分工。与这两种分工方式相比，产品内分工是当前一种更加发达、更具主导性的分工方式，它是国际分工从产业间分工与产业内分工进一步深化发展的表现。实际上，不论是在国家之间，还是在一国之内，分工都在进一步发展，正经历着由最终产品分工到产品内分工不断深化的过程，即产品制造过程中的不同工序和环节被分散到不同国家进行，从而形成了以工序、环节为对象的产品内分工。通过产品内分工，将有效规模不同的生产阶段加以分离，并在不同的空间进行生产，既可以提高相互间的利益关联性，有助于减少贸易摩擦，又可以发挥各自的比较优势，减少和避免生产要素在转移中的损失，节约经营成本，提高资源配置效率。

（三）区域分工向价值链分工深化，带来价值链跨区域重组

随着产品生产过程被进一步专业化细分，以前产品从研发、设

计、生产、供应、销售都是在企业内部完成，现在产业细分使价值链发生了较大的变化，外包生产模式正在成为全球产业分工的潮流，原有的区域分工逐渐向价值链分工深化。无论同一产业内的水平型分工，还是同一产品内不同工序或零部件的垂直型分工，都以产业链的分工为特征，并且价值链在空间上的分布越来越具有超越地区与国家范围的倾向。价值链的分工深化，带来可以价值链拆分和产业重组整合为主要特征的全球制造业的产业转移。特别是随着网络信息技术和现代物流技术的迅猛发展，制造业价值链跨区域全球重组更趋广泛。各国和区域竞争的重点不再注重对产品价值链的整体性占有，而在于对新产品、新工艺、新装备的设计开发和涉及产品核心技术的关键部位的制造，以及产品的销售等产品价值链中的“高位区”的重点性占有与控制，即注重于获取“微笑曲线”两端的较高价值(见专栏 11－1)。这一特征在发达国家与发展中国家的价值链分工地位中得到充分体现，往往是发达国家更多地占有着技术开发、产品设计、关键或核心部件的生产，以及品牌和销售渠道等高增值性价值链环节，而发展中国家则更多地处于外围零部件生产或组装加工等低增值性价值链环节。

专栏 11－1　微笑曲线

1992 年，时任宏碁电脑董事长施振荣在《再造宏碁：开创、成长与挑战》一书中提出了“微笑曲线”(Smiling Curve) 理论。他认为现代 PC 行业有一个基本规律：PC 产业中设计和生产芯片和基础软件是利润高的一头，应用和系统集成也是利润高的一头，而中间组装整机的附加值最低，形成一条向上弯曲的曲线，由于曲线类似微笑的嘴型，因此被形象的称为“微笑曲线”。

后来，这一概念得到了推广，在制造业和其他领域广泛使用。微笑曲线分成左、中、右三段，左段为技术、专利，中段为组装、制造，右段为品牌、服务，而曲线代表的是获利，微笑曲线在中段位置为获利低位，而在左右两段位置则为获利高位。微笑曲线意味

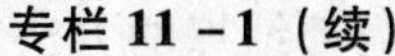

着增加企业的盈利，就不应只是停留在组装、制造环节，而是向左端或右端环节迈进。

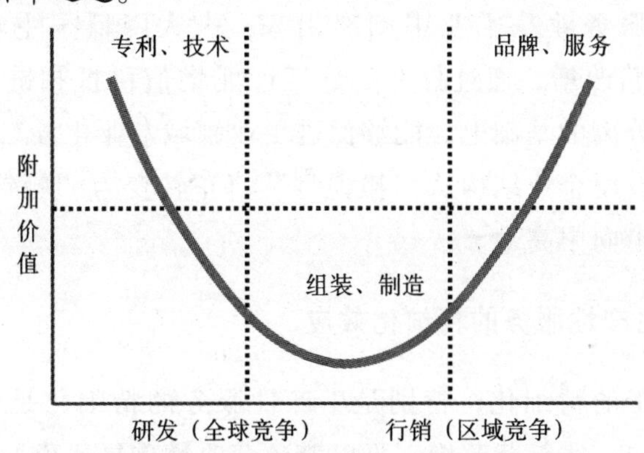

二、营改增分工深化效应的体现

在营改增之前，一些为生产提供服务的外部企业需要交纳营业税，并且那些分工越细、交易环节越多的行业的营业税税收负担就会越重，而如果这些生产性服务由内部提供，则不需要交纳营业税。由于增加的营业税，无法实现抵扣，企业为了减少税收负担，宁愿放弃专业分工，不考虑服务外包，选择由内部提供生产性服务，因而在某种程度上阻碍了企业的分工，不利于生产性服务业从生产企业中有效分离。实行营改增，为深化企业分工解除税制上的障碍，其分工深化效应具体体现在以下几个方面：

（一）制造业主辅分离的促进效应

这从已经实行营改增试点改革的上海市来看，已经得到验证。上海华谊集团财务总监常清在接受记者采访时，表示改革试点“最大的好处就是：降低了主辅分离的成本。营业税改增值税之前，集团有个下属公司的物流费用每年超过 1 亿元，如果全部外包给物流公司，就要新增加营业税600多万元，而在企业内部自己做，这笔税收是不会产生的，结果谁也不想承担该项费用，只好采用内部结算的方法解决。这不是市场化的做法，亦造成了内部之间的账务不清致使集团的生产性产业无法做大做强。营改增之后，通过相互抵扣部分税收有利于将生产性服务业从主业中剥离出来，大大降低了主辅分离的成本。”① 实行营改增，通过打通二、三产业增值税抵扣链条，在制造业实现主辅分离的基础上，能够促进工业领域专业化分工，做大做强研发和营销，使企业结构从“橄榄型”真正转变为“哑铃型”，产业层次从低端走向中高端。

（二）生产性服务的精细化效应

企业分工的精细化，特别是生产性服务的精细化是现代产业分工的一个趋向。实行营改增，可以避免营业税重复征税，从税制上解决了企业长期以来存在的“大而全”、“小而全”问题，促进生产性服务业的精细化发展。特别是受制造业主辅分离的促进效应的影响，制造业的专业化分工产生了很多服务性外包业务需求，如技术研发、设计、信息咨询、人力资源培训、售后服务等。实行营改增之后，进项增值税可以抵扣，企业税收负担减少，进一步促使产品价值链的分解，进而促进这些生产性服务业向纵深、精细化方向发展。

（三）产品内分工的催化效应

在全球竞争更趋激烈的情况下，能否在产品内分工占据有利的位置，对一个国家保持竞争优势和实现长期稳定发展至关重要。营改增具有产品内分工的催化效应，并可以促进价值链跨区域重组。由上述分析可知，营改增可以促进生产性服务业向纵深、精细化方向发展，显然，这种发展带来了生产性服务业能力的增强，从而使我国在国际产品分工体系内的竞争能力增强，这就为改变我国在国际分工中处于产业链低端、增值率低的不利地位创造了条件。生产性服务业

① 李魏、晏子：《借“营改增”契机挺进生产性服务业》，《上海国资》2012年第4期。

竞争能力的增强，也必然带来价值链跨区域重组，使我国逐渐实现由制造业的聚集地转为生产性服务业的聚集地。

第三节　营改增的结构调整效应

结构问题，既是转变经济发展方式的核心问题，也是影响发展质量与效益的关键因素。虽然近些年来，我国一直将解决结构问题放在促进发展方式转变的核心位置去抓，但国民经济和社会发展中仍存在一些结构矛盾，突出表现在需求结构失衡、产业结构不合理、城乡区域发展不协调、出口结构不平衡等方面。因此，要坚持把经济结构战略性调整作为加快转变经济发展方式和提高发展质量与效益的主攻方向。营改增具有结构调整效应，对推进经济结构战略性调整发挥着积极作用。营改增的结构调整效应，主要体现在产业结构优化效应、需求结构调整效应及出口结构优化效应等方面。

一、产业结构优化效应

从人类社会发展的趋势上来看，以大机器的使用和能源的消耗为核心生产方式必然过渡到以知识的运用和人力资本的投入为核心生产方式，亦即由工业经济为主导的产业结构逐步转向以服务经济为主导的产业结构。服务业的发展水平已成为衡量现代社会经济发达程度的一个重要标志。从我国产业结构情况来看，三大产业比例失调与产业内部失衡并存的特征愈加凸显。优化我国产业结构，就是要在加快发展新型工业化基础上，推动战略性新兴产业、先进制造业健康发展，加快传统产业转型升级，推动服务业特别是现代服务业发展壮大，实现三大产业之间及其内部关系协调。

营改增对产业结构优化效应传导的机制是：以消除商品和劳务流通中的重复征税、完善增值税抵扣链条为核心，在引导产业分工与协作深入开展的基础上，推动产业结构调整。产业结构优化效应实际上是分工深化效应的进一步延伸。这一效应主要体现在以下三个方面：

（一）营改增对工业转型升级的促进效应

（1）实施营改增，扩大了工业制造企业抵扣范围，等于降低了成本，增加了利润。这无疑鼓励企业增加投资、加快技术改造。而且，外购技术信息服务都可以获得抵扣，这也激励工业企业通过外包方式来加快产品开发、更新工艺流程、全面提升工业层次和水平。

（2）实施营改增，有利于工业企业实现主辅分离，解决长期以来存在的“大而全”、“小而全”问题，使其更专注于创造能力的提高，提高核心竞争力，推动制造业精细化、高端化，进而带动整个工业转型升级，使产业层次从低端走向中高端。

（二）营改增对服务业转型升级的促进效应

（1）实施营改增，有利于突破现代服务业发展的税制瓶颈，使由于增值税抵扣和营业税等税制因素引起的工业企业内部自我服务与外部购买服务相对价格差异逐渐消失，消除产业分工细化带来的重复征税问题，促使企业主动将生产性服务业务外包，加速了生产性服务业与制造业的分离和高端服务业的发展，从而实现服务业的转型升级。现代服务业的发展，对推进经济结构调整和提高国家综合实力具有重要意义。

（2）实施营改增，总体来说对服务业具有减税效应，有利于降低服务业企业的经营成本，减轻其生存压力，特别是对于分工细、链条长的现代服务业，减税效果会更明显。同时，对服务业实行与工业同样的增值税，可以为服务业发展创造更好的环境，加快服务业的发展，使我国逐渐形成以服务经济为主的产业结构。

（三）营改增对产业融合的促进效应

随着科技、信息化和全球化的不断深入，产业之间相互渗透和相互融合的趋势日益明显。由于受生产方式、消费方式以及交易方式的变化，不仅带来了各大产业内部不同行业间出现相互融合和渗透，而且引起产业间的延伸融合，即农业、制造业和服务业之间的融合。增值税和营业税并行制度，在一定程度上抑制了产业之间的融合和渗透。一方面，增值税和营业税呈现典型的产业特征，它们分别针对不同产业而采用性质不同的税收制度安排，不利于产业之间，特别是制造业和服务业的融合发展。另一方面，同一产业链条上不同环节也存在税率不同、税负不均的问题，不能适应产业内的融合发展。实施营改增，扩大增值税适用范围，取消营业税，不仅消除了产业之间的税收差别与歧视现象，而且消除了同一产业链条上不同环节、税负不均的现象，减少了税制对生产经营者经济行为的扭曲性，这既有利于促进产业间的融合，又有利于促进产业内的融合。同时，这也提高了因产业融合而引起的税收征收和管理效率。

二、需求结构调整效应

我国需求结构失衡主要表现在投资和消费关系失衡，经济增长高度依赖投资和出口，消费对经济增长的拉动作用较弱。改善需求结构，重点在于优化消费、投资和出口三者的关系，扩大消费需求，增强居民的消费能力，形成扩大消费需求的长效机制，提高消费对经济增长的贡献度，改变经济增长过度依赖投资和出口的状况。

营改增对改善需求结构的影响，主要是通过联动减税效应和政策引导来实现的，即：营改增的作用不仅仅在于个别行业或企业税负的减少，其更为重要的意义在于它的连带性减税，所有向实行营改增的纳税人购买应税产品和服务所产生的进项税额可以抵扣，由此实现制造业和服务业等相关行业的整体性减税，从而引导需求结构的调整与改善。

（1）营改增的联动减税效应，一方面，可以减少大部分中小企业，特别是小微企业的税负；另一方面，通过增值税进项税额的抵扣，带动制造业和服务业等相关行业的整体性减税。减税，意味着政府分配比例和分配数量的减少，影响着国民收入分配格局。在国民收入一定的情况下，政府分配比例的减少，必然导致企业和居民收入所占比例的增加，反之亦然。因此，营改增的减税效应，将会增加企业和居民收入，进而提高居民的消费能力，有利于扩大消费需求。

（2）营改增的联动减税效应，有利于降低产品和服务的价格，刺激消费，特别是可以有效刺激关于健康、文化等方面的服务性消费，从而改变和优化消费需求结构。

（3）营改增的联动减税效应，能够发挥对投资主体的激励作用，增加对先进制造业和现代服务业的投资，从而实现以需求为导向，引导、优化投资结构。从另一角度而言，投资结构的优化，必然会促进服务业和先进制造业的发展，形成完备的现代服务业体系，进一步丰富满足人民群众多种需要的产品，从而对扩大消费需求起到积极的推动作用。

三、出口结构优化效应

自改革开放以来，我国的对外贸易获得了迅猛发展，2012 年外贸总额首次超越美国，成为全球最大贸易国。但我国出口结构仍不合理，存在服务贸易发展滞后、出口工业制成品档次较低、高附加值和高科技含量的产品比重偏低等诸多问题。特别是服务贸易发展滞后、水平相对较低已成为影响我国对外贸易健康发展的一个重要因素。虽然 2011 年中国服务贸易进出口总额达 4191 亿美元，居世界第四位，其中出口居世界第四、进口居世界第三，但无论是从总量还是从结构上都存在一些问题。从总量上来看，2011 年我国服务贸易总额占世界服务贸易总额的比重仅为 5.2%，与排名全球第一的美国相比，还不到其总额 9600 亿美元的一半，与美国相比还有很大的差距。从总体贸易结构上看，我国服务贸易呈现逆差，2011 年逆差额为 549.2 亿美元，与货物贸易相比其发展水平偏低。从服务贸易内部结构上看，计算机和信息服务、保险服务、金融服务、咨询服务等高附加值服务贸易在服务进出口总额中的比重仍然偏低，运输、旅游、建筑等传统服务贸易仍占据我国服务贸易的主导地位。因此，我国要把发展对外服务贸易作为优化我国对外贸易商品结构的一个重要内容。要提高服务贸易的比重，尤其是要大力发展生产性服务业，提高服务行业整体素质和竞争力，改变服务贸易出口发展相对薄弱的问题，力争尽快实现从“外贸大国”向“外贸强国”的飞跃。

营改增的出口结构优化效应，主要表现在两个方面：

一是直接效应。对出口劳务实行零税率，是国际通行的做法。营改增之前，我国对服务业全额征收营业税，这不仅使劳务业税负过重，而且使劳务在出口时无法退税，导致含税出口，使其难以按不含税价格进行国际竞争，从而使我国的服务出口在国际竞争中往往处于劣势。营改增之后，对国际运输服务、向境外单位提供的研发服务和设计服务，适用增值税零税率、实行免抵退税办法，有效降低了企业经营成本，增强了服务贸易的国际竞争力。

二是间接效应。营改增消除了产业分工细化带来的重复征税问题，可以促使企业向专业化细分和升级换代迈进，这对于提高服务行业整体素质和竞争力，特别是提高高端服务业的国际竞争力，具有积极作用。

第十二章　营改增与企业发展

自1994年我国实行分税制改革至今，税制改革已走过了近二十年历程。财税改革为促进我国经济和财政收入的两个高增长立下了汗马功劳，也在合理调整国家、政府、企业关系中发挥着不可替代的积极作用。但是，随着我国财政收入格局和经济形势的不断变化，现行税制不完善的问题日益凸显。尤其是增值税与营业税的并行，加重了企业税负，制约了企业的长远发展。营改增作为我国“十二五”期间重要的结构性改革措施，体现了当前“稳增长、调结构、促改革、惠民生”的政策方向，也是落实“十八大”提出的经济发展战略举措。实施营改增，不仅能够降低企业税负，推动企业进行科技创新，扩大社会就业，还能够促进企业转型，提升管理水平。

第一节　营改增与企业税负

自2012年1月1日上海作为首个试点地区启动营改增改革，到2013年8月1日，将交通运输业和部分现代服务业营改增试点在全国范围内推开，“十二五”期间全面完成营改增改革成为当前一项重要改革。现行流转税中营业税与增值税的并存造成了重复征税，加重了企业税负。长期以来我国税负问题引发学术界、企业界等广泛关注。而营改增改革的初衷即是打通增值税抵扣链条，消除重复征税，为企业特别是中小微企业减负。

一、我国税负现状

税收负担简称税负，是纳税人履行纳税义务所承受的经济负担，既是国家税收政策的综合表现，也反映了国家税收收入和经济发展的关系。我国现行税制结构呈现出以流转税为主体的特征，流转税中比重上升最大的是营业税，增值税排在最后；营业税增值税并行，第三产业是我国营业税的主要来源，税负较重；现有流转税税收政策对中小企业的鼓励和扶持不足，中小企业长期受税费负担过重的发展制约。

（一）税收负担概念与分类

税收负担一般表示为税额与税基或是其他相关经济指标的比值，既是国家税收政策的综合表现，也反映了国家税收收入和经济发展的关系。但从税收负担的进一步分类来看，根据对税收负担研究的不同需要，可以将税收负担分为宏观税负与微观税负、名义税负与实际税负、直接税负与间接税负、平均税负与边际税负等等。本章主要从宏观税负和微观税负两个方面来分析营改增对企业发展的影响。

1. 宏观税负

（1）宏观税负的内涵。宏观税负是中国特有的概念，是宏观税收负担的简称，它特指一国总体税收负担。作为税收负担的一种，是相对于中观税负和微观税负而言的。但在我国的实践中也常常被泛用，如使用或提及某省、某市或某行业的宏观税负，等等。国外的学者和研究一般只使用税收负担的概念，但也将一国的总体税负或平均税负与个人或企业的具体税负相区别。

就理论界、学术界而言，宏观税负概念的内涵是明确的，是指一个国家的税负总水平，通常以一定时期（一般为一年）的税收总量占国民生产总值（GNP）或国内生产总值（GDP）、或国民收入（NI）的比例来表示。总之，无论我国或是其他国家，宏观税负常常被用于衡量一个国家国民经济税收负担总水平，或是评价税收政策对经济影响的总体效应，因此，宏观税负是政府研究制定宏观税收政策的重要依据。

（2）宏观税负的判断与衡量。目前，国际上衡量宏观税负水平的通用方法是：通过计算一国或地区一定时期（通常为一年）内税收收入总额与该国或该地区 GDP 的比重来评判该国或该地区宏观税负水平的高低，即可以用“税收收入/GDP”这一公式来衡量或表示宏观税负。尽管该公式被广泛运用，但人们对“税收收入”的内涵有着不同的理解和主张。有的认同宏观税负的计算公式为税收收入/GDP，其中的税收收入为政府收入减去政府补贴。有的将一国税负定义为：税收收入/GDP（Tax to GDP）。但认为其中的税收收入不仅仅为官方定义的税收收入，而是所有具有税收性质的政府收入，认定原则是向政府缴纳的所有税费。还有一些学者认为应使用“财政收入”来替代公式中的“税收收入”。

要对宏观税负水平进行定性的价值衡量或判断，往往借用“拉弗曲线”来进行说明。“拉弗曲线”由美国供给学派代表人物拉弗（Arthur B Laffer）教授于 20 世纪 70 年代提出，其基本含义是，税收收入并不是随着税率的增高而线性增高，当税率高过一定点后，税收的总额不仅不会增加，反而还会下降，直至为零。拉弗曲线只是表明了税率“过犹不及”的理念，指出税负必须保持适度，该曲线标出了最优税负之点，虽然在现实中很难找到该点，但“拉弗曲线”为宏观税负水平的价值判断提供了理论上的支撑。

（3）宏观税负的影响因素。因为宏观税负是由一组经济变量之间的比值关系来表现，所以，影响这些变量的各种因素也成为影响宏观税负的因素。其中主要的因素包括：一是经济发展水平。社会经济活动是税收之源，国际实践表明，一国的宏观税负水平通常与该国的经济发展水平呈正相关关系。二是国家职能范围。国际实践同样表明，一国宏观税负的高低与该国政府的职能范围呈正比，包括政府对公共产品的提供范围、方式、效率。三是社会福利水平。一般情况下，社会福利资金是由税收提供的，因此，一国社会福利水平的高低自然取决于宏观税负的高低。四是宏观经济政策。当国家遭遇经济危机或金融危机时，政府的干预至关重要，而干预的力度及持久性影响该国的税负水平。五是税收制度。公平有效的税收制度能够在宏观税负较低的水平下满足财政的需求；反之，宏观税负较高也未必能满足经济社会发展的需要。六是税收征管效率。高效的税收征管可降低征纳成本，缩小名义税率与实际税率之间的差距，降低税负水平。七是经济结构差异。高税负产业及高税负地区若权重较大，必然会拉升总体的宏观税负水平。八是社会要素，包括国家政体、国民素质、社会人文环境、纳税意识以及风俗传统等，都会影响社会生产和社会生活，进而间接影响宏观税负。通常情况下，对宏观税负水平影响较大的集中在经济发展水平、税收制度、宏观政策目标等因素上。

（二）我国主要税种占 GDP 比重分析

1994 年税制改革之后，我国在普遍开征增值税的基础上，建立了以增值税为主体，消费税、营业税相配合的流转税体系；颁布并实施了统一的内资企业所得税和个人所得税的法律、法规，税制结构呈现出以流转税为主体的特征。1994 年税制改革以来，主要税种占 GDP 的比重如表 12－1 和图 12－1 所示。

表 12－1　　主要税种收入占 GDP 的比重[①]

年份	增值税	营业税	消费税	企业所得税
1994	4.79%	1.39%	1.01%	1.47%
1995	4.28%	1.42%	0.89%	1.44%
1996	4.16%	1.48%	0.87%	1.36%
1997	4.16%	1.68%	0.86%	1.22%
1998	4.30%	1.87%	0.97%	1.10%
1999	4.33%	1.86%	0.92%	0.90%
2000	4.59%	1.88%	0.87%	1.01%

① 《合理判断中国宏观税负水平研究报告》，国家税务总局，亚行《进一步深化中国税制改革》课题分课题报告，2010—2011。

续表

年份	增值税	营业税	消费税	企业所得税
2001	4.89%	1.88%	0.85%	2.40%
2002	5.13%	2.04%	0.87%	2.56%
2003	5.33%	2.09%	0.87%	2.15%
2004	5.64%	2.24%	0.94%	2.48%
2005	5.84%	2.29%	0.88%	2.89%
2006	5.91%	2.37%	0.87%	3.25%
2007	5.82%	2.48%	0.83%	3.30%
2008	5.73%	2.43%	0.82%	3.56%
2009	5.42%	2.64%	1.40%	3.38%
2010	5.26%	2.78%	1.51%	3.20%
2011	5.15%	2.90%	1.47%	3.55%

数据来源：据《中国财政年鉴》（2011）及财政部网站相关数据计算。

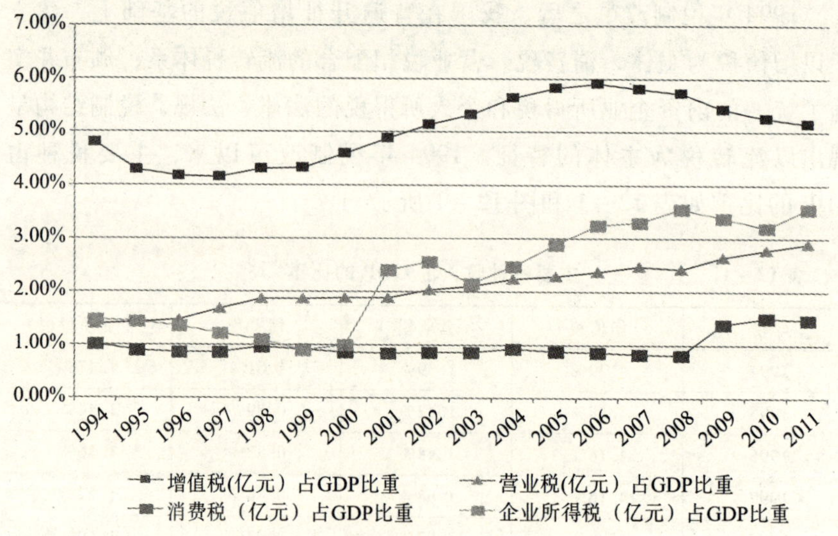

图 12－1 主要税种占 GDP 的比重

从表 12－1 和图 12－1 相关数据来看，1994—2011 年期间，我国主要税种收入占 GDP 的比重均有所上升，但上升的幅度不一，流转税中比重上升最大的是营业税 1.51 点，其次是消费税 0.46 点，增值税排在最后是 0.36 点。增值税占 GDP 的比重自 2006 年以来逐年下降，这可能与同期实施的增值税改革导致的减负有关。

营业税占比增幅较大与我国第三产业的迅速发展有很大关系。近年来，我国第三产业虽有蓬勃发展，但与发达国家相比，我国经济发展中产业结构失衡的问题还是十分突出，第三产业的发展明显滞后于一、二产业，特别是作为第三产业重要力量的新兴服务业如金融保险、通信、科技服务业和咨询服务业等发展严重滞后。第三产业发展的滞后，严重制约着一、二产业的发展和经济增长的总体质量。如何消除现有流转税制对第三产业发展的束缚和制约应是完善税制改革进程中的重要任务。

（三）我国产业税负分析

表 12 - 2 和图 12 - 2 对我国不同产业的税负水平进行了比较和分析。我国三大产业分别为：第一产业农业，包括农、林、牧、渔各业；第二产业工业，包括采掘、制造、自来水、电力、蒸汽、热水、煤气和建筑各业；第三产业为服务业和流通业。从表 12 - 2 和图 12 - 2 可以看出，我国三大产业的税负差异较大。第一产业的税负最低，来自于第一产业的税收很少。第二产业和第三产业的税负较高，略高于宏观税负水平，二、三产业是我国税收的主要来源。值得关注的是，2004 年以后，第三产业税负上升较快，税负水平已基本与第二产业持平。

通过对我国三大产业的税负进行比较分析可以看出，第一产业在财税政策方面得到了更多的保护与照顾；第二产业是我国国民经济的支柱和税收收入的支撑，其税负较重。作为当今世界大多数国家经济增长的重要推动力，第三产业在我国也呈现快速发展的态势，但是税收政策并未给予足够的鼓励与支持，产业税负连年增加，从具体税收制度上来看，第三产业是我国营业税的主要来源，税负较重，这个问题如果长期得不到解决，势必会在很大程度上阻碍国家产业政策的贯彻落实，制约第三产业的健康发展。

表 12-2 三大产业税负变化情况① 单位:%

年份	第一产业	第二产业	第三产业
2001	0.09	17.15	14.44
2002	0.04	18.29	13.56
2003	0.03	18.97	14.54
2004	0.02	20.30	15.77
2005	0.03	20.51	16.47
2006	0.06	20.53	17.66
2007	0.05	20.70	20.22
2008	0.38	20.57	20.63
2009	0.16	21.20	20.02
2010	0.19	21.78	21.46

说明：表中的税负 = 产业或行业的税收总额/GDP。

资料来源：根据税务年鉴的税收数据及统计年鉴的 GDP 数据进行计算。

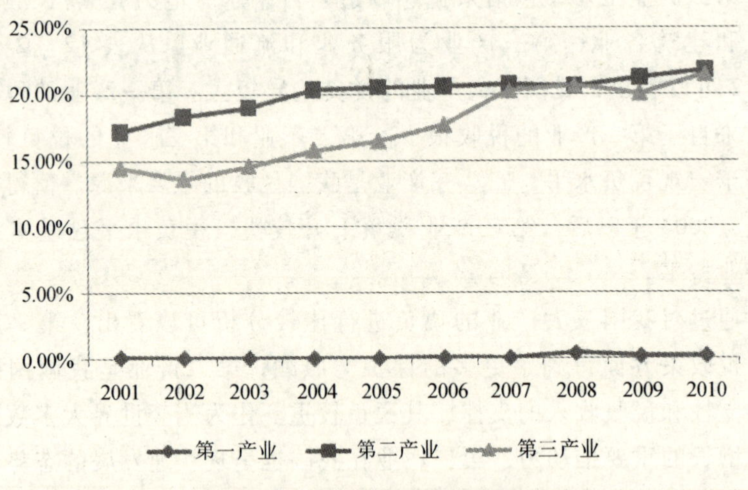

图 12-2 三大产业税负变化情况

① 《合理判断中国宏观税负水平研究报告》，国家税务总局，亚行《进一步深化中国税制改革》课题分课题报告，2010—2011。

（四）我国重点行业税负分析

在对三大产业的税负进行分析之后，我们选取二、三产业中的部分行业：采矿业，制造业，电力，燃气及水的生产和供应业，建筑业，交通仓储邮电通信业，金融业，房地产业，批发零售业进行税负的比较分析（见表12－3、图12－3）。通过比较表12－3和图12－3的相关数据可以看出，我国不同行业间的税负差别很大。在已选取的这八大类行业中，税负最高的是金融业和批发零售业，税负水平接近30%；交通仓储邮电通信业和建筑业的税负较低，2004—2009年期间的平均税负分别为7.87%和12.97%；其他行业的税负在20%—25%的水平之间。从金融业企业缴纳的税种来看，主要有营业税、企业所得税、城建税、教育费附加以及代扣个人所得税等，金融业既是受营业税重复征税影响较重的行业，也是下一步实施营改增的难点行业。

表12－3　　重点行业税负变化情况[①]　　单位:%

年份	采矿业	制造业	电力、燃气及水的生产和供应业	建筑业	交通仓储邮电通信业	金融业	房地产业	批发零售业
2004	20.50	21.13	23.81	12.80	6.77	15.33	19.09	27.67
2005	21.84	21.27	23.17	13.03	7.31	20.63	21.81	28.96
2006	23.90	20.79	24.42	13.23	7.57	24.99	22.99	30.28
2007	24.52	21.01	24.47	13.19	7.66	31.61	25.55	29.82
2008	21.86	20.98	30.82	12.53	9.26	38.80	26.63	29.55
2009	21.76	22.25	28.06	13.05	8.62	34.52	25.87	30.84
平均	22.40	21.24	25.79	12.97	7.87	27.65	23.66	29.52

资料来源：根据税务年鉴的税收数据及统计年鉴的GDP数据进行计算。

① 《合理判断中国宏观税负水平研究报告》，国家税务总局，亚行《进一步深化中国税制改革》课题分课题报告，2010—2011。

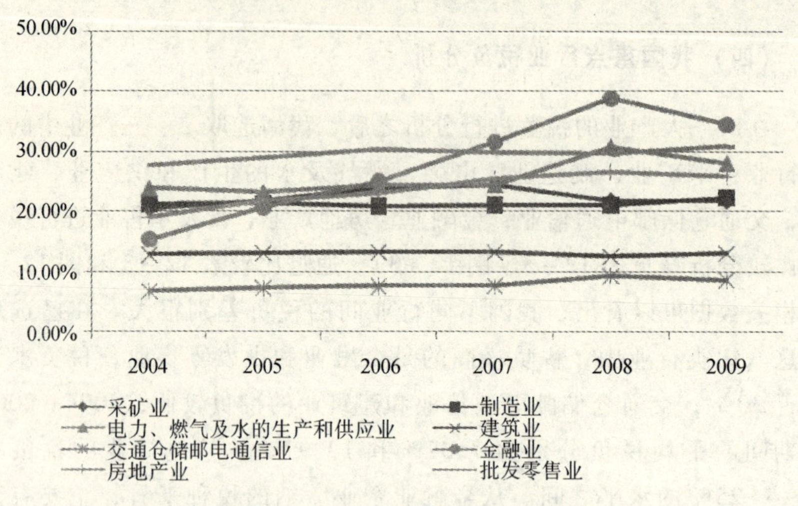

图 12－3 重点行业税负变化情况

（五）我国中小企业税负分析

由于企业设立门槛低等原因，中小企业数量在我国企业总数中占比一直很高，特别是上世纪 90 年代以来，中小企业进入了蓬勃发展的时期，企业户数逐年上升。根据《中小企业标准暂行规定》的界定，我国中小企业的数量已超过 4200 万户，在全国企业户数中占比最高，达到 90% 以上。作为国民经济的重要微观主体，中小企业在促进经济适度增长、缓解社会就业压力、方便群众生活、推动技术创新、促进国民经济发展和保持社会稳定等方面发挥着越来越重要的作用。但其设立门槛低，规模小在市场竞争中面临更多的竞争压力和生存困境，特别是在我国现有流转税制设计不够完善的情况下，税负偏重，已经成为影响中小企业发展的突出问题。

1. 税制结构不合理，中小企业税费负担偏重

增值税、营业税等流转税占税收比重超过 60%，营业税、增值税并存，重复征税严重。在现有税制下，我国中小企业要缴纳的税收主要有：增值税、营业税、所得税等；要缴纳的各种收费主要有：教育费附加、水资源费、社会保险费等，据估算，通常交 1 元税，就要交 0.5 元至 0.7 元费。相关部门提供有偿服务收取的费用，如集贸市

场的卫生费等等；罚款和摊派，如执法部门以创收为目的收取的；其他隐形收费，如执法部门的吃拿卡要等。如前文所述，与大企业相比，中小企业规模小，融资能力弱，与大企业特别是处于垄断行业的大企业相比，利润微薄。同样的税费占各自利润的比例，中小企业要明显高于大企业。与大企业相比，利润少，交税却不少，税费负担负明显偏重。据工信部统计数据显示，中小企业的税费已占到企业总生产成本的30%以上。

2. 营业税、增值税并存推高服务业中小企业税负

如上文所述，我国中小企业行业分布广，以劳动密集型为主，在第三产业中占比最高。但第三产业是我国营业税的主要来源。作为我国流转税的两个主体税种，在我们现行的税制中，重复征收是最突出的结构性问题。这种税负结构不利于经济的整体运行，反映在服务业就是推高了中小企业的税负。要解决这个问题就要在服务业特别是现代服务业中实施营改增，实现完整的增值税抵扣链条的格局。

二、营改增对企业税负的影响

营改增从税制上改变了我国1994年分税制改革以来营业税与增值税长期并行的格局，完善了增值税的抵扣链条，避免了对企业的重复征税，降低了企业的税负。

（一）改变了两税并行的格局，完整了企业增值税的抵扣链条

与营业税相比，增值税最大的优势就是消除了重复征税并在具体操作中采用发票抵扣的办法。而营业税与增值税并存，破坏了增值税的抵扣链条。营业税纳税人无法抵扣购进应税货物和劳务的增值税进项税额，增值税的抵扣链条因此断裂；同时，增值税纳税人购买营业税纳税人的商品，也无法从营业税纳税人那里取得进项额抵扣凭证，相应的税款无法抵扣。如此这般，实行营业税行业的重复征税问题又转移到实行增值税的行业中来。两税并行不仅造成了部分

行业的重复征税，而且影响到增值税在其他行业的实施。实行营改增，特别是在全国、全行业推开，税率设置比较简单，抵扣链条更完整。

（二）避免了对企业重复征税，降低了企业税负

营业税易于征收管理，但与增值税相比，其以营业额为计税依据，对流通的各个环节进行征税，造成了对同一劳务的重复征税；存在“全额征收，重复征税”等缺陷，只要有流转环节就要征税，流转环节越多，重复征税越严重，企业的税费负担因此被不断加重。营改增方案设计是以不增加税负为前提的。实施营业税改征增值税后，总体上减轻生产性服务业相关产业链的税负，原有不实行营业税差额征税的服务业和实行营业税差额征税的企业都能避免重复征税。

增值税的销项税额取决于营业收入和适用的增值税税率水平，其税额取决于企业利润增值空间、营业成本中可抵扣项目占比，而营业税税额取决于营业收入和适用营业税税率。所以，营改增对企业税负的影响主要取决于适用税率水平、毛利率和营业成本中可抵扣项目占比。以试点行业航运业为例：某航运企业税改前营业收入1000万元，原适用营业税税率3%，进项增值税税率17%，毛利率8%，按营业成本中可抵扣项目占比60%测算，营改增前，该企业应缴纳营业税30万元，营改增后应缴纳增值税18.39万元，减少缴税11.61万元，降低税负38.7%（所得税税负稍有增加，整体税负明显降低）。据统计，截至2012年底，上海市有15.9万户企业经确认后纳入试点范围，试点纳税人全年减负面超过90%，税收增加户数呈逐月下降态势，全年整体减少税收200亿元左右；截至2013年3月，江苏省实施营改增后减税50.2亿元，试点纳税人的减税面达96.3%，其中，试点纳税人减税21.6亿元，非试点的增值税一般纳税人购进试点服务减税28.6亿元。截至2013年2月1日，全国纳入营改增试点范围的纳税人超过100万户，试点当年共实现减税超过400亿元。①

---

① 财政部网站。

第二节　营改增对企业管理的影响

税制改革牵一发而动全身，作为完善我国流转税系的税制改革，营改增在很多方面具有强大的溢出效应。从宏观上看，作为整个财税改革的重要切入点，营改增完善了整个税制，减轻了企业税负；从企业管理的微观角度看，营改增对企业的管理运营模式将产生重大影响，对企业组织架构，业务运营模式，会计核算体系等都提出了新的要求。

一、营改增对企业运营模式提出挑战

增值税与营业税在计征上存在很大差异，营改增将改变企业的核算方式，改变企业上下游合作方的税收负担。因此，企业在供货商选择、采购模式、定价模式等方面都应进行相应的调整和规划。应对营改增，很多企业都成立了专门的团队，对营改增给企业产生的影响进行测算和分析，审查和评估与供货商、购买者以及其他关联方的合同和协议，保证实现企业的最大效益。

例如在供货商的选择上，从不同的供货方购买原材料等货物，给企业带来的税收负担是不同的。企业所需的商品与服务既可以向一般纳税人采购，也可以向小规模纳税人采购，由此取得的发票不同，并产生了不同的进项税额。只有一般纳税人才能开具增值税的专用发票，企业据此进行抵扣。当然，是选择一般纳税人还是小规模纳税人，最终的取舍标准还是利润率的高低。实践中，也不乏以小规模纳税人为供货方，而利润率更高的例子。

二、营改增对企业会计核算和发票管理提出更严格的要求

相比营业税，增值税的计征更加复杂，营改增后涉及的会计科目

将有所增加，企业的会计核算将变得更加繁杂。营改增对企业的会计核算提出了更严格的要求。增值税的正确计算和缴纳，不仅直接影响到企业实际税负的大小，同时也决定着企业面临的税务风险和法律风险。因此，应对营改增，企业应进一步加强会计核算，确保会计核算的规范准确。

与此同时，营改增对发票的管理也提出了更规范严格的要求。与原有征收营业税的普通发票相比，增值税专用发票的管理更严格。增值税专用发票是国家税务局监制设计印制的，只限于增值税一般纳税人领购使用，既作为纳税人反映经济活动中的重要会计凭证，又是兼作销货方纳税义务和购货方进项税额的合法证明；是增值税计算和管理中唯一合法的专用发票。实行增值税专用发票是增值税改革中很关键的一步，它与普通发票不同，具有完税凭证的作用，将产品的最初生产到最终的消费环节联系起来，体现抵扣链条的连贯性和可追溯性。国家税务总局曾下发《国家税务总局关于修订〈增值税专用发票使用规定〉的通知》和补充通知，对增值税专用发票的开具、保管和使用有严格的规定，专用发票出现问题将导致严重的法律后果。因此，需要设立专门人员管理税控机和专用发票，严格按照税务机关的要求上报。

三、营改增要求企业更重视税收筹划

营改增之后，试点地区和试点行业的企业变缴纳营业税为增值税，税款计征办法改变，税收支出改变，财务核算的方法改变，如何更好地熟悉用好新的税收政策，直接影响到企业实际税负水平的变化和利润水平的高低。营改增把企业的税务筹划推上了更重要的位置。随着营改增试点改革的逐步推进，在众多试点省市地区发现了很多具有普遍性的问题，对于正在或即将实施营业税改征增值税的企业而言，仅仅粗线条的税负分析是远远不够的，只有抓住细节问题，实施精细化管理，才能切实享受到税改带来的好处。

在营改增试点改革中，交通运输业是受影响较大的行业。以销售货物收取运费为例，不同的税收筹划方式给企业带来的税负是不同的。如销售货物并负责运输属兼有的“混业经营”，应分别核算货物和运输业的销售额；联运实行差额征税。选择不同的经营方式，税负也不同。

例如，某煤炭商贸公司 A 为增值税一般纳税人，主营煤炭销售、兼有汽车运输。煤炭全部从陕西、甘肃、内蒙古等地购进，全部销售给本地的享受优惠政策的水泥企业。公司一年购销煤炭 10 万吨，煤炭的单位采购成本为 450 元/吨，煤炭总成本 4500 万元（不含税，下同）。煤炭的销售单价为 540 元/吨，销售额 5400 万元（不含税，下同）。煤炭的单位运价 400 元/吨，运输总成本 4000 万元。由于陕西省不准公路运输超载，公司运输煤炭实行两段运输，第一段陕西至河南省西峡县境内（毗邻鄂、陕两省）；第二段西峡县至湖北省境内。第一段运煤是用小吨位的汽车运煤至西峡县境内卸货，用大吨位的重载车在西峡县境内装货再进行第二段的运输。第一段因是小吨位车运输，运费相应高一点，距离远一点，单位运价为 360 元/吨，运价 3600 万元；第二段因是重载车运输，运费相应低一些，距离短一点，单位运价 40 元/吨，运价 400 万元，两段运费合计 4000 万元。运输煤炭需要支出的汽车的油料、零配件等计 1000 万元，进项税 170 万元，需要支付高速公路过路费 2000 万元。

方案一：销售货物并负责运输。

该企业销售煤炭并负责运输，营改增前称为“混合销售”，营改增后，根据《财政部、国家税务总局关于在上海市开展交通运输业和部分现代服务业改征增值税试点的通知》（财税〔2011〕111 号）《交通运输业和部分现代服务业改征增值税试点有关事项的规定》（以下简称《试点事项规定》）第一条第一项的规定，纳税人兼有不同税率或者征收率的销售货物、提供加工修理修配劳务或者应税服务称为“混业经营”。对于“混业经营”税收政策规定，纳税人提供适用不同税率或者征收率的应税劳务，应当分别核算适用不同税率或者征收率的销售额。因此，公司销售煤炭并负责运输，只需分别核算，分别缴纳增值税。销售煤炭的销项税 918 万元（5400 万元 ×

17%)，煤炭的进项税 765 万元（4500 万元 ×17%），煤炭应纳增值税 =153 万元（918 万元 -765 万元，下同）；兼有运输业的销项税 =4000 万元 ×11% =440 万元，汽车耗用的油料及零配件的进项税为 170 万元，运输业应纳增值税 =270 万元（440 万元 -170 万元），“混业经营”的应纳增值税合计 =423 万元（煤炭应纳增值税 153 万元 + 运输业应纳增值税 270 万元），公司的税负为 4.50%（423 万元 ÷9400 万元 ×100%）。如汽车为新购的，还可以抵扣税金，税负还能降低一点，不过影响企业税负的过路费无法抵扣。

方案二：销售货物并负责运输，将独自运输改为与非试点地区的运输单位（个人）联运。

《试点事项规定》第一条第三项规定，试点纳税人提供应税服务，按照国家有关营业税政策规定差额征收营业税的，允许其以取得的全部价款和价外费用，扣除支付给非试点纳税人（指试点地区不按照《试点实施办法》缴纳增值税的纳税人和非试点地区的纳税人）价款后的余额为销售额。根据上述规定，企业可以将“混业经营”中的兼有运输业改为联运，陕西境内至河南西峡县境内的运输由北方非试点地区的运输部门（个人）联运，联运价为 3600 万元（360 元/吨 ×10 万吨），河南西峡至湖北中部地区由 A 公司运输，运价为 400 万元（40 元/吨 ×10 万吨）。煤炭应纳增值税 153 万元，运输的销项税 =4000 万元 ×11% =440 万元，A 公司的汽车耗用的油料及零配件的进项税为 17 万元（A 公司完成联运的 10%，进项税折算 =170 万元 ×10%，下同）。非试点地区的联运方开具的普通运输发票税法规定是扣除销售额的，但在账务处理是按扣税法进行的，因此，按联运方开具普通运输发票计算营改增抵减的销项税额，即 396 万元（3600 万元 ×11%），运输业应纳增值税 =27 万元（440 万元 -17 万元 -396 万元），“混业经营”应纳增值税 =180 万元（153 万元 +27 万元），企业的税负为 1.91%（180 万元 ÷9400 万元 ×100%）。联运后 A 公司运力多了，车辆可从事其他工作，也可出售车辆。

方案三：销售货物并负责运输，用试点地区一般纳税人联运。

选择试点地区一般纳税人联运，A 公司的税负与方案二是一样为 1.91%。

方案四：销售货物并负责运输，用试点地区的小规模纳税人联运。

如联运方为小规模纳税人，根据《试点事项规定》第一条第四项规定，试点纳税人接受试点纳税人中的小规模纳税人提供的交通运输业服务，按照取得的增值税专用发票上注明的价税合计金额和 7% 的扣除率计算进项税额的规定，联运方开具的 3600 万元货运业增值税专用发票按照 7% 计算的进项税额 = 252 万元（为了计算方便，不含税价通常没有还原为含税价，下同），A 公司进项税为 17 万元，运输业的销项税 = 4000 万元 × 11% = 440 万元，运输应纳增值税 = 171 万元（440 万元 - 17 万元 - 252 万元）；煤炭应纳税为 153 万元，“混业经营”应纳税 = 324 万元（煤炭 153 万元 + 运输 171 万元），税负率为 3.45%。

从上述计算分析来看：如按税负比较，方案二、方案三最好，税负率只有 1.91%，方案一税负最高为 4.5%，最高与最低相差 2.59 个百分点。表面上看，方案三与方案二是一样的税负，因方案三的联运方是增值税一般纳税人，其税负比较高的，如联运方完成 3600 万元的运输额，占 90%，应纳税 = 243 万元（运输业应纳税 270 万元 × 90%），如将 A 公司及联运方的应纳税合计 = 423 万元（煤炭 153 万元 + A 公司运输 27 万元 + 联运方运输 243 万元），税负也在 4.50%，与方案一是一样的。方案二采用联运方式，利用联运单位的低税负（3%），可以化解高速公路的过路费不能抵扣的“硬伤”。总之，纳税人销售货物收取运费，要根据实际情况进行税务筹划，如购买方享受优惠政策就一定要协商购买方承担运费，选用方案二执行；如果没有运力可以购买少量运输工具，大量的运输由联运方完成，这样就可降低税负。还有，如果全面推广营改增，销售货物并收取运费时，一般纳税人的大量的过路费不能抵扣，导致税负高，还不如用方案四好，即用小规模纳税人联运。

第十三章　营改增与我国税制改革趋向

第一节　改革开放以来的税制改革脉络

梳理税制改革的历史过程、总结过去改革的成功经验和改革中存在的不足，对于理清未来税制改革的趋势具有重要意义。

一、现代税制体系的创建期（1978 年至 1993 年）

自新中国成立初期，政务院批转颁布的《全国税政实施要则》形成全国统一的税政、税务具体方案始，我国的税制改革从未间断过。历经社会主义改造、“大跃进”、“文化大革命”时期，当时的税制已经不能适应改革开放的经济发展形势，亟待改革。1978 年，财政部开始着手进行税制改革工作，1981 年 9 月，国务院批转财政部关于改革工商税制的总体设想，明确了税制改革的指导思想和原则。自此，一场以工业化为主题，服务于推动工业化水平提高的税制改革，在改革开放的大背景下拉开了帷幕。

（一）建立相对独立、宽松的涉外税收制度，以吸引外资和鼓励对外贸易，利用后发优势，实现经济快速发展

1978 年 12 月党的十一届三中全会制定了“对内搞活经济，对外实行开放”的政策。但是改革开放之初，我国境内基本上没有外商

投资兴办的企业，外资企业仅限于几家外国银行的分支机构，没有必要建立涉外法律体系，在税收上对外商和外籍人员不征税。但是在大力推动改革开放之时，涉外税法建立迫在眉睫。除了维护我国的独立主权和权益，建立涉外税法，也同时在规范的制度下体现对外资进驻的支持和对外贸易的鼓励。1979 年财政部开始着手研究建立涉外税法，至 1980 年 9 月，第五届全国人民代表大会第三次会议通过并公布了《中华人民共和国中外合资经营企业所得税法》和《中华人民共和国个人所得税法》，从 1981 年 1 月 1 日起实施。之后，为适应外商独资在我国开办企业越来越多的形势发展需要，又着手起草外商投资所得税法。1981 年 12 月第五届全国人民代表大会第四次会议通过并公布了《中华人民共和国外国企业所得税法》；1984 年，国务院又公布了经济特区和 14 个开放城市对外税收的有关规定，1991 年，根据对外开放形势发展需要，适时合并两部企业所得税法为《中华人民共和国外商投资企业和外国企业所得税法》。为体现对外开放政策，支持外资和先进技术的引进，涉外税收立法的原则定为“维护主权、税负从轻、减免从宽、手续从简”，因此，较之内资企业适用的税制，外资企业和个人的税制较为宽松。宽松之处不仅体现在基本税率上，也体现在较大力度的税收优惠政策上。

除了所得税法，为支持对外贸易发展，增加外汇收入，同时增加我国商品在国际市场的价格竞争力，中央决定于 1981 年开始实行出口退税政策，对部分企业出口的工业产品退还生产环节的增值税或最后生产环节的工商税。1985 年全面开始实施出口退税政策，1986 年开始对十类出口产品不但退还最后环节增值税，还退还中间环节产品税和增值税，1987 年开始逐步对出口产品退还各道环节累计间接税和增值税。

为服务对外开放，体现国家主权，1980 年 1 月 1 日起，国务院决定对进出口贸易公司的进口货物，恢复征收关税。之后经过多次调整，政策调整对引进先进技术和设备起到了积极的推动作用。1987 年，为解决关税政策存在的一些问题，国务院专门成立了国务院关税税则委员会，负责关税制度和政策的调整。

经过多年一系列的改革和政策调整，至1994年之前，我国已经初步建立了框架完整的涉外税制。以改革为基础，我国的货物进出口总量、宏观经济总量和关税较之1978年有了快速的发展（详见表13－1），涉外税制在筹集财政收入和支持对外开放、搞活经济上发挥了重要作用。

表13－1 1978年和1993年我国关税、GDP和货物进出口总额对比

	1978年（亿元）	1993年（亿元）	年均增长（%）
关税	28.76	256.47	15.70
GDP	3645.2	35333.9	16.34
货物进出口总额	355.0	11271.0	25.93

数据来源：关税数据来自《中国财政年鉴》（2010年）、GDP和货物进出口总额数据来自于《中国统计年鉴2012》。

（二）全面改革工商税制，促进有计划的商品经济发展

“文化大革命”时期，在当时“左”倾思潮和“税收无用论”思想影响下，税制一简再简，过于简单的税制已经无法满足国家加快经济发展的相关要求。1984年党的十二届三中全会明确指出：“在改革价格体系的同时，还要进一步完善税收制度，改革财政体制和金融体制。越是搞活经济，越要重视宏观调控，越要善于在及时掌握经济动态的基础上综合运用价格、税收、信贷等经济杠杆”。随着经济体制改革的进展，为了适应扩大企业自主权和改革财政收支分配制度的要求，党中央和国务院决定把国营企业上缴利润的制度改为征税的制度。从1980年起，财政部就在一些国营企业进行“以税代利”的试点，1982年第五届全国人大五次会议肯定了利改税的方向，财政部分别在1983年和1984年推动了两步“利改税”改革。两步利改税成功推动了税制改革，在此基础上，工商税制改革全面展开。

按照1981年制定的税制改革指导思想，1984年的工商税制改革基本内容包括：

（1）将当时的工商税分解为产品税、增值税、盐税和营业税四

个税种，分别适用于不同的企业。同时，为了更好地发挥税收调节生产、消费和缓解价格矛盾的作用，在产品税、增值税中，对一些产品的税率适当进行了调整。

（2）对采掘企业，开征资源税，以调节由于自然资源和开发条件不同而形成的级差收入，促进企业合理利用国家资源。

（3）开征和恢复城市维护建设税、房产税、土地使用税、车船使用税等四个地方专享税，以利于合理、节约的使用房产、土地，适当解决城市维护建设的资金来源。

经过此次改革，我国初步建立了基本覆盖所有经济领域的多层次、多环节、多税种的复合税收体系，较好地适应了当时的有计划的商品经济和改革开放的新形势。

但是在当时税制中仍然会根据经济性质或者产权关系区别征税，例如所得税区分内资和外资，对外资企业征收外商投资企业和外国企业所得税，对内资企业又区分产权关系分别征税，包括国营企业所得税、集体企业所得税、私营企业所得税、城乡个体工商户所得税；这些税制体系中的“不统一”成为日后经济发展的制度阻滞，也成为税制改革的重要内容。

二、现代税制体系的发展期（1994年至2002年）

1992年10月12日党的十四大召开，提出了“建立社会主义市场经济体制”的经济体制改革目标。在税制改革方面，要求统筹兼顾国家、集体、个人三者利益，理顺国家与企业、中央与地方的分配关系，逐步实行“税利分流”和分税制。

1993年11月党的十四届三中全会通过《关于建立社会主义市场经济体制若干问题的决定》，明确提出了税制改革的基本原则和主要内容。随后，国务院先后审议通过了国家税务总局草拟的《工商税制改革实施方案》和增值税、消费税、营业税、企业所得税、资源税、土地增值税等六个税收暂行条例。自此，配合分税制财政体制实施的、以市场化为主题的、具有里程碑意义的全面税制改革正式拉开了帷幕。

1994 年的税制改革是在建立社会主义市场经济体制的要求下，为配合分税制财政体制实施的要求，同时针对当时税制设计上的与经济发展不相适应的地方进行的全面工商税制改革。

按照国务院 1993 年 12 月 25 日批转的国家税务总局《工商税制改革实施方案》，1994 年税制改革的指导思想是：统一税法，公平税负，简化税制，合理分权，理顺分配关系，规范分配方式，保障财政收入，建立符合社会主义市场经济要求的税制体系。在内容上，一是全面改革了流转税制，实行了以比较规范的增值税为主体，消费税、营业税并行，内外统一的流转税制。二是改革了企业所得税，将过去对国营企业、集体企业和私营企业分别征收的多种所得税合并为统一的企业所得税。三是改革了个人所得税制，将过去对外国人征收的个人所得税、对中国人征收的个人收入调节税和个体工商业户所得税合并为统一的个人所得税。四是对资源税、特别目的税、财产税、行为税做了大幅度的调整，如扩大了资源税的征收范围，开征了土地增值税，取消了盐税、奖金税、集市交易税等 7 个税种，并将屠宰税、筵席税的管理权下放到省级地方政府。

在 1994 年全面工商税制改革平稳运行之后，1995 年中央开始调整完善进出口税收制度，目的是进一步降低进口关税总水平，取消过多的不平等的进口税收减免规定，按照社会主义市场经济体制的要求和国际通行规则建立统一、规范、公平、合理的进出口税收政策体系。

当然，在改革的大框架下，出于一定的原因，某些改革还留有余地，例如，在流转税方面，区别货物和劳务分别征收增值税和营业税；增值税选择生产型增值税；所得税仍然区别外资和内资适用不同的税制。

尽管存在一些“不情愿”的选择，1994 年的税制改革可谓是我国财税改革史上里程碑式的改革，其奠定了我国社会主义市场经济体制下的税制基础，近二十年大的框架未变。实践证明，1994 年的改革成功地建立了财政收入稳定增长的机制，同时也强化了其宏观调控的功能。

三、现代税制体系的完善期（2003 年至今）

2003 年 10 月 14 日党的十六届三中全会通过了《中共中央关于完善社会主义市场经济体制若干问题的决定》，其中明确提出我国税制改革的要求，即：按照“简税制、宽税基、低税率、严征管”的原则，分步推进税收改革。改革出口退税制度。统一各类企业税收制度。增值税由生产型改为消费型，将设备投资纳入增值税抵扣范围。完善消费税，适当扩大税基。改进个人所得税，实行综合和分类相结合的个人所得税制。实施城镇建设税费改革，条件具备时对不动产开征统一规范的物业税，相应取消有关收费。在统一税政前提下，赋予地方适当的税政管理权。创造条件逐步实现城乡税制统一。

根据中央对税制改革的要求，2003 年之后多项税制改革陆续推出：

——消除了我国税制中的“内外有别”。①所得税“两税”合并。不再区别内外资分别征税，所有企业全部适用新的所得税法。②2008年废止《城市房地产税暂行条例》，自 2009 年 1 月 1 日起，外商投资企业、外国企业和组织以及外籍个人，依照《房产税暂行条例》缴纳房产税。③2006年规定自 2007 年 1 月 1 日起对外商投资企业、外国企业及外国个人征收城镇土地使用税。④2007 年决定自 2008 年 1 月 1 日起将外商投资企业和外国企业纳入新修订的《中华人民共和国耕地占用税暂行条例》征税范围。⑤2010 年 12 月，国务院发布通知，决定自 2010 年 12 月 1 日起统一内外资企业和个人城市维护建设税和教育费附加制度，结束外资企业不用缴纳城建税和教育费附加的优惠待遇。

——改革涉农税种。自 2004 年开始免征除烟叶税之外的农业特产税，同时开征烟叶税；2005 年免征牧业税；自 2006 年 1 月 1 日起废止《中华人民共和国农业税条例》；2006 年 2 月废止《屠宰税暂行条例》。

——改革部分税种。①增值税“转型”和“扩围”改革。②多次上调个人所得税工资薪金所得费用扣除标准和暂时免征利息所得税。③调整消费税征收范围，实施成品油税费改革。④资源税实现从“从量计征”到“从价计征”改革。⑤2011 年 1 月 28 日起上海和重庆开始试点房产税改革。

——合并车船使用税和车船使用牌照税为车船税。

——根据我国产业政策和对外贸易情况多次调整出口退税政策。

从总体上来看，2003 年之后推出的税制改革，是在 1994 年改革之后的制度框架基础上，对原有税制进行的结构性调整，而且，在整体税负上，要求逐步降低纳税人的税负。因此，2008 年的中央经济工作会议将该轮税制改革称之为“结构性减税”。

由以上梳理可知，改革开放之后的数次税制改革，都遵循了相同的原则：

一是配合大的经济体制改革，对税制做相应的改革；

二是根据社会经济情况的发展变化，不断革新税制；

三是不断修订以实现统一、公平的税制。

经济运行的基本情况也表明，我国税制改革较好地实现了与不同阶段社会经济的契合，不仅为国家提供了稳定的财政收入，也在应对经济周期性变动和重大国际经济冲击中发挥了重要的作用。

四、经济社会形势的变化要求税制进行相应的调整

前已述及，税制改革是适应经济社会形势的发展变化，满足社会经济进一步发展的要求而做的相应调整，改革开放至今，国际国内的经济形势发生了较大的变化，进一步发展面临不得不解决的问题，而这些问题的解决有赖于包括税制在内的公共政策做出调整。

国际方面，全球化发展迅速，国家之间的竞争日趋激烈。尤其是 2007 年爆发全球性金融危机之后，世界经济增长的内生动力不足，发达国家经济体需求乏力，美国继续受失业困扰，欧元区面临财政紧缩压力，日本继续面临通货紧缩压力，发展中国家则面临通货膨胀的压力。国际经济形势的不景气，对我国的影响非常突出。首先，对外

贸易环境恶化，影响我国出口贸易发展。我国经济结构中，对外贸易一直是支撑宏观经济的非常重要的一极。在全球金融危机爆发之初，我国的对外贸易就受到较大影响，出口贸易规模快速萎缩。其次，国际大宗商品价格上涨，对我国通胀形成压力。最后，世界各国在应对新的经济形势时采取的宽松的货币、金融、财税政策，对我国的经济发展和政策变革都会产生影响。

国内方面，经济社会发展都面临突出问题需要解决。一是以资源和劳动力推动的经济增长方式亟待转变，经济稳健发展面临资源和环境的“瓶颈”约束。二是城镇化加快发展阶段面临的各种经济和社会问题，包括城市衣食住行成本增加较快，尤其是普通住宅价格增长较快。三是收入分配制度亟待完善。城乡之间和城市居民内部收入差距较大，社会矛盾频发。四是长期滞后于经济发展的社会发展需要大量财政资金。社会保障、义务教育、基本医疗、公益性文化等方面的历史欠账较多。五是我们国家未来还将面临社会老龄化等重要问题。

国际国内环境都要求我国的公共制度和政策根据具体情况做出相应的调整。作为公共制度的重要组成部分的税收政策，也需要延续我国税制改革的一贯原则，根据经济、社会发展的需要，不断完善。基于此，未来税制改革的主要内容包括：

（1）以促进产业结构调整和统一税制为主要目标，继续推进增值税和营业税改革。前已述及，产业结构调整的主要内容之一就是促进第三产业发展，而第三产业发展面临税收制度和政策问题，包括货物和劳务税制区别纳税所带来的征收管理和税负不公的问题。因此，未来税制改革中，会根据经济发展的迫切要求，以实现统一、公平的税制为原则，在完善消费型增值税的基础上，推进营改增改革，打破货物和劳务分别课征计税的历史，最终实现货物与劳务税制的统一。

（2）以调节收入分配差距为主要目标，改革个人所得税。个人所得税被认为是调节个人收入分配差距的最有力的工具之一。目前我国实行的分类计征的个人所得税制，在税制设计上还有不完善的地方，而且在税收的公平性上不及其他两种个人所得税的计征模式

(综合计征模式、分类和综合相结合的计征模式)。因此，结合当前我们国家个人收入分配差距较大的情况，未来个人所得税的改革，还应该充分利用个人所得税的调节职能，在近两年不断推进个人收入申报和财产登记、信息沟通等社会征信系统建设，为建立综合和分类相结合的个人所得税制度做准备，争取在未来五到十年建立综合和分类相结合的个人所得税计征模式。

(3) 以节约资源、保护环境为主要目标，推进资源税改革、研究推出环保税。面对当前全球普遍存在的资源问题和我国面临的研究的环境保护任务，资源税的改革也是未来我国税制改革的主要内容之一。未来资源税改革要突出税收对保护环境，合理化资源开采的调节职能，合理调整消费税范围和税率结构，进一步推进资源税改革。在适当的时机，也可以考虑选择防治任务繁重、技术标准成熟的税目开征环境保护税。

(4) 以促进房地产市场健康发展为主要目标，改革完善房地产税制体系。面对我国房地产市场的纷繁复杂的局面，政府在过去的十多年里，出台了多项政策和措施尝试改善房地产市场发展的乱象，但是事实上，就目前来看，城市房地产市场仍然存在很多问题，需要政府在公共政策方面做出改革，这其中就包括房地产业相关的税收政策。房地产税制体系，事实上，多年未变，包括体系内结构、具体的税制设计等都存在一些问题，需要根据房地产市场健康发展的需要进行调整。未来改革中，首先是，需要对未来房地产税制体系有全局性的规划；其次，对正在试点的针对普通住宅保有环节征收的房产税，认真总结试点经验，研究何时能够推开，如何推开。

第二节　营改增：终结货物与劳务分别设定税制的历史

营改增是适应经济发展的要求进行的制度调整，其将解决 1994

年税制改革的遗留难题，将终结货物与劳务分别设定税制的历史。营改增不仅仅是营业税和增值税的简单转换，而是重大的制度创新。

一、货物与劳务分别设定税制有其历史原因

（一）税制设计之初将货物和劳务区别开来，部分源于传统观念的影响

税制设计乃至整个宏观经济政策的设计理念源于人们对经济生活的认识，而这种认识，潜在地影响人们在经济生活中的各种决策。新中国成立之初，我们对国民经济的认识主要是承继马克思政治经济学中关于国民经济的论述，因此，长期以来我们对宏观经济的解析和决策都受马克思主义政治经济学的影响。

根据马克思主义政治经济学关于社会再生产理论，按照社会产品在社会再生产过程中的最终经济职能，社会生产分为充当生产资料用于生产消费和充当消费资料用于个人消费两大部类，并相应将生产这些产品的部分划分为生产生产资料的第I部类与生产生活资料的第II部类，据此，马克思详细分析了社会再生产所必须周而复始进行的价值补偿和实物补偿。由此我们知道，马克思所提出的两大部类的划分没有涉及非物质生产活动，仅仅是对物质生产部门的划分，将非物质生产活动抽象掉了。在解放初期，我们的各项经济制度和政策，多是以马克思主义政治经济学作为理论基础，在很长一段时间内没有将非物质生产活动包含在国民经济的框架内。最突出的表现便是长达30多年，采用物质产品平衡表作为国民经济核算体系，将包含大量服务业在内的非物质生产部门发展排除在国民经济核算体系之外。在提出建立有计划的商品经济思想之后，直至1992年，仍然没有放弃物质产品平衡表体系。这种重视物质生产部门，忽视非物质生产部门的思想体现在我们的税制设计中，便是将物质生产部门和非物质生产部门区别开来，即将物质生产部门的产品——货物和非物质生产部门的产品——劳务区别开来。我们在建国初期颁布的

《全国税政实施要则》中包含货物税和工商业税。自此之后，不论具体税种的名称如何变化，在商品流转环节征收的所谓流转税，便一直都将货物和劳务区别开来。

（二）税制改革受当时改革环境影响

1994 年税制改革之时，从提出改革到推出改革，时间非常紧张，为了保障税制改革能够尽快推出，才采取了“权宜之计”，将劳务暂时不纳入统一的增值税征收范围，改征营业税。1994 年税制改革从 1993 年 3 月的第十四届中央委员会第二次会议开始酝酿改革，到同年 9 月提出改革方案，到 1994 年 1 月 1 日起开始全面实施，不足一年的时间。而要将劳务纳入增值税的征收范围，必须以保持税负率基本不变为原则，核定税率，这一工作受到当时改革环境限制，根本无法完成。首先，时间非常紧张，不允许进行庞大的核算工作。其次，当时缺乏第三产业经济普查数据，无法核算税率。最后，立法面临技术难题，如金融交易、不动产交易均难以在技术上处理。此外，考虑当时我们的税收征管水平，如果对劳务开征增值税，征收成本比较高。因此，在 1994 年全面工商税制改革之时，将货物和劳务分别征收增值税和营业税。

二、两税并立对第三产业乃至宏观经济发展的阻滞逐年增大，不得不改

营业税的主要优势在于征收中的简单，劣势在于造成重复征税。在 1994 年改革之初，我国的服务业欠发展，第三产业分工还不够细，营业税重复征税未造成较大影响。而且，第二产业和第三产业边界较为清晰，产业融合度不高，增值税和营业税分立所导致的应税劳务还能区分。但是，随着我国第三产业的发展，增值税和营业税分立所带来的影响越来越突出。到了不得不改的时候。

（一）较之1994年，我国的产业结构发生了较大变化，第三产业规模和占比都有很大变化

数据显示（表13－2），在规模上，较之1994年，我国第三产业附加值2012年增长了13倍多，年均增长16%，超过GDP的增长速度；在结构上，较之1994年，第三产业占GDP的比重提高了11个百分点；而第三产业对GDP的贡献率也提高了18个百分点。可见，经过18年的发展，第三产业得到了迅速的发展。而正是因为第三产业的发展，两税并立的问题才愈发突出，对第三产业进一步发展的阻滞也与日俱增。

表13－2　1994年和2012年第三产业增加值规模、占比及对GDP的贡献率对比

单位：亿元

	1994年	2012年
第三产业增加值	16180	231626
第三产业增加值占GDP比重（%）	33.6	44.6
第三产业贡献率（%）	25.5	43.7

（二）在第三产业内分工越来越细，营业税重复征税的影响越来越大

分工，在现代经济中主要表现在产业层面，而且早在亚当·斯密《国富论》中就已经将分工与经济增长联系起来，即产业分工与经济增长高度相关。根据世界经济发展的特点，随着经济发展水平的提高，产业分工的程度也会相应提高。我们国家经济发展和产业分工也呈现出相同的趋势，不仅第二产业和第三产业的分工越来越深入，产业内部分工也呈现越加深化的趋势。而这种产业分工的细化则凸显了营业税重复征税的问题，而且随着产业分工的深入，重复征税造成的税负增加，继而对第三产业发展的阻滞将愈加突出。

（三）第二产业和第三产业边界模糊，产业融合度提高，税收征收成本增加

产业分工的深入还表现为多种产业的融合，服务于第二产业的生产性服务业，很多业务无法明确区分为第二产业和第三产业，而且从趋势上来看，这种产业业务交叉和融合有进一步发展的势头。这种现象虽然是经济发展的必然现象，但是因为产业交叉或者融合所带来的增值税和营业税的应税产品或者劳务剥离困难，很容易造成税收征管上的困难，征管成本无谓增加。

由此可见，随着我国经济结构的发展变化，两税并立已经无以为继，不改革将不利于第三产业发展、不利于社会分工的深化。

三、营改增将解决历史遗留问题，实现货物与劳务在税制设计上的统一

营改增改革就是在当前改革环境和各项条件允许的情况下，实现 1994 年税制改革之初的理想方案，将货物与劳务全部纳入增值税征税范围，结束货物和劳务税制上的分割，彻底解决增值税和营业税分离对产业发展造成的阻滞。

（一）营改增改革试点是解决两税并立的重要举措

综合考虑服务业发展状况、财政承受能力、征管基础条件等因素，国务院先期选择经济辐射效应明显、改革示范作用较强的地区开展营改增试点。2012 年 1 月 1 日起先行在上海试点，自 2012 年 8 月 1 日起至年底，交通运输业和部分现代服务业营业税改征增值税试点范围，由上海市分批扩大至北京、天津、江苏、浙江、安徽、福建、湖北、广东 8 个省、直辖市和宁波、厦门、深圳 3 个计划单列市。

从目前试点方案来看，目前各地区执行的改革方案大体相同，即将交通运输业和部分现代服务业先行纳入增值税的征收范围，不再缴纳营业税。应税服务具体包括交通运输业服务（包括陆路运输、

水路运输、航空运输、管道运输）和部分现代服务业服务（包括研发和技术服务、信息技术服务、文化创意服务、物流辅助服务、有形动产租赁服务、鉴证咨询服务）。

2013 年试点的地区还将继续扩展，营改增涉及的行业也将扩容，有望新增邮电通信、建筑安装等行业。在区域试点的基础上，2013 年还将选择部分行业在全国范围试点。

（二）虽然还存在诸多需要完善的地方，但是改革已经迈出实质性步伐，而且试点效果已经有所体现

营改增是一项艰巨的改革任务，是对政府决策能力的考验，更是对税务征管人员的考验。具体执行过程中也暴露出了税制设计中不完善的地方，包括个别行业出现税负上升的现象、增值税同时存在11 档税率的问题、营业税起征点和增值税起征点如何统一的问题，甚至个别行业征收增值税存在技术困难等等。但是 2012 年推出试点本身就表明，历经十多年之后针对产品和劳务流转过程征收的税制改革迈出了实质性的一步，改革终将不断深入。

目前改革效果已经开始初步显现。据肖捷透露，营业税改征增值税后，带动 GDP 增长约 0.5%，第三产业增加值提高约 0.3%，带动居民消费增长 1%，拉动出口增长 0.7%，同时直接带来大约 70 万个新增就业岗位[①]。

第三节　营改增：推动税制结构性改革的切入点

营改增既是目前税制结构性调整的主要内容，也是关键的突破口。营改增是从大局着眼、细处入手、牵一发而动全身的举措，会对

① http：//www.zhenzhi168.com/news/15939568.html。

我国的税制结构和财税体制产生重要影响，促使整个税制进行相应的调整，成为新一轮税制改革的切入点和推动力。

一、税制结构性调整的基本内涵

（一）提出税制结构性调整的背景

税制的结构性调整提出之初称之为结构性减税，而"结构性减税"一词是2008年首次被中央经济工作会议提出，其提出有着重要的历史背景。首先，2008年在我国境内自然灾害频发，经济损失严重。2008年之初正值我国春运高峰之时发生的大面积雪灾，殃及全国19个省份；同年3月新疆和田地区于田县发生7.3级地震，5月12日四川汶川发生特大地震；等等。其次，起因于2007年美国次贷危机，并蔓延至全球，演变成为全球性的金融危机对全球经济产生重创，我国也未能幸免。再次，金融危机引发我国经济生活中的深层次矛盾，包括经济结构问题、收入差距过大以及城镇化进程加快所带来的各种问题频发。最后，我们国家的税制存在改革的需要，税制需要根据经济发展的需要进行优化。面对国内发生的重大自然灾害、全球性经济危机的不断蔓延，以及我国经济生活中的深层次矛盾，保障经济增长平稳较快发展，成为当时压倒一切的首要任务。正是在当时情况下，中央经济工作会议首次提出结构性减税这一财税政策主张，其目的是通过减税来提高居民和企业的可支配收入，从而拉动消费需求和投资需求。

从税制改革的角度来看，结构性减税的提出还有另外一个背景，那就是我国现行的税制结构需要优化。事实上，自2003年后期开始的新一轮税制改革的目标之一，就是对我国的税制结构进行优化，而且2003年之后的税制改革的主基调同样是减税，而2008年提出结构性减税则是在当时的经济生活背景下加快推进税制结构的调整。因此，结构性减税并不是2008年应对各种突发问题的权宜之计，而是税制改革的长远战略考虑。虽然2003年之后的税制改革中也有

“增”项的改革，但在总体上还是以减税为主基调，整体税负也是呈现略有下降的趋势。当然，也有人将结构性减税简单地理解为税制的“减项”改革，为防止产生歧义，本书将结构性减税称之为税制的结构性调整。

（二）税制的结构性调整的基本内涵

税制的结构性调整，其基本内涵是为达到特定的改革目标，对特定税种、税目，税制进行结构性调整，并保证总体上宏观税负略有下降。这种对税制的结构性调整有别于1994年的大规模的税制改革，也有别于单纯的减税，其强调通过对税制进行有增有减的结构性调整，实现税制结构内部的优化，使得税收这一公共制度或者政策能够更好地满足经济发展的需要。

由此可见，税制的结构性调整包含三个方面的内容：

1. 以“双主体”税种为目标对现行税制结构进行适当调整，优化经济的税制环境

在复合税制下，税制结构的优化包含多项内容，一是主体税种的选择，二是其他辅助税种的设计，三是税种间的相互关系以及各税种对经济的调节功能如何等。主体税种的选择是税制结构优化的重要内容。1996年诺贝尔奖获得者米尔利斯和维克星提出的“最优课税理论”认为，税制模式的选择取决于政府的政策目标。一般而言，所得税适用于实现公平分配的目标，流转税适用于实现经济效率的目标。政府的政策如果以公平分配为主，则选择所得税为主体税种；如果以经济效率为主，则选择流转税为主体税种。从世界各国税收实践来看，各国开征的税种不胜枚举，主体税种几经变化，经历了由原始古老的直接税为主体税种到间接税为主体税种，再到以现代直接税为主体税种的发展演变过程。而税制结构模式也分为三种模式：一是以直接税为主体税种的税制模式，二是以间接税为主体税种的税制结构模式，三是直接税和间接税“双主体”的税制结构模式。

考虑我们国家的经济发展阶段和税制改革的历史进程，以及当前经济生活中存在的诸多问题，在现阶段，税制结构的调整目标应该

是以流转税和所得税作为“双主体”的税制结构模式。以2012年的税收收入结构来看，以国内增值税、营业税和国内消费税组成的流转税税收收入占全国税收收入的比重为49.74%，以企业所得税和个人所得税组成的所得税税收收入占全国税收收入的比重为32.04%。体现在税收收入结构上的双主体税种并不明显，但所得税比重上升的趋势依然存在。

2. 对特定税类、税种进行调整，针对特定的经济生活调控目标适时出台相应的税收政策

随着经济生活的发展变化对特定税种进行调整是税制调整的常态，尤其是在当前，经济发展处在转型的关键时期，结合税制结构整体调整的大方向，对多个税种进行适时调整。根据调整的具体内容可以分为三类，第一类是加强某一税类的内部结构调整，例如，流转税类的增值税和营业税的调整组合，财产税类的组合优化，环境保护税类的体系改革；第二类是对多年未动的、已经不能适应当前经济发展变化的特定税种进行改革，例如个人所得税的改革；第三类是对特定经济行为或者特定人群给予的税收政策调整，例如对个人所得税费用扣除额的调整、对增值税起征点的调整等等。

3. 税制的结构性调整要实现宏观税负略有下降

税制的结构性调整还有一个非常重要的目标，那就是要实现宏观税负略有下降，即在税制调整中要以减税作为调整的主基调，以达到激励经济发展的目标。但是强调减税并不意味着排斥“增项”的税制改革，在改革中，要达到某些经济政策目标，我们必须要推出一些税制改革，而这些税制改革不可避免地会起到增加税负的效果。税制的结构性调整所实现的整体宏观税负略有下降，要求税制改革有“增”有“减”，但以“减”作为主基调。

事实上，税制的结构性调整自2003年后期便已经开始了，如全面取消农业税、增值税改革从东北试点到逐步完善准备推向全国、出口退税适时调整、统一内外资企业所得税、多次提高个人所得税起征标准、试点营改增、房产税改革试点、资源税改革等等。从效果看，这些政策也都起到了扩大内需、优化经济结构的作用。

二、营改增是税制结构性调整的突破口

营改增既是目前税制结构性调整的主要内容，也是关键的突破口。

（一）税制的结构性调整以减税作为主基调，营改增是现阶段减税的重要抓手

税制的结构性调整，以减税作为主基调，从目前试点的情况来看，营改增是一项已得到包括决策层、企业圈以及社会各界高度认同，而且，已经大致铺就了前行之路，涉及规模最大、影响范围最广的结构性减税举措。抓住营改增不撒手，是我们可以依循的把结构性减税落到实处的基本路径。营改增的一个重要的目标是，根据规范税制、合理负担的原则，通过税率设置和优惠政策过渡等安排，实现试点行业总体税负不增加或略有下降。而且小规模的个体工商户受益最大。根据规定，如果提供部分现代服务业服务，相比服务业适用营业税5%的税率来说，税负降幅超过40%①；如果提供交通运输业服务，虽然3%的征收率和营业税3%的税率一样，但是增值税按照价税分离计算销售额，纳税人的税负也会有所下降。

据时任国家税务总局局长的肖捷在第一届岭南论坛上透露，营业税改征增值税如果在全国推开，全国税收净减收大概超过1000亿元。而且，截至2012年3月，营业税改征增值税之后，带动GDP增长约0.5%，第三产业增加值提高约0.3%，带动居民消费增长1%，拉动出口增长0.7%，同时直接带来大约70万新增就业岗位。

（二）税收制度和政策的结构性调整，有“增”有“减”，而减项的改革和调整，事实上为增项的改革和调整创造了条件

减税先行，有利于社会公众减少对增税改革和政策调整的反感。

① 理论上的税负降幅应该为41.75%，计算为：[(5%－3%)/(1+3%)]/5%。

在当前中国，任何增加税负的税制改革或者政策调整，都会引起民众的强烈反感。2009年，我国在税负痛苦指数排行榜上位居第二位，这一结果一经媒体报道，便立刻引起国内各界的热烈讨论。虽然对于福布斯税负痛苦指数我们并不认同其计算方法，也因此不接受福布斯税负痛苦指数排名，但是普通居民对福布斯税负痛苦指数的关注和讨论，表明目前我国居民对关系自身利益的政策监督意识增强了。但是这种增强了的意识受限于普通居民对税收的认识，很可能导致居民排斥任何增加税负的改革。事实上，在当前的中国，每当提及启用财政扩张措施、增加公共投资支出规模时，总会有不同的声音。然而，一旦提及实施减税，人们的意见便变得出奇的一致。不仅可获得普遍的认同，还会伴之有诸如“加快推进”、“加大力度”等方面的一片“促进”之声。

从整体上看税制的结构性调整，虽然以减税为主基调，但是也不排除具有增加税负效果的税制改革，包括前面提到的以保护环境为目标而可能开征的环境税、可能在全国推开的房产税等，都是可能引起税负增加的税制改革。要推出具有增加税负效果的税制改革和政策调整，很难取得社会公众对改革和政策调整的认同，举步维艰。在情感上，只有减税先行，才能更容易让社会大众接受增税的改革和政策调整，才能减少普通居民对增税措施的方案。从这一点上来看，减税的改革可以为增税的改革创造条件。

三、营改增是税制结构性调整的重要推动力

营改增关系到流转税的两大主力税种的调整，会引发其他税种的联动改革，成为税制结构性调整的重要推动力。

（一）营改增之后形成的新的增值税一税独大，不利于税收收入的稳定

如果营业税改征增值税在全国推开，其他税种不变，按照当前营改增试点方案，以保持企业税负不增加或者略有下降为原则，未来增

值税的收入将会是现有增值税和营业税收入的合计数，那么改革之后的新的增值税收入将占全国税收收入的近“半壁江山”。

从表 13 - 3 看，国内增值税和营业税两税收入占全国财政收入的比重尽管从 1994 年开始呈现逐年下降的态势，2006 年之前（除了 2001 年、2002 年两年）国内增值税和营业税收入一直占全国税收收入的 50% 以上，是全国税收收入的半壁江山。至 2011 年两税税收收入仍占全国税收收入的 42.28%。

表 13 - 3　1994—2010 年国内增值税和营业税占全国税收收入的比重

年份	国内增值税（亿元）	营业税（亿元）	两税合计（亿元）	税收收入总额（亿元）	两税收入占比（%）
1994	2308.34	670.02	2978.36	4186.90	71.14
1995	2602.33	865.56	3467.89	4881.51	71.04
1996	2962.81	1052.57	4015.38	5571.88	72.07
1997	3283.92	1324.27	4608.19	8234.04	55.97
1998	3628.46	1575.08	5203.54	9262.80	56.18
1999	3881.87	1668.56	5550.43	10682.58	51.96
2000	4553.17	1868.78	6421.95	12581.51	51.04
2001	5357.13	2064.09	7421.22	15301.38	48.50
2002	6178.39	2450.33	8628.72	17636.45	48.93
2003	7236.54	2844.45	10080.99	20017.31	50.36
2004	9017.94	3581.97	12599.91	24165.68	52.14
2005	10792.11	4232.46	15024.57	28778.54	52.21
2006	12784.81	5128.71	17913.52	34804.35	51.47
2007	15470.23	6582.17	22052.40	45621.97	48.34
2008	17996.94	7626.39	25623.33	54223.79	47.25
2009	18481.22	9013.98	27495.20	59521.59	46.19
2010	21093.48	11157.91	32251.39	73210.79	44.05
2011	24266.64	13678.61	37945.25	89738.89	42.28

数据来源：《中国财政年鉴》2010 年、2012 年。

营改增之后的新的增值税，将占全国税收的近“半壁江山”，不利于税收收入的稳定。营改增全国推广之后，更多的税收将直接来自于企业的经营活动，未来经济形势的波动会直接影响税收收入，无疑会对政府财政收入的稳定性构成威胁。

（二）营改增之后，作为地方主要税收收入来源的主体税种成为中央和地方共享税，地方税缺乏主体税种，势必推动地方税制建设

营改增之前，作为地方的主体税种，营业税是地方政府税收收入的主要来源。从表 13－4 可知，自 2002 年起营业税（属于地方收入的部分）收入占地方政府税收收入波动不大，稳定在 33% 上下，最低的 2002 年为 30.99%，最高的 2004 年为 34.71%。

表 13－4　2000—2011 年地方营业税收入占地方政府税收收入的比重

年份	营业税（亿元）	地方政府税收收入（亿元）	营业税占地方政府税收收入比重（%）
2000	1625.67	5688.86	28.58
2001	1849.10	6962.76	26.56
2002	2295.03	7406.16	30.99
2003	2767.56	8413.27	32.90
2004	3470.98	9999.59	34.71
2005	4102.82	12726.73	32.23
2006	4968.17	15233.58	32.61
2007	6379.51	19252.12	33.14
2008	7394.29	23255.11	31.80
2009	8846.88	26157.44	33.82
2010	11004.57	32701.49	33.65
2011	13504.44	41106.74	32.85

数据来源：《中国财政年鉴》2010 年、2012 年。

营业税改征增值税之后，作为地方主要收入来源的主体税种的营业税将成为中央和地方共享税，虽然当前为了税制改革的稳步推进，针对地方政府自主税源大幅较少的问题，政府采用了临时性的安排，即将原来征收营业税领域所带来的增值税的收入归还给地方政府，但是这种临时性的安排不是长久之计。必须通过其他的长久之计来解决地方政府自主财源缺失的问题。

地方政府自主财源缺失的问题很难在现有的税制框架下解决，因为营改增之后，税收收入最大的4个税种，包括增值税、企业所得税、个人所得税、消费税都不可能成为地方的主体税种，必须重建地方税体系。

从发达国家的税收实践来看，通行的做法是将在保有环节开征的房产税作为地方政府的主体税种。这种不动产保有环节开征的税种具有天然地方税种的特点，非流动性和课税对象不可藏匿等，能够为地方政府提供稳定的税收收入。正在上海和重庆试点的针对个人住房保有环节征收的房产税，正是国际实践中的不动产税。虽然有学者对房产税试点效果还存在质疑，房产税试点在全国推行的时间和具体方案还需要进一步讨论，但是房产税在全国推开这个大方向应是确定的。营改增之后，面对地方主体税种缺失的状况，各级政府，包括中央和地方，都有较大的积极性去推动房产税改革。

第十四章　营改增与政府间财税关系

在营改增后，有必要根据营改增改革所造成的各方面影响，进一步理顺中央与地方的财政关系、地方税体系，以及国地税税收征管机构之间的关系。

第一节　营改增与分税制改革

根据现行营改增试点改革的规定，原属于地方财政收入的营业税，在改为增值税后收入仍然归属于地方，这实际上属于一种试点改革中的过渡方案，从中长期看还有必要结合中央与地方的分税制改革，对增值税收入的分享重新进行调整，以满足理顺中央与地方财政分配关系的需要。

一、我国分税制现状及营改增的影响

（一）我国的分税制现状

我国现行分税制是1994年建立起来的，1993年11月，党的十四届三中全会通过的《中共中央关于建立社会主义市场经济体制若干问题的决定》，正式提出了分税制改革的内容。随后国务院出台了《关于实行分税制财政管理体制的决定》，决定从1994年1月1日起实行分税制财政体制。

分税制财政体制彻底改变了以往按行政隶属关系划分财政收入的做法，而是在同时进行的全面税制改革基础上，根据事权与财权相结合的原则，按税种划分中央与地方税收收入。将维护国家权益、实施宏观调控所必需的税种划为中央税；将同经济发展直接相关的主要税种划为中央与地方共享税；将适合地方征管的税种划为地方税，并充实地方税税种，增加地方税收入。

此后，伴随着经济环境的变化，为了进一步规范中央和地方政府之间的分配关系，建立合理的分配机制，中国在稳定分税制财政体制基本框架的基础上，对政府间税收划分制度进行了所得税收入分享改革等多次调整和完善。我国现行政府间税收划分制度以及中央与地方的税收收入情况如表 14－1、表 14－2 所示。

表 14－1　　我国现行政府间税收划分制度框架

中央政府固定收入	关税，海关代征消费税和增值税，消费税，铁道部门、各银行总行、各保险公司总公司等集中交纳的营业税和城市维护建设税，车辆购置税，未纳入共享范围的中央企业所得税
中央与地方共享收入	国内增值税中央分享 75%，地方分享 25%；纳入共享范围的企业所得税和个人所得税中央分享 60%，地方分享 40%；资源税按不同的资源品种划分，海洋石油资源税为中央收入，其余资源税为地方收入；证券交易印花税中央分享 97%，上海、深圳分享 3%
地方政府固定收入	营业税（不含铁道部门、各银行总行、各保险公司总公司集中交纳的营业税），城镇土地使用税，城市维护建设税（不含铁道部门、各银行总行、各保险公司总公司集中交纳的部分），房产税，车船税，印花税（不含证券交易印花税），耕地占用税，契税，烟叶税，土地增值税

注：未纳入共享范围的中央企业包括铁路运输、国家邮政、中国工商银行、中国农业银行、中国银行、中国建设银行、国家开发银行、中国农业发展银行、中国进出口银行以及海洋石油天然气企业。

资料来源：中华人民共和国财政部：《中国财政基本情况（2008）》，经济科学出版社 2009 年版。

表 14-2　2008—2011 年中央与地方的税收收入规模及占比情况

单位：亿元

年份	全国税收收入	中央税收入	占比	地方税收入	占比
2008	54223.79	30968.68	57.11%	23255.11	42.89%
2009	59521.59	33364.15	56.05%	26157.44	43.95%
2010	73210.79	40509.30	55.33%	32701.49	44.67%
2011	89738.39	48631.65	54.19%	41106.74	45.81%

资料来源：各年《中国财政年鉴》。

（二）现行中央与地方对增值税和营业税的收入分享情况

根据我国在 1994 年实施的分税制的政策及其后的相关调整情况，现行中央与地方对增值税和营业税的收入分享情况主要为：中央分享增值税收入的 75%，各银行总行、各保险总公司等集中交纳的营业税，以及铁道部集中缴纳的铁路建设基金营业税。地方分享增值税收入的 25%，除中央分享之外的营业税收入（具体见表 14-3）。

表 14-3　现行中央与地方对增值税和营业税收入的分享情况

税种	中央	地方	文件
增值税	中央分享增值税的 75%	地方分享增值税的 25%	《国务院关于实行分税制财政管理体制的决定》（国发〔1993〕第 85 号）
营业税	各银行总行、各保险总公司等集中交纳的营业税属于中央固定收入	营业税（除各银行总行、各保险总公司集中交纳的营业税外）属于地方固定收入	《国务院关于实行分税制财政管理体制的决定》（国发〔1993〕第 85 号）
	铁道部集中缴纳的铁路建设基金营业税仍作为中央收入	铁道部集中缴纳的铁路运输企业营业税（不含铁路建设基金营业税）由中央收入调整为地方收入；跨省（自治区、直辖市）合资铁路企业缴纳的营业税为地方收入	《关于调整铁路运输企业税收收入划分办法的通知》（财预〔2012〕383 号）

（三）营改增对分税制的影响

将现行属于地方税收入的营业税改征属于共享税的增值税，必然会涉及中央和地方财政的分配关系问题。对此，为了有利于营改增试点的顺利推行，营改增试点采用了“保持现行财政体制不变，规定原归属试点地区的营业税收入，改征增值税后收入仍归属试点地区，税款分别入库的措施”①。上述保持中央与地方政府利益不变的做法回避了中央与地方之间的财政关系方面调整的困难，有利于改革的平稳推行。但仍然存在着一些需要解决的问题：

1. 收入分配属于过渡方案

现行营改增后的收入分配属于临时性的过渡方案，未能解决财政体制深层次问题。从分税制自身来看，这种在增值税原有75:25分成基础上增加的收入划分方式是不规范的，只是属于临时或过渡的措施，在试点阶段涉及的收入规模相对较低。而从长远看，在营改增全面推行后，在改革后的增值税收入中有原营业税收入约15000亿元的收入，将采用不规范的方式分配给地方，会加剧现行分税制的不规范性。同时，也带来财政管理方面的其他问题。这种临时性的收入分配方式也加大了财政管理的难度。因为需要单独将这些试点行业企业统计出来，并统计其缴纳的增值税收入。因而有必要结合中央与地方之间分配关系和地方财政收入的减收问题等，来重新调整和改革分税制。

2. 倒逼财政体制改革

在营改增试点范围较小的情况下，上述过渡方案尚不会对整个财政体制产生根本性的影响。但随着营改增改革推进的逐步深入，从按地区推进变为按行业推进，一旦覆盖全部地区全部行业，营改增将进一步倒逼财政体制改革，需要重新划分中央和地方的分配关系。这意味着1994年财税改革打造的中央地方分税框架必须作出重大调整。财政体制是事权、财权与财力三要素组合构成的一种基础性制度安

① 财税〔2011〕110号文。

排，营改增将引发上述财政体制三要素的重新匹配组合。

表 14－4 2008—2011 年中央与地方的增值税与营业税规模情况

单位：亿元

年份	国内增值税收入	其中：中央	地方	营业税收入	其中：中央	地方
2008	17996.94	13497.76	4499.18	7626.39	232.10	7394.29
2009	18481.22	13915.96	4565.26	9013.98	167.10	8846.88
2010	21093.48	15897.21	5196.27	11157.91	153.34	11004.57
2011	24266.63	18277.38	5989.25	13679.00	174.56	13504.44

资料来源：各年《中国财政年鉴》。

二、营改增后分税制的改革设想

（一）中央与地方财政分配关系的改革方向

我国 1994 年建立的中央与地方的分税制至今已经历时近 20 年，期间虽然有着部分税种收入，如所得税收入分享的调整，但总体上仍然维持着 1994 年分税制的框架。随着社会经济的发展以及税制结构等方面的变化情况，原有分税制财政体制已经呈现出在某些方面的不适应的情况，且在一定程度上成为税制改革的障碍，有必要考虑对我国中央与地方间分配关系进行适度的改革和调整。

对此，十八大报告也指出："加快改革财税体制，健全中央和地方财力与事权相匹配的体制，完善促进基本公共服务均等化和主体功能区建设的公共财政体系，构建地方税体系，形成有利于结构优化、社会公平的税收制度。"即有必要"按照健全中央和地方财力与事权相匹配的体制的总体要求，进一步理顺各级政府间财政分配关系。合理界定中央与地方的事权和支出责任，优化收入划分和财力配置。健全统一规范透明的财政转移支付制度，优化转移支付结构，提高转移支付资金使用效益。建立完善县级基本财力保障机制，加强县级政府提供基本公共服务财力保障"。

具体来看，对于中央与地方财政分配关系的理顺和优化收入划分上，很重要的一个方面就是结合营改增改革，对增值税收入在中央与地方之间的划分进行合理的调整。

（二）营改增全面推行后的中央与地方财政关系改革设想

在营改增全面推行后，中央与地方财政关系应当如何改革，从而符合“健全中央和地方财力与事权相匹配的体制”的要求。对此，本文提出以下五种财政体制改革的设想来解决营改增引发的财政体制问题。不同的改革设想有着各自的优缺点，改革的难易程度与效果也各不相同。

1. 继续沿用试点改革时采用的办法

试点改革时采用的办法是保持现行财政体制不变，原来征收营业税范围内产生的增值税继续缴入地方库，属于地方收入。其优点是：可以保持现有的分税格局基本不动，省去了中央与地方利益调整导致的诸多麻烦。但缺点是：具体操作上会相当烦琐，容易混库，更重要的是将会对地方政府行为产生不确定性影响。显然，这种办法的负面作用很大，将会进一步扭曲中央与地方财政关系。

2. 对增值税的分享比例进行调整

该方案是在原来中央和地方增值税 75 比 25 分成基础上，下调中央的增值税分享比例，上调地方的分享比例，具体比例依据测算数据来确定，以不影响地方既得利益为基本原则。其优点是：改革方案的影响面小，仅仅涉及一个税种的分享比例调整。但缺点是：扩大地方分成的办法过于简单，增值税主要来自生产环节，扩大地方分享比例，无疑将会强化地方政府的投资动机，地方上工业项目的积极性更高。在投资与消费严重失衡的条件下，这种制度安排会带来火上浇油的效果。这不利于结构调整和节能减排，与调整经济结构和转变发展方式的要求是相悖的。

3. 综合调整相关税种的收入归属或分享比例

该方案有两种思路：一是增值税的分享比例保持不变，或在调整的同时，对其他共享税种同时进行调整，例如在企业所得税、个人所得税中扩大地方的分享比例；二是可以统筹考虑各个税种，重新划分中央与地方的财权，重新设定中央税与地方税。其优点是：在保持中央与地方财政关系基本框架稳定的条件下，可以一并解决老体制的一些遗留问题，例如税收返还一并取消。但缺点为：改革涉及面广，难度较大。因为其需要评价各个税种对地方行为动机、对中央收入以及对当前调结构、转方式的影响来综合权衡。同时，这是在其他税种不进行改革条件下作出的一种选择，也意味着税制结构的缺陷难以利用这个机会矫正。

4. 改革其他税种并进行综合调整

该方案是指在实行营改增改革的同时，对其他税种一并改革，据此再考虑财权划分。例如，消费税、资源税、环境税、房产税等都有改革的空间和增收的潜力。此外，学术界也有专家提出，设置一个零售环节的销售税，并用该税种来替代营业税。进一步完善整个税制，调整中央与地方之间的财权划分才有扎实的基础。税制改革与财权划分改革同时进行，用一揽子方案解决税制和财政体制中不适应经济社会发展新阶段的比较突出的矛盾和问题。其优点是：考虑了相关税种的联动改革，避免了改革的碎片化，减少改革的阵痛时间。但缺点是：改革方案需要精心设计，并有决心和信心承受改革的风险压力。

5. 一揽子综合改革

该方案一方面把属于全民所有的公共资源、资产也纳入中央与地方之间的财权划分范围，把税权、费权、产权作为完整财权综合考虑，彻底调整中央与地方的财权划分范围、划分方式。另一方面，对中央与地方事权划分也进行调整，使广义财权、事权的划分改革同步推进。其优点是改革的系统性、协调性、可持续性更强，可以化解诸多深层次的矛盾和问题，放大改革的红利。但缺点是：涉及行政体制改革、公有制下的产权制度改革等重大问题，涉及面更宽、难度更大。

上述五个方面的设想，其难度、复杂性是逐步递增的，如何抉择，取决于改革的胆识与决心。从推动科学发展，加快打造中国经济升级版的要求来看，最好是采取第五个设想，尽管难度大，但改革的红利也最大。而且，包括营改增在内的税制改革、事权划分改革、公共产权收益制度改革已经迫在眉睫，已经难以拖延。不如利用营改增这个机会，实行一揽子改革，使财税改革全面推进，这样也避免了改革碎片化的风险。

第二节　营改增与地方税体系改革

一、我国地方税体系的现状

（一）地方税体系的构成情况

按照分税制确定的税收收入归属，我国的地方税概念是指收入归属权和征收管理权都属于地方政府的税种。同时，根据我国税种的实际管理情况，也可以将一些收入主要由地方共享或由地方管理的共享税种也包括进地方税体系。

按照上述界定的地方税体系的口径，我国现行地方税体系有 11 个税种：一是属于地方税的房产税、城镇土地使用税、土地增值税、车船税、契税、耕地占用税、烟叶税；二是属于主要由地方共享或由地方管理的共享税，即营业税、城市维护建设税、资源税和印花税。而营改增改革取消营业税后，我国地方税体系的税种将减少为 10 个（见表 14－5）。此外，从收入角度看，地方税体系还涉及共享税以及中央与地方的财政关系等问题，在这种情况下，还需要考虑增值税、所得税共享税种的收入问题。

（二）收入规模和结构情况

从地方税收入来看，2007—2011 年期间，地方税收入从 10977.26

表 14－5 我国地方税口径及体系构成

地方税口径	地方税体系构成
营改增前	营业税、城市维护建设税、房产税、城镇土地使用税、土地增值税、车船税、契税、耕地占用税、烟叶税、资源税、(一般)印花税。
营改增后	城市维护建设税、房产税、城镇土地使用税、土地增值税、车船税、契税、耕地占用税、烟叶税、资源税、(一般)印花税。

亿元增长到25949.00亿元，增长到2.36倍。地方税收入占地方税收收入的比重由57.02%提高到63.13%，占税收总收入的比重由24.06%提高到28.92%，占地方本级财政收入的比重总体上升(2011年有所下降)(见表14－6)。

表 14－6 地方税收入规模及其比重情况 单位：亿元

年份	地方税收入	占地方税收收入的比重	占税收总收入的比重	占地方财政收入的比重
2007	10977.26	57.02%	24.06%	46.57%
2008	13262.23	57.03%	24.46%	46.29%
2009	16087.13	61.50%	27.03%	49.34%
2010	20520.77	62.75%	28.03%	50.53%
2011	25949.00	63.13%	28.92%	49.38%

资料来源：各年《中国财政年鉴》。

从收入结构来看，现行地方税中收入比重前五位的分别是营业税、契税、城市维护建设税、房产税和土地增值税(见表14－7)，可以看到营业税、城市维护建设税2个税种实质上属于共享税，所占比重约达到65%，其他3个税种的比重只有约20%。而如果考虑增值税和所得税的共享收入，其中收入比重前五位的分别是营业税、增值税、企业所得税、个人所得税和城市维护建设税(见表14－8)，5个税种都属于共享税，所占比重平均超过了约80%。

二、营改增对地方税体系建设的影响

1994年税制改革以来，国家对地方税相继进行了一系列改革，

表 14－7 地方税收入中排前 5 的税种所占比重情况

年份	营业税	契税	城市维护建设税	房产税	土地增值税	合计
2007	58.12%	10.99%	10.46%	5.24%	3.67%	88.48%
2008	55.75%	9.86%	10.08%	5.13%	4.05%	84.87%
2009	54.99%	10.79%	8.83%	5.00%	4.47%	84.08%
2010	53.63%	12.01%	8.46%	4.36%	6.23%	84.69%
2011	52.04%	10.66%	10.06%	4.25%	7.95%	84.96%

资料来源：各年《中国财政年鉴》。

表 14－8 地方本级税收收入中排前 5 的税种所占比重情况

年份	营业税	增值税	企业所得税	个人所得税	城市维护建设税	合计
2007	33.14%	20.09%	16.27%	6.62%	5.97%	82.09%
2008	31.80%	19.35%	17.21%	6.40%	5.75%	80.51%
2009	33.82%	17.45%	14.98%	6.05%	5.43%	77.73%
2010	33.65%	15.89%	15.44%	5.92%	5.31%	76.21%
2011	32.85%	14.57%	16.41%	5.89%	6.35%	76.07%

资料来源：各年《中国财政年鉴》。

如取消农业税、牧业税、屠宰税、筵席税和城市房地产税；合并车船使用税和车船使用牌照税，开征车船税；完善契税、城镇土地使用税、耕地占用税和资源税。同时，共享税也分别实施了增值税“转型”、营改增试点改革、企业所得税“两法合并”、调整个人所得税费用扣除标准等改革。税制改革对于进一步统一内外税制、优化税种结构、完善地方税收体系、促进地方经济社会发展都起到了重要作用。但与贯彻落实科学发展观和加快经济发展方式转变的要求相比，地方税建设仍相对滞后，有利于加快经济发展方式转变的地方税收体系尚未真正建立。

而在营改增改革后，将原属于地方税收收入的营业税改为属于中央与地方共享税后，必然也会对地方税体系产生影响，主要表现为：

（一）地方税体系丧失了作为主体税种的营业税

根据前述有关我国地方税体系的界定，营业税属于地方税体系的主体税种，2007—2011 年营业税收入占到地方税收入的平均比重约为55%。营改增后，营业税收入由于转变为增值税收入而不属于地方税收入，将导致地方税体系失去主体税种和支撑，这将需要有其他地方税来替代营业税作为主体。但目前我们国家有 18 个税种，大的税源有 4 个税种，增值税、企业所得税、个人所得税和营业税，全部都是共享税。根据马斯格雷夫关于政府间税收划分的原则，目前我们国家现有开征的其余 13 个税种，从其制度设计和收入规模看，都难以替代营业税的主体地位，必须重建新的税种，或者对原有的税种进行必要的改革，才能承担地方主体税种的职能。

（二）非共享的地方税收入规模降低

地方税收入占地方的税收收入（含地方共享税收入）比重高低，反映了地方政府的自主性财力水平。在营改增后，如果没有对税制中的相关税种进行调整，则原属于地方税的营业税就会变为增值税共享，地方税收入的规模将会大幅度降低，而地方的税收收入中共享税收入比重将会大幅度提高。2007—2011 年地方税收入占地方税收收入的比重约为60%左右，而在营改增后，以 2011 年数据看，取消营业税后的增值税和所得税的共享税收入占地方税收收入的比重将达到 70%（见表 14－9）。在地方政府承担基本公共服务的支出超过80%的情况下，地方税收入难以满足地方政府特别是基层政府财政自给能力的需要。

表 14－9　营改增后地方税和共享税的收入规模及其比重情况　　单位：亿元

年份	地方税收入	地方税占地方税收收入的比重	地方共享税收入	地方共享税占地方税收收入的比重
2007	4597.75	23.88%	14653.19	76.11%
2008	5867.94	25.23%	17383.63	74.75%
2009	7240.25	27.68%	18912.43	72.30%
2010	9516.20	29.10%	23183.51	70.89%
2011	12444.56	30.27%	28661.02	69.72%

注：假设营改增后不进行其他地方税税种的调整和设置。

资料来源：各年《中国财政年鉴》。

三、营改增后完善地方税体系的建议

十八大报告在财税改革的内容中也指出了“构建地方税体系”的要求。对此，应该结合营改增改革，进一步完善我国的地方税体系。

（一）重新理解和明确地方税体系的构成

在社会主义市场经济体制下，完善地方税体系的目的应该是提高资源配置效率、促进经济增长，实现地方政府职能的高效履行。而其关键在于实现中央与地方之间财政关系的合理化和规范化。分税制作为市场经济下处理中央与地方财政关系的重要制度，必须在整体上满足这个要求。当前分税制在税种划分上直接制约了地方税和地方税体系，因此，地方税体系完善的重点是如何改革和完善分税制，并在此基础上考虑地方税体系的建设，而不是孤立地考虑地方税税种问题。

另外，税制结构也是制约地方税的一个重要方面。因为构成地方税的各个税种都属于整个税制结构的重要组成部分。我国目前的税制结构是直接税与间接税并存，几乎涵盖了各类税基的税种。在税收收入结构上，以增值税、消费税为主体，个人所得税和企业所得税的增长也很快，而其他税种在税制中的地位较弱。现行税种或税制结构也制约了中央与地方财政关系的合理化。同样道理，应该立足于整体税制结构完善的角度来建设地方税体系，而不是仅从地方税本身来考虑完善。

基于上述分析，我国地方税体系的建设不能局限于现有地方税，而是在中央与地方合理划分税种的基础上，从更广义的角度来考察地方税体系。从广义角度来理解地方税体系，在营改增改革全面实施后，各种共享税都应该视为地方税体系（或称为地方税收体系更为合理）的重要组成部分。在这种情况下，我们也不用担心地方税体系的主体税种缺乏，不能保障地方政府获得稳定的收入来源。从中长期来看，我国的地方税应主要落在以消费为税基的税种上，避免以生产为税基的税种作为地方税。这样有利于扩大内需，并与人口城镇化的大趋势相吻合。

（二）实施地方税制度改革

根据我国税制改革的总体方向，可将营改增与地方税改革结合起来，借助于营改增的减税为其他税种改革提供增税空间，加快实施资源税、房地产税、环境保护税等改革，实行有减有增的结构性改革，这也符合目前国际上税收收入中性的税制改革趋势。

地方税的制度改革主要包括：

（1）在财产税方面，可以合并城镇土地使用税和房产税，征收保有环节的房地产税。应进一步改革车船税，进一步增强其在节能减排方面的激励约束作用。

（2）在资源税和环境税方面，应加快实施资源税改革，通过提高税负、调整计税依据等提高资源开发利用的成本，以及开征环境税，增强税收对环境破坏的约束性等。

可以看到，通过这些地方税税种的改革，并明确和发挥各个地方税税种的功能，形成有利于加快经济发展方式转变的税收制度，从而使得地方税从过于依赖传统产业、资源能源消耗向高新技术产业、服务业转变，强化税收推动产业结构调整和技术升级，促进资源节约、节能减排和环境保护方面的作用。

第三节　营改增与税收征管体制改革

营改增也会给我国税收征管体制带来一定的影响，主要表现在国地税的分设和合并问题上。国地税机构的设置应该以提高税收征管效率为出发点，允许各地因地制宜，自行决定国地税机构的分设或合并。

一、营改增对税收征管体制的影响

（一）我国现行税收征管体制情况

在1994年分税制改革后，为配合分税制改革，我国的税收征管机构被划分为国税局和地税局两个部门，分别负责不同税种的征收管理工作（国地税的征管范围见表14－10）。总体来看，国税局主要负责中央税、中央与地方共享税（部分税种委托给海关代征）的征收管理，地税局主要负责地方税的征收管理。

具体就增值税和营业税的征收管理看，目前国内增值税和部分行业（铁道（铁路建设基金）、各银行总行、保险总公司）集中缴纳的营业税的征收管理属于国税局，而其他营业税的征收管理属于地税局。

表14－10　国税局、地税局和海关的征管范围

征管机构	税　种
国税局	国内增值税；国内消费税；铁道（铁路建设基金）、各银行总行、保险总公司集中缴纳的营业税；铁道（铁路建设基金）、各银行总行、保险总公司集中缴纳的城市维护建设税；铁道、各银行总行、保险总公司集中缴纳，中央企业、海洋石油企业、地方和外资银行及非银行金融企业以及其他按规定属于国税局征收管理的企业所得税；（储蓄存款利息所得）个人所得税；车辆购置税；海洋石油企业资源税；证券交易印花税
地税局	（除国税局征收之外的）营业税、（除国税局征收之外的）城市维护建设税、（除国税局征收之外的）企业所得税、（除储蓄存款利息所得之外的）个人所得税、房产税、城镇土地使用税、车船税、耕地占用税、土地增值税、契税、（除证券交易之外的）印花税、（除海洋石油企业之外的）资源税、烟叶税
海关（国税委托代征）	关税；进口增值税；进口消费税；船舶吨税

注：我国部分地区并没有实行国地税的分设。如上海市的国税局和地税局是合一的，西藏自治区只设置国税。

（二）营改增的影响

从营业税向增值税的转变，相应也带来税收征管上的一些变化。而营改增后，原缴纳营业税的企业将由国税局征收增值税，这种征管范围方面的调整也对税收征管带来一定的影响。具体表现在：

1. 增加了国税局在征管上的难度

从税务机构看，营改增后企业的征管机构将由地税部门改为国税部门，同时增值税纳税人数量也有很大增加，这对增值税信息管理系统带来压力，需要进行扩容和完善。同时，一般纳税人的增多意味着在增值税专用发票等方面的管理需要加强，数量激增的小规模纳税人也需要税务部门加强增值税稽核管理。

2. 增加了企业税务管理的难度

从纳税人来看，属于营业税纳税人的企业在调整为增值税纳税人的过程中，由于增值税制度的严格管理要求，企业需要增加在增值税专用发票管理、纳税申报等方面的工作量，这不仅会一定程度地增加税务管理成本，也带来了增值税专用发票管理方面的税务风险，企业需要提高自身的财务和税务管理水平。

3. 对地税局的职能和组织结构带来一定的影响

目前，国税局征收的基本是收入规模较大且征管难度相对较易的税种；而地税局征收的主要是收入零散、规模相对较小的税种，数量多，征管难度大。营改增改革后，地方税务局会出现征收管理的主要税种数量减少（因营改增后城市维护建设税也实际上由国税局征收）和征收收入规模大幅度下降的问题。这不仅提出了地税局是否有存在必要性的问题，也对地税局的职能定位（征管范围），以及国家税务局与地方税务局之间在征管体制方面的改革和调整提出了新的要求。

二、我国的国地税征管范围及机构设置争议

（一）国税局和地税局分设带来的问题

应该说，我国1994年进行国税局和地税局的分设，有其深刻的

时代背景。因为在我国，中央与地方之间的集权和分权的关系历经多次变化，一直难以固定下来。1994 年分税制改革主要是为了解决中央与地方之间财权划分而进行的，目的是使中央在收入分配中占据主导地位。分设国税局和地税局也是出于这样的考虑，其意图是防止地方截留中央的税收收入，保证中央对国家财政收入分配的主导权。同时，也期望能够通过机构分设，调动中央与地方组织收入积极性。

从国税和地税分设的实际运行情况来看，机构分设确实在一定程度上调动了中央与地方的积极性，这一点从我国近年来税收收入的高速增长可以反映出来。但是，国税和地税机构的分设，从 1994 年运行至今也已经出现了很多需要解决的问题，主要表现为：

1. 国地税的分设增加了征税成本

设立两个各自独立成系统的征税机构，相对于一个征税机构来说会增加包括人力等方面的成本，这一点从我国税收征收成本状况也可以看出来。根据相关报道，我国的税收征收成本达到 8%，这较国外税收征收机构相比征收成本过高，效率过低。而目前国内在 1994 年后没有实行税务机构分设的上海等地，征收更有效率。

2. 机构分设增加了纳税成本

对于纳税人而言，需要在两家税务机构分别办理几乎相同的登记、申报和纳税等事项，大大加重了纳税人的负担。

3. 机构分设增加了机构间的争议

由于现行国税局和地税局在征收管理范围划分上存在着多重标准，征收的税种实际上存在一定的交叉，这也导致国税局和地税局之间存在着一定的争抢税源的问题。同时，地税、国税背后的两套征收机构也导致了税收政策在实际执行中存在一定的差异，推行不够通畅。

总之，机构分设不仅增加了征税成本和纳税成本，由于两个机构之间的矛盾，还产生了两个机构之间的协调成本，严重影响了税收管理的效率。

（二）理论界的不同看法

国税和地税之间如何设置才能适应我国税收管理发展的需要。对此，理论界也存在着不同的看法。

对国税和地税机构分设持赞同观点的人认为：税务机构分设的根本原因取决于一个国家的财政体制；分设的一般原因是基于管理竞争和专业化分工深化的需要。并进一步认为：分设能够解决地方政府的激励不足问题；分设能够实现组织之间的管理竞争；分设能够深化专业化分工。因此，只需要对目前分设中存在的问题妥善解决，而不需要合并。

而对国税和地税机构合并持赞同观点的人认为：国税局与地税局合并能够降低征收成本，提高管理效率；同时，也能够降低企业等纳税人的纳税成本，并可以降低税务机关之间的行政协调成本。从提高税务部门征管效率的角度看，有必要实行机构合并。①

三、营改增后的国地税机构改革

随着营改增改革在国内的不断深化，以及结合国内“大部制”的相关改革趋势，国内有关国税局和地税局合并的呼声也逐渐高涨。对此，有必要研究国地税的合并问题，以及营改增改革能否成为国地税合并的推动力之一。

（一）对国地税机构设置的基本看法

我们认为，上述国地税分设的部分理由中存在着一定的片面性。

1. 分税制的财政体制与征税机构分设之间并不存在必然的联系

其他国家的经验表明，国、地税机构分设的国家实行的都是比

① 中国社会科学院财政与贸易经济研究所：《中国：启动新一轮税制改革》（中国财政政策报告 2003—2004），中国财政经济出版社 2003 年版，第 160—163 页。

较彻底的分税制，即只按税种划分中央税和地方税，彼此之间互不交叉、重叠，各自的税收管理独立进行，不会产生摩擦。而我国分税制实施至今，中央与地方之间在税种上的划分上已经经历了多次调整，目前可以说整个分税制中的共享税越来越多，由地方进行征收的主要税种越来越少，这种趋势使地税局征收范围不断萎缩。因此，在难以实行彻底的分税制情况下，国税和地税的管理范围无法截然分开，分设的弊端远远大于合并，分设不如合并。

2. 促进组织之间管理竞争的依据不能成立

根据赞同分设的观点，通过分设实现管理竞争的好处有：整顿管理机构、雇佣更为优秀的税务人员、监督税务人员和改善纳税环境。实际上，国税与地税分设带来的竞争并不是主要表现在管理上，反倒是表现在对税源和税收收入的竞争上。这种竞争并不能为纳税人带来益处，同时也干预了征税人的管理活动，甚至导致国税与地税之间的矛盾，降低了管理效率。

3. 通过专业化分工提高效率有其一定的前提，即分工带来的收益要大于分工的成本，否则就没有必要进行分工

国税与地税之间的分设，通过管理不同的税种可以带来一定的分工收益。但是我国大量存在的共享税，以及各个税种之间的密切联系，造成单纯进行税种管理的分工所带来的收益是有限的，同时分设所产生的成本却很大。由此看来，机构分设实际上在一定程度上降低了管理效率。

税务机构分设的理由主要在于调动中央与地方的积极性，同时能够保证中央的收入。也就是说，影响分设或合并的关键因素在于国家财政收入控制的主导权问题。从我国来看，中央应该在国家财政收入的控制权上占据主导地位，并通过分税制和税务机构的安排来得以实现。

然而，由于税务人员对中央和地方的“双重忠诚”问题，很难消除地方政府对国税局的干预。同时，地方政府组织收入的积极性在机构分设后提高，是中央与地方之间财政关系改革的结果，而不是因为地方税务局的设立。这样看来，如果能够在中央与地方之间

建立起合理、规范的财政体制，就不会出现地方干预中央，中央担心地方的这种博弈现象，只设立一家征税机构也是可行的。在税收信息化建设更加完善之后，上缴的税收由系统自动按分享比例入库，地方很难再进行干预。因此，我们认为，从经济学角度看，机构如何设置在根本上是决定于如何高效率地保证税收管理和税收目标的实现。鉴于目前分设所造成的征管成本巨大，资源浪费严重，机构臃肿和人员数量庞大的状况，国税与地税之间合并利大于弊，可减轻税务机关和纳税人的负担，降低税收征纳成本、提高税收征管效率。

（二）国税与地税关系的现实选择

从长期来看，国税局与地税局之间应该进行合并。但实践证明，涉及政府之间利益关系的改革从来都不仅仅是经济问题，其中一旦注入了政治因素，就不再仅仅是经济学的分析就能解决的。罗伊·鲍尔就认为："在中央与地方政府都不愿意放弃其征税权的情况下，在可以看得见的未来，两个税务局合并的前景是不存在的。"①可以说，地方对征税权的保留是两者合并的最大障碍。同时，尽管营改增后地税部门的征收范围有所缩小，但地税局房产税、环境税等地方税种的未来改革上也可以发挥其作用。此外，目前实行国税和地税的合并还涉及税务人员的安置、纳税人的适应等多方面问题。因此，虽然从经济学分析上可以得出应该实行国税与地税合并的结论，但是否合并仍属于中央与地方之间的一个政治问题。

实际上，国地税的设置可以参照国内在省以下分税制的实践做法，即允许各地"因地制宜"，而不是"统一体制"。因此，建议允许地方根据各自的实际情况自行决定分设或合并，而不是实行全国"一刀切"。例如，目前上海和西藏等部分地区在1994年后国地

---

① 罗伊·鲍尔著，许善达等译：《中国的财政政策：税制与中央及地方的财政关系》，中国税务出版社2000年版。

税就并没有分设。

地方上对于国地税机构，不论是分设还是合并，都应该根据本地的实际情况，充分考虑包括区域管理范围和税收征管能力等因素，通过相关改革措施，尽可能地提高税收征管效率。可以从以下两个方面来考虑：

1. 国地税分设下的改革措施

在保持现有分设格局不变的情况下，通过一些相关制度上的完善来提高效率。一是在进一步调整分税制财政体制的前提下，科学划界定国税和地税之间的管理范围和执法权限；二是在国税和地税之间建立起完善的信息交换和交流制度，加强两个部门之间的相互协调配合；三是实现国税与地税在个别机构上的合并或者合并办公。按照上述有关组织结构的调整方案，在服务和信息等方面对国税和地税的机构实行合并，为后续的合并奠定基础。例如，可以将国税和地税的服务大厅进行联合设置或者合用，以及建立起统一的信息中心。这样做，不仅便于纳税人，也有利于税务部门组织结构的调整和改革，可以一定程度上提高税收征管效率。

2. 国地税机构合并的改革措施

从营改增改革的试点开始，不仅新扩大的增值税征管由国税机关负责，原来地税机关负责该行业营业税征管的人员也应调入国税机关，即人跟业务走。这样，当增值税扩围改革完成时，将形成大国税与小地税并存的格局，那时再对两个机构的最终整合下决心。①

① 孙钢：《增值税扩围："一石三鸟"的改革》，财政部财科所《研究报告》，2011 年第 57 期。

参考文献

1.《马克思恩格斯全集（第8卷）》，人民出版社1979年版。

2.《马克思恩格斯全集（第26卷）》，人民出版社1979年版。

3. 全国人大常委会预算工作委员会编：《增值税法律制度比较研究》，中国民主法制出版社2010年版。

4. 财政部财政科学研究所：《中国税收政策报告2010：税收与民生》，中国财政经济出版社2010年版

5. 财政部财政科学研究所：《中国税收政策报告2012：税收与消费》，中国财政经济出版社2012年版。

6. 汗青父：《从增值税到税收法典》，中国税务出版社2009年版。

7. 韩绍初：《改革进程中的中国增值税》，中国税务出版社2010年版。

8. 靳东升：《税收国际化趋势》，经济科学出版社2003年版。

9. 唐腾翔：《比较税制》，中国财政经济出版社1990年版。

10. 赵振华：《"十二五"经济社会发展若干重大问题深度解析》，中共中央党校出版社2011年版。

11. 中国社会科学院财政与贸易经济研究所：《中国：启动新一轮税制改革》（中国财政政策报告2003—2004），中国财政经济出版社2003年版。

12. 罗伊·鲍尔著，许善达等译：《中国的财政政策：税制与中央及地方的财政关系》，中国税务出版社2000年版。

13. 里贾纳·E. 赫兹琳杰：《非盈利组织管理》，中国人民大学出版社2000年版。

14. 陆丽萍：《"营改增"政策试点的市场初步评估》，《科学发展》，2012 年第 5 期。

15. 刘友金等：《基于产品内分工的国际产业转移新趋势研究动态》，《经济学动态》，2011 年第 3 期。

16. 李子彬：《中国中小企业 2012 蓝皮书》，中国发展出版社 2012 年版。

17. 肖捷：《继续推进增值税制度改革》，《经济日报》，2012 年 4 月 1 日。

18. 王军：《王军谈"营改增"意义：助推结构调整，提升中国形象》，中国新闻网，2013 年 4 月 17 日。

19. 刘尚希：《"营改增"为中国经济转型传递利好》，新华网，2013 年 4 月 18 日。

20. 刘尚希：《营改增对财税体制的影响及其对策建议》，《中国财经报》，2013 年 6 月 18 日。

21. 刘尚希：《税收理论创新已时不我待》，《中国财经报》，2013 年 4 月 23 日。

22. 刘尚希：《营改增：牵一发而动全身》，《改革内参》，2013 年 3 月。

23. 刘尚希：《"营改增"扩围或为运输业减负》，《中国物流与采购》，2013 年第 3 期。

24. 孙钢：《增值税扩围："一石三鸟"的改革》，《研究报告》，2011 年第 57 期。

25. 孙钢：《营业税改增值税：企业税负减了吗?》，《紫光阁》，2012 年第 3 期。

26. 孙钢：《关于增值税"扩围"改革的思考与建议》，《经济要参》，2011 年第 9 期。

27. 孙钢：《增值税扩围改革的多重效应》，《税务研究》，2011 年第 10 期。

28. 张学诞：《营改增：意义与挑战》，《中国财经信息资料》，2012 年第 35 期。

29. 邢丽：《营业税改增值税难点透析》，《中国报道》，2012年第4期。

30. 梁季：《我国增值税扩围税负变动分析》，《研究报告》，2011年第2期。

31. 吴玉梅、杨小强：《房地产交易的增值税立法问题》，《法治论坛》，2009年第4期。

32. 叶智勇：《建筑业营业税改增值税有关问题的分析和建议》，《财政监督》，2012年第7期。

33. 杜莉：《金融业流转税制的国际比较》，《税务研究》，2002年第4期。

34. 刘晓凤：《增值税的国际比较与借鉴》，《新会计》，2010年第3期。

35. 廖洪、石国亮：《中国社会组织发展管理与改革展望》，《四川师范大学学报》，2011年第5期。

36. 李元宝：《国民经济结构新解析》，《学术论坛》，1992年第6期。

37. 游杰、龚晓：《产业分工深化及其协调问题》，《学术论坛》，2006年第3期。

38. 吴妙英：《非物质生产部门也创造国民财富》，《嘉应大学学报（哲学社会科学）》，1998年第2期。

39. 张幼华：《非物质生产部门也创造国民收入吗?》，《辽宁大学学报》，1982年第5期

40. 高培勇：《结构性减税攸关调控成败　营改增重构财税体系》，证券时报网，2012年11月12日。

41. 岳树民、刘方：《新形势下的结构性减税与税制改革》，《税务研究》，2011年第1期。

42. Cnossen, Sijbren, 1995, "VAT Treatment of Immovable Property", Tax Notes International, 10: 1337 - 42.

43. Poddar, Satya, 2010, "Taxation of Housing Under a VAT", Tax Law Review, 63 (2): 443 - 70.

44. Schenk, Alan and Oliver Oldman, "Value Added Tax: A Comparative Approach", Cambridge University Press, 2007.

45. Davide Maria Parrilli, European VAT and Electronically Supplied Services, EU Working Papers, 2008.

46. Chokri Bouzidi and Anja Taferner, VAT Aspects of Telecommunication Interconnection Services in the EU, VAT Monitor, November/December 2000.

47. Pierre - Pascal Gendron, How should the U. S. treat government entities, nonprofit organizations and other tax - exempt bodies under a VAT, 45. www. americantaxpolicyinstitute. org, 2009.

附　　录

附录 1

2012 年税收大事记

1 月 1 日 经国务院批准，国务院关税税则委员会发布的《2012 年关税实施方案》开始实施，方案中规定：2012 年进口最惠国税率、普通税率不变，对燃料油等 730 多种商品实施暂定税率；出口税率不变，对铬铁等部分出口商品实施暂定税率；进出口税目总数由 2011 年的 7977 个增至 8194 个。

1 月 1 日 中国政府 2009 年 8 月 28 日、2010 年 7 月 26 日、2010 年 10 月 23 日和 2010 年 10 月 31 日分别与捷克、赞比亚、马耳他和叙利亚 4 国政府签订的关于避免对所得双重征税和防止偷漏税的协定开始执行。

1 月 6 日 财政部、国家税务总局发出《关于转让自然资源使用权营业税政策的通知》。通知中规定：在营业税“转让无形资产”税目下增加“转让自然资源使用权”子目，自当月 1 日起执行。

1 月 10 日 财政部、国家税务总局发出《关于企业参与政府统一组织的棚户区改造支出企业所得税税前扣除政策有关问题的通知》。通知中规定：国有工矿企业、国有林区企业和国有垦区企业参与政府统一组织的棚户区改造，并同时满足一定条件的棚户区改造资金补助支出，准予在企业所得税前扣除。

1 月 11 日 中国政府与乌干达政府签订关于避免对所得双重征税和防止偷漏税的协定。

1 月 12 日 财政部、国家税务总局发出《关于企业、事业单位改制重组契税政策的通知》，执行期限为2012年至2014年。

1月13日 国务院发布《全国现代农业发展规划（2011—2015年）》。规划中提出：落实涉农贷款、农民专业合作社和农村金融等税收优惠政策。

1月13日 经国务院批准，国务院办公厅发布《中国遏制与防治艾滋病“十二五”行动计划》。计划中提出：发展改革、财政、海关和税务等部门要继续对进口和国产的抗艾滋病病毒治疗药品实行税收优惠。

1月17日 经国务院批准，财政部、海关总署和国家税务总局发出《关于鼓励科普事业发展的进口税收政策的通知》。通知中规定：自2012年至2015年，对公众开放的科技馆，自然博物馆，天文馆（站、台）和气象台（站），地震台（站），高校和科研机构对外开放的科普基地，从中国境外购买自用科普影视作品播映权进口的拷贝、工作带，免征关税，不征收进口环节增值税；上述科普单位以其他形式进口的自用影视作品，免征关税和进口环节增值税。

1月20日 根据2011年8月2日国务院办公厅发布的《关于促进物流业健康发展政策措施的意见》，财政部、国家税务总局发出《关于物流企业大宗商品仓储设施用地城镇土地使用税政策的通知》。通知中规定：自2012年至2014年，物流企业自有的大宗商品仓储设施用地，减按所属土地等级适用税额标准的50%计征城镇土地使用税。

1月20日 国家税务总局、交通运输部发出《关于进一步做好船舶车船税征收管理工作的通知》。

1月24日 国务院批转人力资源和社会保障部、财政部等7个部门报送的《促进就业规划（2011—2015年）》。规划中提出了下列税收措施：（1）从财税、金融、土地和价格等方面加大政策扶持力度，在企业开办、融资等方面支持家庭服务企业发展。（2）建立健全有利于加快产业结构调整、促进服务业和小型、微型企业发展的税收政策体系，减轻企业税收负担，充分发挥其在吸纳城乡劳动力就业中的作用。(3) 完善、落实促进高校毕业生、农民工和就业困难人员等重点群体就业的税收政策，鼓励企业吸纳重点群体就业。(4) 落实促进小型、微型企业贷款的财税支持政策。

1月29日　根据企业所得税法及其实施条例，财政部、国家税务总局发出《关于金融企业贷款损失准备金企业所得税税前扣除政策的通知》。通知适用政策性银行、商业银行、财务公司、城乡信用社和金融租赁公司等金融企业，执行期限为2011年至2013年。

2月1日　经国务院批准，国务院办公厅发布《国务院2012年立法工作计划》。计划中提出：抓紧工作、适时提出环境税法草案，积极研究论证修订税收征收管理法、城市维护建设税暂行条例。

2月1日　根据资源税暂行条例，财政部、国家税务总局发出《关于调整锡矿石等资源税适用税率标准的通知》，自当日起执行。通知中规定：(1) 锡矿石资源税适用税率标准调整为：一等矿山每吨20元，二等矿山每吨18元，三等矿山每吨16吨，四等矿山每吨14元，五等矿山每吨12元。(2) 钼矿石资源税适用税率标准调整为：一等矿山每吨12元，二等矿山每吨11元，三等矿山每吨10元，四等矿山每吨9元，五等矿山每吨8元。(3) 菱镁矿资源税适用税率标准调整为每吨15元。(4) 滑石、硼矿资源税适用税率标准调整为每吨20元。(5) 铁矿石资源税由减按规定税率的60%征收调整为减按规定税率的80%征收。

2月6日　国务院发布《质量发展纲要（2011—2020年）》。纲要中提出了下列税收措施：(1) 搭建以组织机构代码实名制为基础、以物品编码管理为溯源手段的质量信用信息平台，推动行业质量信用建设，实现银行、商务、海关、税务、工商、质检、工业、农业、保险和统计等部门质量信用信息互通与共享。(2) 落实、完善有利于清洁生产的财税政策。(3) 地方各级人民政府、各行业主管部门要围绕建设质量强国，制定本地区、本行业促进质量发展的相关配套政策和措施，加大对质量工作的投入，完善相关产业、环境、科技、金融、财税和人才培养等政策措施。

2月6日　经国务院批准，国务院办公厅发布《关于加快发展海水淡化产业的意见》。意见中提出：加大财税政策支持力度，对海水淡化水进入市政供水系统研究出台适当的支持政策。

2月7日 经国务院批准，财政部、国家税务总局发出《关于增值税税控系统专用设备和技术维护费用抵减增值税税额有关政策的通知》。通知中规定：自2011年12月1日起，增值税纳税人购买增值税税控系统专用设备支付的费用和缴纳的技术维护费，可以在增值税应纳税额中全额抵减。

2月14日 为了实施《中华人民共和国船舶吨税暂行条例》，海关总署公布适用船舶吨税优惠税率的国家（地区）清单，其中包括美国、日本、英国、法国、俄罗斯、印度、巴西等74个国家和中国的香港、澳门地区。

2月16日 根据企业所得税法及其实施条例，财政部、国家税务总局发出《关于证券行业准备金支出企业所得税税前扣除有关政策问题的通知》。通知适用的证券类准备金包括证券交易所风险基金、证券结算风险基金和证券投资者保护基金，期货类准备金包括期货交易所风险准备金、期货公司风险准备金和期货投资者保障基金；执行期限为2011年至2015年。

2月16日 国家宗教事务局、国家税务总局等6个部门发出《关于鼓励和规范宗教界从事公益慈善活动的意见》。意见中提出了下列税收措施：(1) 企业、自然人向宗教界成立的符合税收法规的公益性社会团体的公益性捐赠支出，按照现行有关税收法规和相关政策规定，可以在所得税前扣除。(2) 经国务院主管部门依法批准成立的属于社会团体的宗教界公益慈善组织接受境外捐赠人无偿捐赠的直接用于扶贫、慈善事业的物资，可以依法减免进口关税和进口环节增值税。(3) 宗教界依法设立的公益慈善组织、社会福利机构，可以依法享受税收优惠。

2月29日 第十一届全国人民代表大会常务委员会第二十五次会议通过《全国人民代表大会常务委员会关于修改〈中华人民共和国清洁生产促进法〉的决定》，将《中华人民共和国清洁生产促进法》第三十五条改为第三十三条，修改为："依法利用废物和从废物中回收原料生产产品的，按照国家规定享受税收优惠。”原第三十五条为：“对利用废物生产产品的和从废物中回收原料的，税务机关按照国家有关规定，减征或者免征增值税。”

3月2日　财政部公布《财政部门监督办法》。办法中规定：财政部门依法对财税法规、政策的执行情况和税收收入、政府非税收入等政府性资金的征收、管理情况实施监督。

3月5日　国务院总理温家宝在第十一届全国人民代表大会第五次会议上所作的《政府工作报告》中肯定了2011年税收工作的成绩，提出了2012年税收工作的主要任务：实施结构性减税。认真落实、完善支持小型微型企业和个体工商户发展的各项税收优惠政策，开展营业税改征增值税试点。继续清理、整合和规范行政事业性收费和政府性基金。扩大物流企业营业税差额纳税试点范围，完善大宗商品仓储设施用地税收政策。调整完善部分农产品批发、零售增值税政策。实施有利于服务业发展的财税、金融政策。改革房地产税收制度，促进房地产市场长期平稳健康发展。推进财税体制改革，理顺中央与地方及地方各级政府间财政分配关系。健全消费税制度。全面深化资源税改革，扩大从价计征范围。加大对高收入者的税收调节力度。稳定出口退税政策。

3月5日　财政部部长谢旭人在第十一届全国人民代表大会第五次会议上所作的《关于2011年中央和地方预算执行情况与2012年中央和地方预算草案的报告》中肯定了2011年税收工作的成绩，提出了2012年税收工作的要求：完善增值税制度，推进营业税改征增值税试点。健全消费税制度，促进节能减排和引导合理消费。进一步推进资源税改革，促进资源节约和环境保护。研究制定房产保有、交易环节税收改革方案，稳步推进房产税改革试点。推进城市维护建设税改革。深化环境保护税费改革。按照正税清费的原则，继续清理整合行政事业性收费和政府性基金。

3月6日　国务院发布《关于支持农业产业化龙头企业发展的意见》。意见中提出了下列税收措施：（1）龙头企业符合条件的固定资产，可以依法缩短折旧年限或者采取加速折旧的方法折旧。龙头企业从事国家鼓励发展的农产品加工项目且进口具有国际先进水平的自用设备，在现行规定范围以内免征关税。龙头企业购置符合条件的环境保护、节能节水等专用设备，依法享受相关税收优惠。（2）落实国家有关农产品初加工企业所得税优惠政策。（3）落实国务院制定的相关税收优惠政策，支持龙头企业通过兼并、重组、收购和控股等方式组建大型企业集团。（4）鼓励龙头企业开展新品种新技术、新工艺研发，落实自主创新的税收优惠政策。（5）支持龙头企业与农户建立风险保障机制，龙头企业提取的风险保障金在实际发生支出的时候可以依法在企业所得税前扣除。（6）完善农产品进出口税收政策，积极对外谈判签署避免双重征税协议。

3月6日 根据车船税法及其实施条例，经国务院批准，财政部、国家税务总局、工业和信息化部发出《关于节约能源、使用新能源车船车船税政策的通知》。通知中规定：自当年1月1日起，节约能源的车船，减半征收车船税；使用新能源的车船，免征车船税。对于减免车船税的节约能源、使用新能源车船，由财政部、国家税务总局、工业和信息化部通过发布《节约能源使用新能源车辆（船舶）减免车船税的车型（船型）目录》实施管理。

3月7日 财政部、工业和信息化部、海关总署、国家税务总局发出《关于调整重大技术装备进口税收政策有关目录的通知》。通知中规定：《国家支持发展的重大技术装备和产品目录（2012年修订）》和《重大技术装备和产品进口关键零部件、原材料商品清单（2012年修订）》自当年4月1日起执行，符合规定条件的国内企业为生产上述装备、产品而确有必要进口上述商品，免征关税和进口环节增值税。

3月14日 国务院发布《“十二五”期间深化医药卫生体制改革规划暨实施方案》。方案中提出：进一步改善执业环境，落实价格、税收、医保定点、土地、重点学科建设和职称评定等方面的政策，对各类社会资本举办非营利性医疗机构给予优先支持，鼓励非公立医疗机构向高水平、规模化的大型医疗集团发展。

3月18日 国务院批转国家发展和改革委员会报送的《关于2012

年深化经济体制改革重点工作的意见》。意见中提出了下列税收措施：(1) 稳步扩大营业税改征增值税试点行业和地区范围。(2) 研究将部分大量消耗资源、严重污染环境的产品纳入消费税征收范围。(3) 适时扩大房产税试点范围。(4) 全面深化资源税改革，扩大从价计征范围。(5) 推进环境保护税相关立法工作。

3月29日　根据企业所得税法及其实施条例，财政部发出《关于保险公司农业巨灾风险准备金企业所得税税前扣除政策的通知》。通知中规定：保险公司经营财政给予保费补贴的种植业险种的，按照不超过补贴险种当年保费收入25%的比例计提的巨灾风险准备金，准予在企业所得税前扣除，执行期限为2011年至2015年。

4月5日　国务院公布《校车安全管理条例》。条例中规定：国家建立多渠道筹措校车经费的机制，并通过财政资助、税收优惠、鼓励社会捐赠等多种方式，按照规定支持使用校车接送学生的服务。支持校车服务的税收优惠办法，依照法律、行政法规规定的税收管理权限制定。

4月6日　经国务院批准，财政部、国家税务总局发出《关于在部分行业试行农产品增值税进项税额核定扣除办法的通知》。通知中规定：自当年7月1日起，以购进农产品为原料生产销售液体乳和乳制品、酒和酒精、植物油的增值税一般纳税人，试行进项税额核定扣除。

4月9日　经国务院批准，财政部、海关总署和国家税务总局发出《关于进一步扶持新型显示器件产业发展有关税收优惠政策的通知》。通知中规定：(1) 自2012年至2015年，新型显示器件（包括薄膜晶体管液晶、等离子和有机发光二极管）面板生产企业进口国内不能生产的自用生产性（包括研发用）原材料和消耗品，可以免征关税；进口建设净化室所需国内无法提供的配套系统和维修生产设备所需零部件，免征关税和进口环节增值税。(2) 符合国内产业自主化发展规划的彩色滤光膜、偏光片等属于新型显示器件产业上游的关键原材料、零部件的生产企业，经财政部会同有关部门确定以后，进口国内不能生产的自用生产性原材料和消耗品，可以免征关税。(3)“十二五”期间，财政部将会同相关部门，根据国内配套产业的发展情况，适时调整新型显示器件产业相关免税进口商品清单。

4月9日 根据消费税暂行条例实施细则，财政部、国家税务总局发出《关于消费税纳税人总分支机构汇总缴纳消费税有关政策的通知》。通知中规定：纳税人的总机构与分支机构在同一省（自治区、直辖市），但是不在同一县（市），经本省（自治区、直辖市）财政厅（局）、国家税务局审批同意，报财政部、国家税务总局备案，可以由总机构汇总向总机构所在地的主管税务机关申报缴纳消费税。

4月11日 中国政府与博茨瓦纳政府签订关于避免对所得双重征税和防止偷漏税的协定。

4月11日 根据企业所得税法及其实施条例，财政部、国家税务总局发出《关于中小企业信用担保机构有关准备金企业所得税税前扣除政策的通知》，执行期限为2011年至2015年。通知中规定：(1) 符合条件的中小企业信用担保机构按照不超过当年年末担保责任余额的1%计提的担保赔偿准备，可以在企业所得税前扣除，同时将上年度计提的担保赔偿准备余额转为当期收入。(2) 上述担保机构按照不超过当年担保费收入的50%计提的未到期责任准备，可以在企业所得税前扣除，同时将上年度计提的未到期责任准备余额转为当期收入。(3) 中小企业信用担保机构实际发生的代偿损失，符合税法关于资产损失税前扣除规定的，应当冲减已经在税前扣除的担保赔偿准备，不足冲减部分可以在企业所得税前扣除。

4月19日 国务院发布《关于进一步支持小型微型企业健康发展的意见》。意见中提出了下列税收措施：提高增值税和营业税起征点；将小型微利企业减半征收企业所得税政策延长到2015年底，并扩大范围；将符合条件的国家中小企业公共服务示范平台中的技术类服务平台纳入现行科技开发用品进口税收优惠政策范围；自2011年11月至2014年10月，金融机构与小型微型企业签订的借款合同免征印花税；将金融企业涉农贷款和中小企业贷款损失准备金税前扣除政策延长到2013年底；将符合条件的农村金融机构金融保险收入减按3%的税率征收营业税的政策延长到2015年底；加快推进营业税改征增值税试点，逐步解决服务业营业税重复征税问题；结合深化税收体制改革，完善结构性减税政策，研究进一步支持小型微型企业发展的税收制度。

4月20日　根据企业所得税法及其实施条例和国务院2011年1月28日发出的《关于印发进一步鼓励软件产业和集成电路产业发展若干政策的通知》，财政部、国家税务总局发出《关于进一步鼓励软件产业和集成电路产业发展企业所得税政策的通知》，自2011年起执行，其主要内容如下：（1）经过认定的集成电路线宽不超过0.8微米的集成电路生产企业，自2011年至2017年，自获利年度起，第一年至第二年免征企业所得税，第三年至第五年按照25%的法定税率减半征收企业所得税。（2）集成电路线宽小于0.25微米或者投资额超过80亿元的集成电路生产企业，经过认定，减按15%的税率征收企业所得税。其中经营期在15年以上的，自2011年至2017年，自获利年度起，第一年至第五年免征企业所得税，第六年至第十年按照25%的法定税率减半征收企业所得税。（3）在中国境内新办的集成电路设计企业和符合条件的软件企业，经过认定，自2011年至2017年，自获利年度起，第一年至第二年免征企业所得税，第三年至第五年按照25%的法定税率减半征收企业所得税。（4）国家规划布局内的重点软件企业和集成电路设计企业，当年没有免税的，可以减按10%的税率征收企业所得税。（5）符合条件的软件企业依法取得的即征即退增值税款，由企业专项用于软件产品研发和扩大再生产并单独核算，可以作为不征税收入，在计算应纳税所得额的时候从收入总额中减除。（6）集成电路设计企业和符合条件软件企业的职工培训费用，应当单独核算，并按照实际发生额在计算应纳税所得额的时候扣除。（7）企业外购的软件，符合固定资产或者无形资产确认条件的，可以按照固定资产或者无形资产核算，其折旧或者摊销年限可以适当缩短，最短为2年。（8）集成电路生产企业的生产设备，折旧年限可以适当缩短，最短为3年。

4月24日　根据2010年12月31日中共中央、国务院发布的

《关于加快水利改革发展的决定》，经国务院批准，财政部和国家税务总局发出《关于支持农村饮水安全工程建设运营税收政策的通知》，执行期限暂定为2011年至2015年（企业所得税除外）。通知中规定：（1）饮水工程运营管理单位为建设饮水工程而承受土地使用权，免征契税。（2）上述单位为建设饮水工程取得土地使用权而签订的产权转移书据，与施工单位签订的建设工程承包合同，免征印花税。（3）上述单位自用的生产、办公用房产、土地，免征房产税、城镇土地使用税。（4）上述单位向农村居民提供生活用水取得的自来水销售收入，免征增值税。（5）上述单位从事《公共基础设施项目企业所得税优惠目录》规定的饮水工程新建项目投资经营的所得，自项目取得第一笔生产、经营收入所属纳税年度起，第一年至第三年免征企业所得税，第四年至第六年减半征收企业所得税。

4月30日 国务院发布《关于加强进口促进对外贸易平衡发展的指导意见》。意见中提出了下列税收措施：（1）根据国内经济社会发展需要，以暂定税率的方式，降低部分能源原材料的进口关税，适当降低部分与人民群众生活密切相关的生活用品进口关税，适时调整部分先进技术设备、关键零部件进口关税，重点降低初级能源原材料和战略性新兴产业所需的国内不能生产或者性能不能满足需要的关键零部件的进口关税。（2）继续落实对自最不发达国家部分商品进口零关税待遇，加快降税进程，进一步扩大零关税商品范围。（3）结合自由贸易区降税安排，引导企业扩大从自由贸易区成员方的进口。

5月3日 为了落实国务院发布的《工伤保险条例》，根据个人所得税法的有关规定，财政部、国家税务总局发出《关于工伤职工取得的工伤保险待遇有关个人所得税政策的通知》。通知中规定：自2011年1月1日起，工伤职工及其近亲属按照《工伤保险条例》取得的工伤保险待遇，可以免征个人所得税。上述工伤保险待遇，包括工伤职工按照《工伤保险条例》取得的一次性伤残补助金、伤残津贴、一次性工伤医疗补助金、一次性伤残就业补助金、工伤医疗待遇、住院伙食补助费、外地就医交通食宿费用、工伤康复费用、辅助器具费用和生活护理费等；职工因工死亡，其近亲属按照《工伤保险条例》取得的丧葬补助金、供养亲属抚恤金和一次性工亡补助金等。

5月13日　中国、日本和韩国政府在北京签署关于促进、便利和保护投资的协定，其中囊括了国际投资协定通常包含的所有重要内容，包括投资定义、适用范围、最惠国待遇、国民待遇、征收、转移、代位、税收、一般例外和争议解决等条款。

5月15日　根据企业所得税法及其实施条例，财政部、国家税务总局发出《关于保险公司准备金支出企业所得税税前扣除有关政策问题的通知》，执行期限为2011年至2015年。

5月21日　经国务院批准，财政部、环境保护部、国家发展和改革委员会、工业和信息化部、海关总署、国家税务总局发布《废弃电器电子产品处理基金征收使用管理办法》，自2012年7月1日起施行。办法中规定：废弃电器电子产品处理基金（以下简称基金）是国家为了促进废弃电器、电子产品回收处理而设立的政府性基金，基金全额上缴中央国库，专款专用。基金的缴纳人为电器、电子产品生产者、进口电器、电子产品的收货人或者其代理人，按照上述缴纳人销售、进口的电器、电子产品数量和规定的征收标准从量定额征收：电视机每台13元、电冰箱每台12元、微型计算机每台10元、洗衣机和房间空调器每台7元。电器、电子产品生产者缴纳的基金由国家税务局征收，进口电器、电子产品的收货人或者其代理人缴纳的基金由海关征收。电器、电子产品生产者生产用于出口的电器、电子产品，可以免征废弃电器电子产品处理基金；采用有利于资源综合利用和无害化处理的设计方案以及使用环保和便于回收利用材料生产的电器、电子产品，可以减征废弃电器电子产品处理基金。基金可以计入生产、经营成本，在计算应纳税所得额的时候扣除。8月20日，国家税务总局据此发布《废弃电器电子产品处理基金征收管理规定》。

5月25日　财政部、国家税务总局发出《关于出口货物劳务增值税和消费税政策的通知》，对近年来陆续制定的一系列出口货物、对外提供加工修理修配劳务增值税和消费税政策作了梳理归类。除个别规定自2011年1月1日起执行外，其他规定均自2012年7月1日起执行，同时废止一批相关文件。6月14日，国家税务总局发布《出口货物劳务增值税和消费税管理办法》。

5月30日 根据企业所得税法实施条例，财政部、国家税务总局发出《关于广告费和业务宣传费支出税前扣除政策的通知》，执行期限为2011年至2015年。

6月6日 根据税收征管法、行政监察法、公务员法和行政机关公务员处分条例等法规，监察部、人力资源和社会保障部、国家税务总局公布《税收违法违纪行为处分规定》，自当年8月1日起实施。

6月12日 财政部、国家税务总局和中国人民银行发布新的《跨省市总分机构企业所得税分配及预算管理办法》，自2013年1月1日起执行，2008年上述部门发出的《关于印发〈跨省市总分机构企业所得税分配及预算管理暂行办法〉的通知》（财预〔2008〕10号）同时废止。

6月14日 国家税务总局发布《关于1元以下应纳税额和滞纳金处理问题的公告》，为了提高征收效率，降低征收成本和纳税人负担，自8月1日起，税务机关开具的缴税凭证上的应纳税额和滞纳金为1元以下的，应纳税额和滞纳金为零。

6月14日 国务院批转人力资源和社会保障部、国家发展和改革委员会、民政部、财政部、卫生部、社保基金会制定的《社会保障"十二五"规划纲要》。纲要中提出：在建立健全各项基本社会保险制度的基础上，针对人们不同的社会保障需求，落实和完善税收支持政策，积极稳妥发展多层次社会保障体系；完善慈善捐赠方面的税收优惠政策。

6月15日 根据国务院的有关文件，财政部、国家税务总局发出《关于外派海员等劳务免征营业税的通知》。通知中规定：自当年1月1日起，中国境内单位提供的下列劳务免征营业税：标的物在中国境外的建设工程监理，外派海员劳务，以对外劳务合作方式向中国境外单位提供的完全发生在中国境外的人员管理劳务。

6月15日　根据国务院2011年11月18日发出的《关于平潭综合实验区总体发展规划的批复》，财政部、国家税务总局发出《关于福建省平潭综合实验区营业税政策的通知》。通知中规定：自2011年12月1日起，注册在平潭的航运企业从事平潭至台湾的两岸航运业务取得的收入、注册在平潭的保险企业向注册在平潭的企业提供国际航运保险服务取得的收入和注册在平潭的企业从事离岸服务外包业务取得的收入，可以免征营业税。注册在平潭的符合条件的物流企业，可以按照现行试点物流企业营业税政策差额征收营业税。

6月16日　国务院发布《"十二五"节能环保产业发展规划》。规划中提出了下列税收措施：严格落实并不断完善现有节能、节水、环境保护和资源综合利用税收优惠政策，全面改革资源税，积极推进环境税费改革，落实节能服务公司实施合同能源管理项目税收优惠政策。

6月25日　经国务院批准，财政部、国家税务总局发出《关于城市公交企业购置公共汽电车辆免征车辆购置税的通知》。通知中规定：自2012年至2015年，城市公交企业购置的公共汽电车辆可以免征车辆购置税。

6月27日　国务院发布《关于支持深圳前海深港现代服务业合作区开发开放有关政策的批复》。批复中作出了下列税收规定：在国家税制改革框架下，支持前海在探索现代服务业税收体制改革中发挥先行先试作用。（1）在制定产业准入目录和优惠目录的基础上，对前海符合条件的企业减按15%的税率征收企业所得税。（2）对在前海工作、符合前海规划产业发展需要的境外高端人才和紧缺人才，取得的暂由深圳市人民政府按照内地与境外个人所得税税负差额给予的补贴，免征个人所得税。（3）注册在前海的符合规定条件的现代物流企业，可以享受现行试点物流企业按照差额征收营业税的政策。

6月28日　国务院发布《关于支持赣南等原中央苏区振兴发展的若干意见》。意见中提出：统筹研究将赣州列为中国服务外包示范城市并享受税收等相关优惠政策问题。

6月28日 国务院发布《节能与新能源汽车产业发展规划(2012—2020年)》。规划中提出：研究完善汽车税收政策体系。节能与新能源汽车及其关键零部件企业，经认定取得高新技术企业所得税优惠资格的，可以依法享受相关优惠政策。节能与新能源汽车及其关键零部件企业从事技术开发、转让及相关咨询、服务业务所取得的收入，可以按照规定享受营业税免税政策。

6月28日 国务院发布《关于大力推进信息化发展和切实保障信息安全的若干意见》。该文件中提出：发挥财税政策的杠杆作用，加大对信息化、工业化深度融合关键共性技术研发和推广、公共服务平台、重大示范工程建设等的支持力度。

6月29日 根据国务院2010年5月7日发布的《关于鼓励和引导民间投资健康发展的若干意见》，国家发展和改革委员会、外交部和财政部等13个单位发布《关于鼓励和引导民营企业积极开展境外投资的实施意见》。意见中提出了下列税收措施：（1）落实好企业中国境外（以下简称境外）缴纳所得税抵免政策，鼓励民营企业开展境外投资。（2）发挥好中国与有关国家、地区已经签署的双边投资保护协定、避免双重征税协定和其他投资促进、保障协定作用，进一步扩大商签双边投资保护协定、避免双重征税协定的国家范围，为民营企业中国境外投资合作营造稳定、透明的外部环境。（3）研究引入专业担保公司、机构参与提供海关税费担保，减轻民营企业融资困难。积极推广、优化全国海关税费电子支付系统，为民营企业提供准确、快捷、方便的税费网上缴纳服务。

7月2日 中共中央、国务院发布《关于深化科技体制改革加快国家创新体系建设的意见》。意见中提出了下列税收措施：（1）落实企业研发费用税前加计扣除政策，适用范围包括战略性新兴产业、传统产业技术改造和现代服务业等领域；改进企业研发费用计核方法，合理扩大研发费用加计扣除范围，加大企业研发设备加速折旧等政策的落实力度。加大对中小企业、微型企业技术创新的财政、金融支持，落实好相关税收优惠政策。（2）引导、鼓励民办科研机构发展，符合条件的民办科研机构可以享受税收优惠等相关政策。（3）完善、落实促进科技成果转化应用的政策措施，实施技术转让所得税优惠政策。

7月8日　国务院发布《关于促进民航业发展的若干意见》。意见中提出了下列税收措施：(1) 保障机场及其综合枢纽建设发展用地，依法实行相应的税收减免政策。(2) 支持符合条件的临空经济区按照程序申请设立综合保税区等海关特殊监管区域，依法实行相应的税收政策。(3) 继续在规定范围以内给予部分飞机、发动机和航空器材等进口税收优惠。

7月8日　国务院发布《关于促进民航业发展的若干意见》。意见中提出了下列税收措施：(1) 保障机场及其综合枢纽建设发展用地，依法实行相应的税收减免政策。(2) 支持符合条件的临空经济区按照程序申请设立综合保税区等海关特殊监管区域，依法实行相应的税收政策。(3) 继续在规定范围以内给予部分飞机、发动机和航空器材等进口税收优惠。

7月9日　国务院发布《"十二五"国家战略性新兴产业发展规划》。规划中提出：结合税制改革方向和税种特征，针对战略性新兴产业特点，加快研究完善和落实鼓励创新、引导投资和消费的税收支持政策。

7月10日　国务院发布《关于促进红十字事业发展的意见》。意见中提出：企业、个人等社会力量向红十字事业的捐赠，按照规定享受所得税前扣除政策。

7月11日　国务院发布《国家基本公共服务体系"十二五"规划》。规划中提出了下列税收措施：(1) 完善就业援助政策，加大资金投入，完善税费减免、社会保险补贴、岗位补贴等办法，开发社区服务、养老服务、助残服务、交通协管、保洁和绿化等公益性岗位。(2) 对于保障性安居工程建设和运营给予税费优惠。(3) 落实残疾人按照比例就业、安置残疾人单位税收优惠和残疾人个体就业扶持等政策。(4) 提供基本公共服务的民办机构，在设立条件、资质认定、职业资格、职称评定、税收政策和政府购买服务等方面，与事业单位享有平等待遇。(5) 完善慈善捐赠的法律法规和税收减免政策。

7月19日 经国务院批准，国务院办公厅转发民政部、财政部等7个部门报送的《关于加强见义勇为人员权益保护的意见》。意见中提出：见义勇为人员所得奖金和奖品，按照现行税收政策免征个人所得税。

7月26日 国务院、中央军委发布《统筹经济建设和国防建设"十二五"规划》。规划中提出：充分发挥中央、地方和军队三方面积极性，探索建立政府投入、税收激励和金融支持的政策体系，深入研究、逐步形成统筹建设的一系列优惠政策，细化落实《国务院关于鼓励和引导民间投资健康发展的若干意见》，鼓励支持民间资本、民营企业参与国防建设。

7月27日 经国务院批准，国务院办公厅发布《电子口岸发展"十二五"规划》。规划中提出了下列税收措施：（1）以进出口企业为单位，以工商部门企业注册登记信息为基础，汇集环保、商务、央行、海关、税务、质检和外汇等部门的企业基础信息、年度审核信息、注销吊销信息、财务经营状况、企业资信等级和违法违规记录等，建立跨部门的进出口企业资信共享机制和配套的综合资信库，为实现口岸管理部门网络化联合监管创造条件。（2）根据国家经济发展、外贸形势和相关产业政策的需要，以实现国务院有关部门间与大通关流程相关的数据共享和联网核查为重点，依托金关工程、金质工程和金税工程等电子口岸平台，加大互联互通和信息资源共享力度，不断扩展部门间业务协同领域，促进无纸化业务改革，全面提升口岸管理部门联合执法、业务协同和综合服务能力。（3）围绕加强税收管理，保障税收安全，便利企业网上办理征、缴、退、补等手续，加快企业资金周转效率，缓解企业资金压力，深化关库联网等联网核查项目建设。

7月30日 经国务院批准，国务院办公厅发布《关于加快林下经济发展的意见》。意见中提出：符合小型微型企业条件的农民林业专业合作社、合作林场等，可以享受国家的相关扶持政策；符合税收相关规定的农民生产林下经济产品，应当依法享受有关税收优惠政策。

7月31日　中共中央总书记胡锦涛主持召开中共中央政治局会议，研究上半年经济形势和下半年经济工作，提出深化财税改革。

7月31日　经国务院批准，财政部、国家税务总局发出《关于在北京等8省市开展交通运输业和部分现代服务业营业税改征增值税试点的通知》。通知中规定的新旧税制转换时间为：北京市9月1日，江苏省、安徽省10月1日，福建省、广东省11月1日，天津市、浙江省和湖北省12月1日。

8月3日　国务院发布《关于深化流通体制改革加快流通产业发展的意见》。意见中提出了下列税收措施：(1) 在一定期限以内免征农产品批发市场、农贸市场的城镇土地使用税和房产税。(2) 将免征蔬菜流通环节增值税的政策扩大到有条件的鲜活农产品。(3) 加快制定、完善促进废旧商品回收体系建设的税收政策。(4) 完善、落实家政服务企业免征营业税政策，促进生活服务业发展。(5) 落实总分支机构汇总纳税政策，促进连锁经营企业跨地区发展。(6) 积极推进营业税改增值税试点，完善流通业税制。

8月6日　国务院发布《节能减排“十二五”规划》。规划中提出：落实国家支持节能减排的税收优惠政策，改革资源税，加快环境保护税立法工作，调整进出口税收政策和消费税范围、税率结构。

8月27日　国务院发布《关于大力实施促进中部地区崛起战略的若干意见》。意见中提出：加大财税金融政策支持力度，积极推动将煤炭、部分金属矿产品等纳入资源税改革试点；支持农村信用社进一步深化改革，落实涉农贷款税收优惠等优惠政策。

8月31日　第十一届全国人民代表大会常务委员会第二十八次会议通过《全国人民代表大会常务委员会关于修改〈中华人民共和国农业技术推广法〉的决定》。决定中规定：从事农业技术推广服务的，可以享受国家规定的税收、信贷等方面的优惠。

9月1日　国务院发布《关于促进企业技术改造的指导意见》。意见中提出：完善税收优惠政策。用好现行有关税收优惠政策支持企业技术改造，包括增值税一般纳税人购进或者自制机器设备发生的增值税进项税额可以按照规定从销项税额中抵扣；企业所得税法规定的固定资产加速折旧，购置用于环境保护、节能节水和安全生产等专用设备的投资额可以按照一定比例实行税额抵免，研发费用加计扣除，技术转让减免企业所得税，被认定为高新技术企业的享受企业所得税优惠；对从事国家鼓励发展的项目所需、国内不能生产的先进设备，在规定范围以内免征进口关税；国内企业为生产国家支持发展的重大技术装备而确有必要进口的关键零部件和原材料，享受进口税收优惠等。稳步推进营业税改征增值税改革，逐步将转让技术专利、商标、品牌等无形资产纳入增值税征收范围。

9 月 1 日 经国务院批准，国务院办公厅发布《国内贸易发展“十二五”规划》。规划中提出：认真落实现行的各项税收优惠政策，进一步完善有利于内贸行业健康发展的税收政策。实行结构性减税，重点支持农产品流通、生活服务业、连锁经营企业发展和废旧商品回收体系建设。

9 月 1 日 国务院发布《关于进一步加强和改进最低生活保障工作的意见》。意见中提出：经救助申请人及其家庭成员授权，税务等部门应当根据有关规定和最低生活保障等社会救助对象认定工作需要，及时向民政部门提供纳税等方面的信息。

9 月 3 日 根据国务院常务会议的决定，财政部、国家税务总局发出《关于农产品批发市场农贸市场房产税城镇土地使用税政策的通知》。通知中规定：自 2013 年至 2015 年，专门经营农产品的农产品批发市场、农贸市场使用的房产、土地，暂免征收房产税、城镇土地使用税；同时经营其他产品的农产品批发市场和农贸市场使用的房产、土地，按照其他产品与农产品交易场地面积的比例确定征免房产税、城镇土地使用税。

9 月 16 日 经国务院批准，国务院办公厅发布《关于促进外贸稳定增长的若干意见》。意见中提出：在货物贸易外汇管理制度改革的基础上，进一步加快出口退税进度，确保准确及时退税。

9 月 25 日 经中央人才工作协调小组同意，中共中央组织部、人力资源和社会保障部、财政部和国家税务总局等 25 个单位发布《外国人在中国永久居留享有相关待遇的办法》。办法中规定：持有中国发给的《外国人永久居留证》的外国人，在所得税方面，按照中国税法和税收协定履行纳税义务；在中国境内取得的收入，依法纳税并持有税务部门出具的对外支付税务证明以后，可以兑换外汇汇出中国境外。

9月27日　经国务院批准，财政部、国家税务总局发出《关于免征部分鲜活肉蛋产品流通环节增值税政策的通知》。通知中规定：自当年10月1日起，免征部分鲜活肉蛋产品流通环节增值税。上述鲜活肉产品，指猪、牛、羊、鸡、鸭、鹅及其整块和分割的鲜肉、冷藏和冷冻肉，内脏、头、尾、骨、蹄、翅和爪等组织；鲜活蛋产品，指鸡蛋、鸭蛋和鹅蛋，包括鲜蛋、冷藏蛋及其破壳分离的蛋液、蛋黄和蛋壳。

10月8日　国务院发布《卫生事业发展“十二五”规划》。规划中提出：落实非营利性医疗机构税收优惠政策，完善营利性医疗机构税收政策。

11月8日　中共中央总书记胡锦涛在中国共产党第十八次全国代表大会上所作的题为《坚定不移沿着中国特色社会主义道路前进为全面建成小康社会而奋斗》的报告中提出：加快改革财税体制，健全中央和地方财力与事权相匹配的体制，完善促进基本公共服务均等化和主体功能区建设的公共财政体系，构建地方税体系，形成有利于结构优化、社会公平的税收制度。加快健全以税收、社会保障和转移支付为主要手段的再分配调节机制。深化资源性产品价格和税费改革。

11月9日　国务院公布《关于修改和废止部分行政法规的决定》，自2013年1月1日起施行。决定中修改了《中华人民共和国税收征收管理法实施细则》的部分条款，废止了《中华人民共和国固定资产投资方向调节税暂行条例》。

11月12日　国务院公布《农业保险条例》。条例中规定：保险机构经营农业保险业务依法享受税收优惠。

11月12日　经国务院批准，财政部、科技部、民政部、海关总署和国家税务总局发出《关于科技类民办非企业单位适用科学研究和教学用品进口税收政策的通知》。通知中规定：自 2013 年 1 月 1 日起，符合条件的科技类民办非企业单位，以科学研究为目的，在合理数量范围以内进口国内不能生产或者性能不能满足需要的科研用品，免征关税和进口环节增值税、消费税。

11 月 15 日 财政部、国家税务总局和中国证券监督管理委员会发出《关于实施上市公司股息、红利差别化个人所得税政策有关问题的通知》。通知中规定：自 2013 年 1 月 1 日起，个人从公开发行和转让市场取得上市公司股票，其股息、红利所得，持股期限超过 1 个月至 1 年的，暂减按 50% 计入应纳税所得额；持股期限超过 1 年的，暂减按 25% 计入应纳税所得额。

12 月 1 日 国务院发布《服务业发展“十二五”规划》。规划中提出了下列税收措施：（1）鼓励和引导各类资本投向服务业，在投资核准、融资服务、财税政策、土地使用、对外贸易和经济技术合作等方面，对各类投资主体同等对待。（2）完善有利于服务业发展的税收政策，结合营业税改征增值税试点，逐步扩大增值税征收范围。（3）合理调整消费税征收范围、税率结构和征收环节。（4）研究扩大物流企业营业税差额征税范围，完善征税办法。

12 月 10 日 国务院批准，国务院关税税则委员会发布《2013 年关税实施方案》，自 2013 年 1 月 1 日起实施。方案中规定：2013 年继续对小麦等 7 种农产品和尿素等 3 种化肥的进口实施关税配额管理，并对尿素等 3 种化肥实施 1% 的暂定配额税率；对 780 多种进口商品实施低于最惠国税率的年度进口暂定税率；继续以暂定税率的形式对煤炭、原油、化肥和铁合金等产品征收出口关税；进出口税目总数由 2012 年的 8194 个增至 2013 年的 8238 个。

12 月 15 日至 16 日 中共中央、国务院在北京召开中央经济工作会议，中共中央总书记习近平，国务院总理温家宝和中共中央政治局常委、国务院副总理李克强出席会议并讲话。会议提出：继续实施积极的财政政策，结合税制改革完善结构性减税政策。

12 月 19 日 根据国务院的有关要求，财政部、国家发展和改革委员会发出《关于公布取消和免征部分行政事业性收费的通知》，规定自2013年1月1日起取消和免征30项行政事业性收费，其中包括税务机关收取的发票工本费。12月27日，国家税务总局发出《关于取消发票工本费有关问题的通知》。

12月24日　为了促进先进技术引进和企业自主创新，财政部、国家发改委、海关总署和国家税务总局发布关于调整《国内投资项目不予免税的进口商品目录》的公告，对2008年调整的《国内投资项目不予免税的进口商品目录》作出再次调整。

12月25日至26日　国家税务总局在北京召开全国税务工作会议。会议的主要内容是：学习贯彻中共十八大精神，总结中共十七大以来的税收工作情况，部署2013年的税收工作。国家税务总局局长肖捷在会上作了题为《奋力开创税收事业科学发展新局面　为全面建成小康社会作出新贡献》的讲话。

12月26日　经国务院批准，国务院办公厅发布《全国现代农作物种业发展规划（2012—2020年）》和《关于加强林木种苗工作的意见》。规划中提出：符合条件的“育繁推一体化”种子企业的种子生产、经营所得，免征企业所得税；经认定的高新技术种子企业享受有关税收优惠政策；对种子企业兼并重组涉及的资产评估增值、债务重组收益和土地房屋权属转移等，依法给予税收优惠。意见中提出：研究完善相关税收支持政策，引导各类社会主体参与种苗生产与经营，加大对种苗产业的政策扶持；继续免征林木种子种源进口环节增值税。

12月28日　第十一届全国人民代表大会常务委员会第三十次会议通过修订以后的《中华人民共和国证券投资基金法》。该法中规定：基金财产投资的相关税收，由基金份额持有人承担，基金管理人或者其他扣缴义务人按照国家有关税收征收的规定代扣代缴。

12月28日　第十一届全国人民代表大会常务委员会第三十次会议通过修订以后的《中华人民共和国老年人权益保障法》。该法中规定：各级人民政府和有关部门在财政、税费、土地和融资等方面采取措施，鼓励、扶持企业、事业单位、社会组织和个人兴办、运营养老、老年人日间照料和老年文化、体育活动等设施。

12 月 29 日 国务院发布《关于城市优先发展公共交通的指导意见》。意见中提出："十二五"期间，免征城市公共交通企业新购置的公共汽（电）车的车辆购置税；依法减征或者免征公共交通车船的车船税。

12 月 29 日 国务院发布《生物产业发展规划》。规划中提出：加大力度推进资源税费改革，加快淘汰落后产品、技术和工艺，促进新兴绿色技术、产品的推广应用；研究完善引导生物企业加大长期研发投入的财税激励机制。

附录2

财政部　国家税务总局关于印发《营业税改征增值税试点方案》的通知

（财税〔2011〕110号）

各省、自治区、直辖市、计划单列市财政厅（局）、国家税务局、地方税务局，新疆生产建设兵团财务局：

《营业税改征增值税试点方案》已经国务院同意，现印发你们，请遵照执行。

附件：营业税改征增值税试点方案

财政部　国家税务总局

二〇一一年十一月十六日

营业税改征增值税试点方案

根据党的十七届五中全会精神，按照《中华人民共和国国民经济和社会发展第十二个五年规划纲要》确定的税制改革目标和2011年《政府工作报告》的要求，制定本方案。

一、指导思想和基本原则

（一）指导思想。

建立健全有利于科学发展的税收制度，促进经济结构调整，支持现代服务业发展。

（二）基本原则。

1. 统筹设计、分步实施。正确处理改革、发展、稳定的关系，统筹兼顾经济社会发展要求，结合全面推行改革需要和当前实际，科学设计，稳步推进。

2. 规范税制、合理负担。在保证增值税规范运行的前提下，根据财政承受能力和不同行业发展特点，合理设置税制要素，改革试点行业总体税负不增加或略有下降，基本消除重复征税。

3. 全面协调、平稳过渡。妥善处理试点前后增值税与营业税政策的衔接、试点纳税人与非试点纳税人税制的协调，建立健全适应第三产业发展的增值税管理体系，确保改革试点有序运行。

二、改革试点的主要内容

（一）改革试点的范围与时间。

1. 试点地区。综合考虑服务业发展状况、财政承受能力、征管基础条件等因素，先期选择经济辐射效应明显、改革示范作用较强的地区开展试点。

2. 试点行业。试点地区先在交通运输业、部分现代服务业等生产性服务业开展试点，逐步推广至其他行业。条件成熟时，可选择部分行业在全国范围内进行全行业试点。

3. 试点时间。2012 年 1 月 1 日开始试点，并根据情况及时完善方案，择机扩大试点范围。

（二）改革试点的主要税制安排。

1. 税率。在现行增值税 17% 标准税率和 13% 低税率基础上，新增 11% 和 6% 两档低税率。租赁有形动产等适用 17% 税率，交通运输业、建筑业等适用 11% 税率，其他部分现代服务业适用 6% 税率。

2. 计税方式。交通运输业、建筑业、邮电通信业、现代服务业、文化体育业、销售不动产和转让无形资产，原则上适用增值税一般计税方法。金融保险业和生活性服务业，原则上适用增值税简易计税方法。

3. 计税依据。纳税人计税依据原则上为发生应税交易取得的全部收入。对一些存在大量代收转付或代垫资金的行业，其代收代垫金额可予以合理扣除。

4. 服务贸易进出口。服务贸易进口在国内环节征收增值税，出口实行零税率或免税制度。

（三）改革试点期间过渡性政策安排。

1. 税收收入归属。试点期间保持现行财政体制基本稳定，原归属试点地区的营业税收入，改征增值税后收入仍归属试点地区，税款分别入库。因试点产生的财政减收，按现行财政体制由中央和地方分别负担。

2. 税收优惠政策过渡。国家给予试点行业的原营业税优惠政策可以延续，但对于通过改革能够解决重复征税问题的，予以取消。试点期间针对具体情况采取适当的过渡政策。

3. 跨地区税种协调。试点纳税人以机构所在地作为增值税纳税地点，其在异地缴纳的营业税，允许在计算缴纳增值税时抵减。非试点纳税人在试点地区从事经营活动的，继续按照现行营业税有关规定申报缴纳营业税。

4. 增值税抵扣政策的衔接。现有增值税纳税人向试点纳税人购买服务取得的增值税专用发票，可按现行规定抵扣进项税额。

三、组织实施

（一）财政部和国家税务总局根据本方案制定具体实施办法、相关政策和预算管理及缴库规定，做好政策宣传和解释工作。经国务院同意，选择确定试点地区和行业。

（二）营业税改征的增值税，由国家税务局负责征管。国家税务总局负责制定改革试点的征管办法，扩展增值税管理信息系统和税收征管信息系统，设计并统一印制货物运输业增值税专用发票，全面做好相关征管准备和实施工作。

附录3

财政部　国家税务总局关于在上海市开展交通运输业和部分现代服务业营业税改征增值税试点的通知

（财税［2011］111号）

各省、自治区、直辖市、计划单列市财政厅（局）、国家税务局、地方税务局，新疆生产建设兵团财务局：

经国务院批准，在上海市开展交通运输业和部分现代服务业营业税改征增值税试点。根据《营业税改征增值税试点方案》，我们制定了《交通运输业和部分现代服务业营业税改征增值税试点实施办法》、《交通运输业和部分现代服务业营业税改征增值税试点有关事项的规定》和《交通运输业和部分现代服务业营业税改征增值税试点过渡政策的规定》。现印发你们，自2012年1月1日起施行。

上海市各相关部门要根据试点的要求，认真组织试点工作，确保试点的顺利进行，遇到问题及时向财政部和国家税务总局报告。

附件1：交通运输业和部分现代服务业营业税改征增值税试点实施办法（略）

附件2：交通运输业和部分现代服务业营业税改征增值税试点有关事项的规定（略）

附件3：交通运输业和部分现代服务业营业税改征增值税试点过渡政策的规定（略）

财政部　国家税务总局

二〇一一年十一月十六日

附录4

财政部　国家税务总局关于在北京等8省市开展交通运输业和部分现代服务业营业税改征增值税试点的通知

（财税〔2012〕71号）

各省、自治区、直辖市、计划单列市财政厅（局）、国家税务局、地方税务局，新疆生产建设兵团财务局：

经国务院批准，将交通运输业和部分现代服务业营业税改征增值税试点范围，由上海市分批扩大至北京等8个省（直辖市）。现将有关事项通知如下：

一、试点地区。

北京市、天津市、江苏省、安徽省、浙江省（含宁波市）、福建省（含厦门市）、湖北省、广东省（含深圳市）。

二、试点日期。

试点地区应自2012年8月1日开始面向社会组织实施试点工作，开展试点纳税人认定和培训、征管设备和系统调试、发票税控系统发行和安装，以及发票发售等准备工作，确保试点顺利推进，按期实现新旧税制转换。

北京市应当于2012年9月1日完成新旧税制转换。江苏省、安徽省应当于2012年10月1日完成新旧税制转换。福建省、广东省应当于2012年11月1日完成新旧税制转换。天津市、浙江省、湖北省应当于2012年12月1日完成新旧税制转换。

三、试点地区自新旧税制转换之日起，适用下列试点税收政策文件：

（一）《交通运输业和部分现代服务业营业税改征增值税试点实施办法》（财税〔2011〕111号）；

（二）《交通运输业和部分现代服务业营业税改征增值税试点有关事项的规定》（以下称《试点有关事项的规定》，财税〔2011〕111号）；

（三）《交通运输业和部分现代服务业营业税改征增值税试点过渡政策的规定》（以下称《试点过渡政策的规定》，财税〔2011〕111号）；

（四）《财政部　国家税务总局关于应税服务适用增值税零税率和免税政策的通知》（财税〔2011〕131号）；

（五）《总机构试点纳税人增值税计算缴纳暂行办法》（财税〔2011〕132号）；

（六）《财政部　国家税务总局关于交通运输业和部分现代服务业营业税改征增值税试点若干税收政策的通知》（以下称《试点若干政策通知》，财税〔2011〕133号）；

（七）《财政部　国家税务总局关于交通运输业和部分现代服务业营业税改征增值税试点若干税收政策的补充通知》（财税〔2012〕53号）。

四、上述税收政策文件的有关内容修改如下：

（一）《试点有关事项的规定》

1. 第一条第（四）项中，“2012年1月1日（含）”修改为“该地区试点实施之日（含）”。

试点实施之日是指完成新旧税制转换之日，下同。

2. 第一条第（五）项中，“试点地区应税服务年销售额未超过500万元的原公路、内河货物运输业自开票纳税人，应当申请认定为一般纳税人。”的规定废止。

3. 第一条第（六）项中，“2011年12月31日（含）”修改为“该地区试点实施之日”。

4. 第三条第（一）项第6点中，“2012年1月1日（含）”修改为“该地区试点实施之日（含）”。

5. 第三条第（三）项中，“2011年12月31日”修改为“该地区试点实施之日前”。

（二）《试点过渡政策的规定》

1. 第一条第（六）项中，“2012年1月1日”修改为“本地区试点实施之日”，“上海”修改为“属于试点地区的中国服务外包示范城市”。

2. 第三条中“2011年12月31日（含）”修改为“本地区试点实施之日”。

（三）《试点若干政策通知》

1. 第一条中，“2012年1月1日（含）”修改为“本地区试点实施之日（含）”；“2011年12月31日（含）”修改为“本地区试点实施之日”。

2. 第三条第（一）项中，“截至2011年12月31日尚未扣除的部分，不得在计算试点纳税人2012年1月1日后的销售额时予以抵减”，修改为“截至本地区试点实施之日前尚未扣除的部分，不得在计算试点纳税人本地区试点实施之日（含）后的销售额时予以抵减”。

3. 第三条第（二）项中，“2011年底”修改为“本地区试点实施之日”，“2012年1月1日”修改为“本地区试点实施之日（含）”。

4. 第三条第（三）项中，“2011年底”修改为“本地区试点实施之日”。

5. 第七条第（一）项规定的注册在试点地区的单位从事航空运输业务缴纳增值税和营业税的有关问题另行通知。

五、这次营业税改征增值税试点，范围广、时间紧、任务重，试点地区要高度重视，切实加强试点工作的组织领导，精心组织、周密安排、明确责任，采取各种有效措施，做好试点前的各项准备以及试点过程中的监测分析和宣传解释等工作，确保改革的平稳、有序、顺利进行。遇到问题及时向财政部和国家税务总局反映，财政部和国家税务总局将加强对试点工作的指导。

财政部　国家税务总局

二○一二年七月三十一日

附录5

财政部　国家税务总局关于在全国开展交通运输业和部分现代服务业营业税改征增值税试点税收政策的通知

（财税〔2013〕37号）

各省、自治区、直辖市、计划单列市财政厅（局）、国家税务局、地方税务局，新疆生产建设兵团财务局：

根据国务院进一步扩大交通运输业和部分现代服务业营业税改征增值税（以下称营改增）试点的要求，现将有关事项通知如下：

一、经国务院批准，自2013年8月1日起，在全国范围内开展交通运输业和部分现代服务业营改增试点。现将有关规定印发你们，请遵照执行。

二、在全国开展交通运输业和部分现代服务业营改增试点，范围广、时间紧、任务重，各地要高度重视，切实加强试点工作的组织领导，精心组织、周密安排、明确责任，采取各种有效措施，做好试点前的各项准备以及试点过程中的监测分析和宣传解释等工作，确保改革的平稳、有序、顺利进行。遇到问题请及时向财政部和国家税务总局反映。

三、《财政部　国家税务总局关于在上海市开展交通运输业和部分现代服务业营业税改征增值税试点的通知》（财税〔2011〕111号）、《财政部　国家税务总局关于应税服务适用增值税零税率和免税政策的通知》（财税〔2011〕131号）、《财政部　国家税务总局关于交通运输业和部分现代服务业营业税改征增值税试点若干税收政策的通知》（财税〔2011〕133号）、《财政部　国家税务总局关于交通运输业和部分现代服务业营业税改征增值税试点若干税收政策的补充通知》（财税〔2012〕53号）、《财政部　国家税务总局关于在北京等8省市开展交通运输业和部分现代服务业营业税改征增值税试点的通知》（财税〔2012〕71号）、《财政部　国家税务总局关于交通运输业和部分现代服务业营业税改征增值税试点应税服务范围等若干税收政策的补充通知》（财税〔2012〕86号）、《财政部　国家税务总局关于营业税若干政策问题的通知》（财税〔2003〕16号）第三条第（十六）和第（十八）项，自2013年8月1日起废止。

附件1：交通运输业和部分现代服务业营业税改征增值税试点实施办法

附件2：交通运输业和部分现代服务业营业税改征增值税试点有关事项的规定

附件3：交通运输业和部分现代服务业营业税改征增值税试点过渡政策的规定

附件4：应税服务适用增值税零税率和免税政策的规定

财政部　国家税务总局

二〇一三年五月二十四日

附件1：

交通运输业和部分现代服务业营业税改征增值税试点实施办法

第一章　纳税人和扣缴义务人

第一条　在中华人民共和国境内（以下称境内）提供交通运输

业和部分现代服务业服务（以下称应税服务）的单位和个人，为增值税纳税人。纳税人提供应税服务，应当按照本办法缴纳增值税，不再缴纳营业税。

单位，是指企业、行政单位、事业单位、军事单位、社会团体及其他单位。

个人，是指个体工商户和其他个人。

第二条 单位以承包、承租、挂靠方式经营的，承包人、承租人、挂靠人（以下称承包人）以发包人、出租人、被挂靠人（以下称发包人）名义对外经营并由发包人承担相关法律责任的，以该发包人为纳税人。否则，以承包人为纳税人。

第三条 纳税人分为一般纳税人和小规模纳税人。

应税服务的年应征增值税销售额（以下称应税服务年销售额）超过财政部和国家税务总局规定标准的纳税人为一般纳税人，未超过规定标准的纳税人为小规模纳税人。

应税服务年销售额超过规定标准的其他个人不属于一般纳税人；不经常提供应税服务的非企业性单位、企业和个体工商户可选择按照小规模纳税人纳税。

第四条 小规模纳税人会计核算健全，能够提供准确税务资料的，可以向主管税务机关申请一般纳税人资格认定，成为一般纳税人。

会计核算健全，是指能够按照国家统一的会计制度规定设置账簿，根据合法、有效凭证核算。

第五条 符合一般纳税人条件的纳税人应当向主管税务机关申请一般纳税人资格认定。具体认定办法由国家税务总局制定。

除国家税务总局另有规定外，一经认定为一般纳税人后，不得转为小规模纳税人。

第六条 中华人民共和国境外（以下称境外）的单位或者个人在境内提供应税服务，在境内未设有经营机构的，以其代理人为增值税扣缴义务人；在境内没有代理人的，以接受方为增值税扣缴义务人。

第七条　两个或者两个以上的纳税人，经财政部和国家税务总局批准可以视为一个纳税人合并纳税。具体办法由财政部和国家税务总局另行制定。

第二章　应税服务

第八条　应税服务，是指陆路运输服务、水路运输服务、航空运输服务、管道运输服务、研发和技术服务、信息技术服务、文化创意服务、物流辅助服务、有形动产租赁服务、鉴证咨询服务、广播影视服务。

应税服务的具体范围按照本办法所附的《应税服务范围注释》执行。

第九条　提供应税服务，是指有偿提供应税服务，但不包括非营业活动中提供的应税服务。

有偿，是指取得货币、货物或者其他经济利益。

非营业活动，是指：

（一）非企业性单位按照法律和行政法规的规定，为履行国家行政管理和公共服务职能收取政府性基金或者行政事业性收费的活动。

（二）单位或者个体工商户聘用的员工为本单位或者雇主提供应税服务。

（三）单位或者个体工商户为员工提供应税服务。

（四）财政部和国家税务总局规定的其他情形。

第十条　在境内提供应税服务，是指应税服务提供方或者接受方在境内。

下列情形不属于在境内提供应税服务：

（一）境外单位或者个人向境内单位或者个人提供完全在境外消费的应税服务。

（二）境外单位或者个人向境内单位或者个人出租完全在境外使用的有形动产。

（三）财政部和国家税务总局规定的其他情形。

第十一条　单位和个体工商户的下列情形，视同提供应税服务：

（一）向其他单位或者个人无偿提供交通运输业和部分现代服务业服务，但以公益活动为目的或者以社会公众为对象的除外。

（二）财政部和国家税务总局规定的其他情形。

第三章 税率和征收率

第十二条 增值税税率：

（一）提供有形动产租赁服务，税率为17%。

（二）提供交通运输业服务，税率为11%。

（三）提供现代服务业服务（有形动产租赁服务除外），税率为6%。

（四）财政部和国家税务总局规定的应税服务，税率为零。

第十三条 增值税征收率为3%。

第四章 应纳税额的计算

第一节 一般性规定

第十四条 增值税的计税方法，包括一般计税方法和简易计税方法。

第十五条 一般纳税人提供应税服务适用一般计税方法计税。

一般纳税人提供财政部和国家税务总局规定的特定应税服务，可以选择适用简易计税方法计税，但一经选择，36个月内不得变更。

第十六条 小规模纳税人提供应税服务适用简易计税方法计税。

第十七条 境外单位或者个人在境内提供应税服务，在境内未设有经营机构的，扣缴义务人按照下列公式计算应扣缴税额：

应扣缴税额＝接受方支付的价款÷（1＋税率）×税率

第二节 一般计税方法

第十八条 一般计税方法的应纳税额，是指当期销项税额抵扣当期进项税额后的余额。应纳税额计算公式：

应纳税额＝当期销项税额－当期进项税额

当期销项税额小于当期进项税额不足抵扣时，其不足部分可以结转下期继续抵扣。

第十九条 销项税额，是指纳税人提供应税服务按照销售额和增值税税率计算的增值税额。销项税额计算公式：

销项税额 = 销售额 × 税率

第二十条 一般计税方法的销售额不包括销项税额，纳税人采用销售额和销项税额合并定价方法的，按照下列公式计算销售额：

销售额 = 含税销售额 ÷ （1 + 税率）

第二十一条 进项税额，是指纳税人购进货物或者接受加工修理修配劳务和应税服务，支付或者负担的增值税税额。

第二十二条 下列进项税额准予从销项税额中抵扣：

（一）从销售方或者提供方取得的增值税专用发票（含货物运输业增值税专用发票、税控机动车销售统一发票，下同）上注明的增值税额。

（二）从海关取得的海关进口增值税专用缴款书上注明的增值税额。

（三）购进农产品，除取得增值税专用发票或者海关进口增值税专用缴款书外，按照农产品收购发票或者销售发票上注明的农产品买价和 13% 的扣除率计算的进项税额。计算公式为：

进项税额 = 买价 × 扣除率

买价，是指纳税人购进农产品在农产品收购发票或者销售发票上注明的价款和按照规定缴纳的烟叶税。

（四）接受铁路运输服务，按照铁路运输费用结算单据上注明的运输费用金额和 7% 的扣除率计算的进项税额。进项税额计算公式：

进项税额 = 运输费用金额 × 扣除率

运输费用金额，是指铁路运输费用结算单据上注明的运输费用（包括铁路临管线及铁路专线运输费用）、建设基金，不包括装卸费、保险费等其他杂费。

（五）接受境外单位或者个人提供的应税服务，从税务机关或者境内代理人取得的解缴税款的中华人民共和国税收缴款凭证（以下称税收缴款凭证）上注明的增值税额。

第二十三条 纳税人取得的增值税扣税凭证不符合法律、行政法规或者国家税务总局有关规定的，其进项税额不得从销项税额中抵扣。

增值税扣税凭证，是指增值税专用发票、海关进口增值税专用缴款书、农产品收购发票、农产品销售发票、铁路运输费用结算单据和税收缴款凭证。

纳税人凭税收缴款凭证抵扣进项税额的，应当具备书面合同、付款证明和境外单位的对账单或者发票。资料不全的，其进项税额不得从销项税额中抵扣。

第二十四条 下列项目的进项税额不得从销项税额中抵扣：

（一）用于适用简易计税方法计税项目、非增值税应税项目、免征增值税项目、集体福利或者个人消费的购进货物、接受加工修理修配劳务或者应税服务。其中涉及的固定资产、专利技术、非专利技术、商誉、商标、著作权、有形动产租赁，仅指专用于上述项目的固定资产、专利技术、非专利技术、商誉、商标、著作权、有形动产租赁。

（二）非正常损失的购进货物及相关的加工修理修配劳务和交通运输业服务。

（三）非正常损失的在产品、产成品所耗用的购进货物（不包括固定资产）、加工修理修配劳务或者交通运输业服务。

（四）接受的旅客运输服务。

第二十五条 非增值税应税项目，是指非增值税应税劳务、转让无形资产（专利技术、非专利技术、商誉、商标、著作权除外）、销售不动产以及不动产在建工程。

非增值税应税劳务，是指《应税服务范围注释》所列项目以外的营业税应税劳务。

不动产，是指不能移动或者移动后会引起性质、形状改变的财产，包括建筑物、构筑物和其他土地附着物。

纳税人新建、改建、扩建、修缮、装饰不动产，均属于不动产在建工程。

个人消费，包括纳税人的交际应酬消费。

固定资产，是指使用期限超过12个月的机器、机械、运输工具以及其他与生产经营有关的设备、工具、器具等。

非正常损失，是指因管理不善造成被盗、丢失、霉烂变质的损失，以及被执法部门依法没收或者强令自行销毁的货物。

第二十六条　适用一般计税方法的纳税人，兼营简易计税方法计税项目、非增值税应税劳务、免征增值税项目而无法划分不得抵扣的进项税额，按照下列公式计算不得抵扣的进项税额：

不得抵扣的进项税额 = 当期无法划分的全部进项税额 ×（当期简易计税方法计税项目销售额 + 非增值税应税劳务营业额 + 免征增值税项目销售额）÷（当期全部销售额 + 当期全部营业额）

主管税务机关可以按照上述公式依据年度数据对不得抵扣的进项税额进行清算。

第二十七条　已抵扣进项税额的购进货物、接受加工修理修配劳务或者应税服务，发生本办法第二十四条规定情形（简易计税方法计税项目、非增值税应税劳务、免征增值税项目除外）的，应当将该进项税额从当期进项税额中扣减；无法确定该进项税额的，按照当期实际成本计算应扣减的进项税额。

第二十八条　纳税人提供的适用一般计税方法计税的应税服务，因服务中止或者折让而退还给购买方的增值税额，应当从当期的销项税额中扣减；发生服务中止、购进货物退出、折让而收回的增值税额，应当从当期的进项税额中扣减。

第二十九条　有下列情形之一者，应当按照销售额和增值税税率计算应纳税额，不得抵扣进项税额，也不得使用增值税专用发票：

（一）一般纳税人会计核算不健全，或者不能够提供准确税务资料的。

（二）应当申请办理一般纳税人资格认定而未申请的。

第三节 简易计税方法

第三十条 简易计税方法的应纳税额，是指按照销售额和增值税征收率计算的增值税额，不得抵扣进项税额。应纳税额计算公式：

应纳税额 = 销售额 × 征收率

第三十一条 简易计税方法的销售额不包括其应纳税额，纳税人采用销售额和应纳税额合并定价方法的，按照下列公式计算销售额：

销售额 = 含税销售额 ÷ （1 + 征收率）

第三十二条 纳税人提供的适用简易计税方法计税的应税服务，因服务中止或者折让而退还给接受方的销售额，应当从当期销售额中扣减。扣减当期销售额后仍有余额造成多缴的税款，可以从以后的应纳税额中扣减。

第四节 销售额的确定

第三十三条 销售额，是指纳税人提供应税服务取得的全部价款和价外费用。

价外费用，是指价外收取的各种性质的价外收费，但不包括代为收取的政府性基金或者行政事业性收费。

第三十四条 销售额以人民币计算。

纳税人按照人民币以外的货币结算销售额的，应当折合成人民币计算，折合率可以选择销售额发生的当天或者当月 1 日的人民币汇率中间价。纳税人应当在事先确定采用何种折合率，确定后 12 个月内不得变更。

第三十五条 纳税人提供适用不同税率或者征收率的应税服务，应当分别核算适用不同税率或者征收率的销售额；未分别核算的，从高适用税率。

第三十六条 纳税人兼营营业税应税项目的，应当分别核算应税服务的销售额和营业税应税项目的营业额；未分别核算的，由主管税务机关核定应税服务的销售额。

第三十七条　纳税人兼营免税、减税项目的，应当分别核算免税、减税项目的销售额；未分别核算的，不得免税、减税。

第三十八条　纳税人提供应税服务，开具增值税专用发票后，发生提供应税服务中止、折让、开票有误等情形的，应当按照国家税务总局的规定开具红字增值税专用发票；未按照规定开具红字增值税专用发票的，不得按照本办法第二十八条和第三十二条的规定扣减销项税额或者销售额。

第三十九条　纳税人提供应税服务，将价款和折扣额在同一张发票上分别注明的，以折扣后的价款为销售额；未在同一张发票上分别注明的，以价款为销售额，不得扣减折扣额。

第四十条　纳税人提供应税服务的价格明显偏低或者偏高且不具有合理商业目的的，或者发生本办法第十一条所列视同提供应税服务而无销售额的，主管税务机关有权按照下列顺序确定销售额：

（一）按照纳税人最近时期提供同类应税服务的平均价格确定。

（二）按照其他纳税人最近时期提供同类应税服务的平均价格确定。

（三）按照组成计税价格确定。组成计税价格的公式为：

组成计税价格 = 成本 ×（1 + 成本利润率）

成本利润率由国家税务总局确定。

第五章　纳税义务、扣缴义务发生时间和纳税地点

第四十一条　增值税纳税义务发生时间为：

（一）纳税人提供应税服务并收讫销售款项或者取得索取销售款项凭据的当天；先开具发票的，为开具发票的当天。

收讫销售款项，是指纳税人提供应税服务过程中或者完成后收到款项。

取得索取销售款项凭据的当天，是指书面合同确定的付款日期；未签订书面合同或者书面合同未确定付款日期的，为应税服务完成的当天。

（二）纳税人提供有形动产租赁服务采取预收款方式的，其纳税

义务发生时间为收到预收款的当天。

（三）纳税人发生本办法第十一条视同提供应税服务的，其纳税义务发生时间为应税服务完成的当天。

（四）增值税扣缴义务发生时间为纳税人增值税纳税义务发生的当天。

第四十二条 增值税纳税地点为：

（一）固定业户应当向其机构所在地或者居住地主管税务机关申报纳税。总机构和分支机构不在同一县（市）的，应当分别向各自所在地的主管税务机关申报纳税；经财政部和国家税务总局或者其授权的财政和税务机关批准，可以由总机构合并向总机构所在地的主管税务机关申报纳税。

（二）非固定业户应当向应税服务发生地主管税务机关申报纳税；未申报纳税的，由其机构所在地或者居住地主管税务机关补征税款。

（三）扣缴义务人应当向其机构所在地或者居住地主管税务机关申报缴纳其扣缴的税款。

第四十三条 增值税的纳税期限分别为1日、3日、5日、10日、15日、1个月或者1个季度。纳税人的具体纳税期限，由主管税务机关根据纳税人应纳税额的大小分别核定。以1个季度为纳税期限的规定适用于小规模纳税人以及财政部和国家税务总局规定的其他纳税人。不能按照固定期限纳税的，可以按次纳税。

纳税人以1个月或者1个季度为1个纳税期的，自期满之日起15日内申报纳税；以1日、3日、5日、10日或者15日为1个纳税期的，自期满之日起5日内预缴税款，于次月1日起15日内申报纳税并结清上月应纳税款。

扣缴义务人解缴税款的期限，按照前两款规定执行。

第六章 税收减免

第四十四条 纳税人提供应税服务适用免税、减税规定的，可以放弃免税、减税，依照本办法的规定缴纳增值税。放弃免税、减税后，36 个月内不得再申请免税、减税。

纳税人提供应税服务同时适用免税和零税率规定的，优先适用零税率。

第四十五条　个人提供应税服务的销售额未达到增值税起征点的，免征增值税；达到起征点的，全额计算缴纳增值税。

增值税起征点不适用于认定为一般纳税人的个体工商户。

第四十六条　增值税起征点幅度如下：

（一）按期纳税的，为月应税销售额 5000—20000 元（含本数）。

（二）按次纳税的，为每次（日）销售额 300—500 元（含本数）。

起征点的调整由财政部和国家税务总局规定。省、自治区、直辖市财政厅（局）和国家税务局应当在规定的幅度内，根据实际情况确定本地区适用的起征点，并报财政部和国家税务总局备案。

第七章　征收管理

第四十七条　营业税改征的增值税，由国家税务局负责征收。

第四十八条　纳税人提供适用零税率的应税服务，应当按期向主管税务机关申报办理退（免）税，具体办法由财政部和国家税务总局制定。

第四十九条　纳税人提供应税服务，应当向索取增值税专用发票的接受方开具增值税专用发票，并在增值税专用发票上分别注明销售额和销项税额。

属于下列情形之一的，不得开具增值税专用发票：

（一）向消费者个人提供应税服务。

（二）适用免征增值税规定的应税服务。

第五十条　小规模纳税人提供应税服务，接受方索取增值税专用发票的，可以向主管税务机关申请代开。

第五十一条　纳税人增值税的征收管理，按照本办法和《中华人民共和国税收征收管理法》及现行增值税征收管理有关规定执行。

第八章 附 则

第五十二条 纳税人应当按照国家统一的会计制度进行增值税会计核算。

第五十三条 本办法自2013年8月1日起执行。

附：应税服务范围注释

一、交通运输业

交通运输业，是指使用运输工具将货物或者旅客送达目的地，使其空间位置得到转移的业务活动。包括陆路运输服务、水路运输服务、航空运输服务和管道运输服务。

（一）陆路运输服务。

陆路运输服务，是指通过陆路（地上或者地下）运送货物或者旅客的运输业务活动，包括公路运输、缆车运输、索道运输及其他陆路运输，暂不包括铁路运输。

出租车公司向使用本公司自有出租车的出租车司机收取的管理费用，按陆路运输服务征收增值税。

（二）水路运输服务。

水路运输服务，是指通过江、河、湖、川等天然、人工水道或者海洋航道运送货物或者旅客的运输业务活动。

远洋运输的程租、期租业务，属于水路运输服务。

程租业务，是指远洋运输企业为租船人完成某一特定航次的运输任务并收取租赁费的业务。

期租业务，是指远洋运输企业将配备有操作人员的船舶承租给他人使用一定期限，承租期内听候承租方调遣，不论是否经营，均按天向承租方收取租赁费，发生的固定费用均由船东负担的业务。

（三）航空运输服务。

航空运输服务，是指通过空中航线运送货物或者旅客的运输业务活动。

航空运输的湿租业务，属于航空运输服务。

湿租业务，是指航空运输企业将配备有机组人员的飞机承租给他人使用一定期限，承租期内听候承租方调遣，不论是否经营，均按一定标准向承租方收取租赁费，发生的固定费用均由承租方承担的业务。

（四）管道运输服务。

管道运输服务，是指通过管道设施输送气体、液体、固体物质的运输业务活动。

二、部分现代服务业

部分现代服务业，是指围绕制造业、文化产业、现代物流产业等提供技术性、知识性服务的业务活动。包括研发和技术服务、信息技术服务、文化创意服务、物流辅助服务、有形动产租赁服务、鉴证咨询服务、广播影视服务。

（一）研发和技术服务。

研发和技术服务，包括研发服务、技术转让服务、技术咨询服务、合同能源管理服务、工程勘察勘探服务。

1. 研发服务，是指就新技术、新产品、新工艺或者新材料及其系统进行研究与试验开发的业务活动。

2. 技术转让服务，是指转让专利或者非专利技术的所有权或者使用权的业务活动。

3. 技术咨询服务，是指对特定技术项目提供可行性论证、技术预测、专题技术调查、分析评价报告和专业知识咨询等业务活动。

4. 合同能源管理服务，是指节能服务公司与用能单位以契约形式约定节能目标，节能服务公司提供必要的服务，用能单位以节能效果支付节能服务公司投入及其合理报酬的业务活动。

5. 工程勘察勘探服务，是指在采矿、工程施工以前，对地形、地质构造、地下资源蕴藏情况进行实地调查的业务活动。

（二）信息技术服务。

信息技术服务，是指利用计算机、通信网络等技术对信息进行生产、收集、处理、加工、存储、运输、检索和利用，并提供信息服务的业务活动。包括软件服务、电路设计及测试服务、信息系统服务和业务流程管理服务。

1. 软件服务，是指提供软件开发服务、软件咨询服务、软件维护服务、软件测试服务的业务行为。

2. 电路设计及测试服务，是指提供集成电路和电子电路产品设计、测试及相关技术支持服务的业务行为。

3. 信息系统服务，是指提供信息系统集成、网络管理、桌面管理与维护、信息系统应用、基础信息技术管理平台整合、信息技术基础设施管理、数据中心、托管中心、安全服务的业务行为。包括网站对非自有的网络游戏提供的网络运营服务。

4. 业务流程管理服务，是指依托计算机信息技术提供的人力资源管理、财务经济管理、金融支付服务、内部数据分析、呼叫中心和电子商务平台等服务的业务活动。

（三）文化创意服务。

文化创意服务，包括设计服务、商标和著作权转让服务、知识产权服务、广告服务和会议展览服务。

1. 设计服务，是指把计划、规划、设想通过视觉、文字等形式传递出来的业务活动。包括工业设计、造型设计、服装设计、环境设计、平面设计、包装设计、动漫设计、展示设计、网站设计、机械设计、工程设计、广告设计、创意策划、文印晒图等。

2. 商标和著作权转让服务，是指转让商标、商誉和著作权的业务活动。

3. 知识产权服务，是指处理知识产权事务的业务活动。包括对专利、商标、著作权、软件、集成电路布图设计的代理、登记、鉴定、评估、认证、咨询、检索服务。

4. 广告服务，是指利用图书、报纸、杂志、广播、电视、电影、幻灯、路牌、招贴、橱窗、霓虹灯、灯箱、互联网等各种形式为客户的商品、经营服务项目、文体节目或者通告、声明等委托事项进行宣传和提供相关服务的业务活动。包括广告代理和广告的发布、播映、宣传、展示等。

5. 会议展览服务，是指为商品流通、促销、展示、经贸洽谈、民间交流、企业沟通、国际往来等举办或者组织安排的各类展览和会议的业务活动。

（四）物流辅助服务。

物流辅助服务，包括航空服务、港口码头服务、货运客运场站服务、打捞救助服务、货物运输代理服务、代理报关服务、仓储服务和装卸搬运服务。

1. 航空服务，包括航空地面服务和通用航空服务。

航空地面服务，是指航空公司、飞机场、民航管理局、航站等向在我国境内航行或者在我国境内机场停留的境内外飞机或者其他飞行器提供的导航等劳务性地面服务的业务活动。包括旅客安全检查服务、停机坪管理服务、机场候机厅管理服务、飞机清洗消毒服务、空中飞行管理服务、飞机起降服务、飞行通讯服务、地面信号服务、飞机安全服务、飞机跑道管理服务、空中交通管理服务等。

通用航空服务，是指为专业工作提供飞行服务的业务活动，包括航空摄影，航空测量，航空勘探，航空护林，航空吊挂播洒、航空降雨等。

2. 港口码头服务，是指港务船舶调度服务、船舶通讯服务、航道管理服务、航道疏浚服务、灯塔管理服务、航标管理服务、船舶引航服务、理货服务、系解缆服务、停泊和移泊服务、海上船舶溢油清除服务、水上交通管理服务、船只专业清洗消毒检测服务和防止船只漏油服务等为船只提供服务的业务活动。

港口设施经营人收取的港口设施保安费按照“港口码头服务”征收增值税。

3. 货运客运场站服务，是指货运客运场站（不包括铁路运输）提供的货物配载服务、运输组织服务、中转换乘服务、车辆调度服务、票务服务和车辆停放服务等业务活动。

4. 打捞救助服务，是指提供船舶人员救助、船舶财产救助、水上救助和沉船沉物打捞服务的业务活动。

5. 货物运输代理服务，是指接受货物收货人、发货人、船舶所有人、船舶承租人或船舶经营人的委托，以委托人的名义或者以自己的名义，在不直接提供货物运输服务的情况下，为委托人办理货物运输、船舶进出港口、联系安排引航、靠泊、装卸等货物和船舶代理相关业务手续的业务活动。

6. 代理报关服务，是指接受进出口货物的收、发货人委托，代为办理报关手续的业务活动。

7. 仓储服务，是指利用仓库、货场或者其他场所代客贮放、保管货物的业务活动。

8. 装卸搬运服务，是指使用装卸搬运工具或人力、畜力将货物在运输工具之间、装卸现场之间或者运输工具与装卸现场之间进行装卸和搬运的业务活动。

（五）有形动产租赁服务。

有形动产租赁，包括有形动产融资租赁和有形动产经营性租赁。

1. 有形动产融资租赁，是指具有融资性质和所有权转移特点的有形动产租赁业务活动。即出租人根据承租人所要求的规格、型号、性能等条件购入有形动产租赁给承租人，合同期内设备所有权属于出租人，承租人只拥有使用权，合同期满付清租金后，承租人有权按照残值购入有形动产，以拥有其所有权。不论出租人是否将有形动产残值销售给承租人，均属于融资租赁。

2. 有形动产经营性租赁，是指在约定时间内将物品、设备等有形动产转让他人使用且租赁物所有权不变更的业务活动。

远洋运输的光租业务、航空运输的干租业务，属于有形动产经营性租赁。

光租业务，是指远洋运输企业将船舶在约定的时间内出租给他人使用，不配备操作人员，不承担运输过程中发生的各项费用，只收取固定租赁费的业务活动。

干租业务，是指航空运输企业将飞机在约定的时间内出租给他人使用，不配备机组人员，不承担运输过程中发生的各项费用，只收取固定租赁费的业务活动。

（六）鉴证咨询服务。

鉴证咨询服务，包括认证服务、鉴证服务和咨询服务。

1. 认证服务，是指具有专业资质的单位利用检测、检验、计量等技术，证明产品、服务、管理体系符合相关技术规范、相关技术规范的强制性要求或者标准的业务活动。

2. 鉴证服务，是指具有专业资质的单位，为委托方的经济活动及有关资料进行鉴证，发表具有证明力的意见的业务活动。包括会计鉴证、税务鉴证、法律鉴证、工程造价鉴证、资产评估、环境评估、房地产土地评估、建筑图纸审核、医疗事故鉴定等。

3. 咨询服务，是指提供和策划财务、税收、法律、内部管理、业务运作和流程管理等信息或者建议的业务活动。

代理记账按照“咨询服务”征收增值税。

（七）广播影视服务。

广播影视服务，包括广播影视节目（作品）的制作服务、发行服务和播映（含放映，下同）服务。

1. 广播影视节目（作品）制作服务，是指进行专题（特别节目）、专栏、综艺、体育、动画片、广播剧、电视剧、电影等广播影视节目和作品制作的服务。具体包括与广播影视节目和作品相关的策划、采编、拍摄、录音、音视频文字图片素材制作、场景布置、后期的剪辑、翻译（编译）、字幕制作、片头、片尾、片花制作、特效制作、影片修复、编目和确权等业务活动。

2. 广播影视节目（作品）发行服务，是指以分账、买断、委托、代理等方式，向影院、电台、电视台、网站等单位和个人发行广播影视节目（作品）以及转让体育赛事等活动的报道及播映权的业务活动。

3. 广播影视节目（作品）播映服务，是指在影院、剧院、录像厅及其他场所播映广播影视节目（作品），以及通过电台、电视台、卫星通信、互联网、有线电视等无线或有线装置播映广播影视节目（作品）的业务活动。

附件2：

交通运输业和部分现代服务业营业税改征增值税试点有关事项的规定

一、试点纳税人［指按照《交通运输业和部分现代服务业营业税改征增值税试点实施办法》（以下称《试点实施办法》）缴纳增值税的纳税人］有关政策

（一）混业经营。

试点纳税人兼有不同税率或者征收率的销售货物、提供加工修理修配劳务或者应税服务的，应当分别核算适用不同税率或征收率的销售额，未分别核算销售额的，按照以下方法适用税率或征收率：

1. 兼有不同税率的销售货物、提供加工修理修配劳务或者应税服务的，从高适用税率。

2. 兼有不同征收率的销售货物、提供加工修理修配劳务或者应税服务的，从高适用征收率。

3. 兼有不同税率和征收率的销售货物、提供加工修理修配劳务或者应税服务的，从高适用税率。

（二）油气田企业。

油气田企业提供的应税服务，适用《试点实施办法》规定的增值税税率，不再适用《财政部　国家税务总局关于印发〈油气田企业增值税管理办法〉的通知》（财税〔2009〕8号）规定的增值税税率。

（三）航空运输企业。

1. 航空运输企业提供的旅客利用里程积分兑换的航空运输服务，不征收增值税。

2. 航空运输企业根据国家指令无偿提供的航空运输服务，属于《试点实施办法》第十一条规定的以公益活动为目的的服务，不征收

增值税。

3. 航空运输企业的应征增值税销售额不包括代收的机场建设费和代售其他航空运输企业客票而代收转付的价款。

4. 航空运输企业已售票但未提供航空运输服务取得的逾期票证收入，不属于增值税应税收入，不征收增值税。

（四）销售额。

经中国人民银行、商务部、银监会批准从事融资租赁业务的试点纳税人提供有形动产融资租赁服务，以取得的全部价款和价外费用（包括残值）扣除由出租方承担的有形动产的贷款利息（包括外汇借款和人民币借款利息）、关税、进口环节消费税、安装费、保险费的余额为销售额。

试点纳税人从全部价款和价外费用中扣除价款，应当取得符合法律、行政法规和国家税务总局有关规定的有效凭证。否则，不得扣除。

上述凭证是指：

1. 支付给境内单位或者个人的款项，以发票为合法有效凭证。

2. 缴纳的税款，以完税凭证为合法有效凭证。

3. 支付给境外单位或者个人的款项，以该单位或者个人的签收单据为合法有效凭证，税务机关对签收单据有疑议的，可以要求其提供境外公证机构的确认证明。

4. 国家税务总局规定的其他凭证。

（五）试点纳税人取得的2013年8月1日（含）以后开具的运输费用结算单据（铁路运输费用结算单据除外），不得作为增值税扣税凭证。

（六）一般纳税人资格认定。

《试点实施办法》第三条规定的应税服务年销售额标准为500万元（含本数）。

财政部和国家税务总局可以根据试点情况对应税服务年销售额标准进行调整。

（七）计税方法。

1. 试点纳税人中的一般纳税人提供的公共交通运输服务，可以选择按照简易计税方法计算缴纳增值税。公共交通运输服务，包括轮客渡、公交客运、轨道交通（含地铁、城市轻轨）、出租车、长途客运、班车。其中，班车，是指按固定路线、固定时间运营并在固定站点停靠的运送旅客的陆路运输。

2. 试点纳税人中的一般纳税人，以该地区试点实施之日前购进或者自制的有形动产为标的物提供的经营租赁服务，试点期间可以选择适用简易计税方法计算缴纳增值税。

3. 试点纳税人中的一般纳税人兼有销售货物、提供加工修理修配劳务的，凡未规定可以选择按照简易计税方法计算缴纳增值税的，其全部销售额应一并按照一般计税方法计算缴纳增值税。

（八）试点前发生的业务。

1. 试点纳税人在本地区试点实施之日前签订的尚未执行完毕的租赁合同，在合同到期日之前继续按照现行营业税政策规定缴纳营业税。

2. 试点纳税人提供应税服务，按照国家有关营业税政策规定差额征收营业税的，因取得的全部价款和价外费用不足以抵减允许扣除项目金额，截至本地区试点实施之日尚未扣除的部分，不得在计算试点纳税人本地区试点实施之日后的销售额时予以抵减，应当向原主管地税机关申请退还营业税。

试点纳税人按照本条第（八）项中第1点规定继续缴纳营业税的有形动产租赁服务，不适用本项规定。

3. 试点纳税人提供应税服务在本地区试点实施之日前已缴纳营业税，本地区试点实施之日（含）后因发生退款减除营业额的，应当向主管税务机关申请退还已缴纳的营业税。

4. 试点纳税人本地区试点实施之日前提供的应税服务，因税收检查等原因需要补缴税款的，应按照现行营业税政策规定补缴营业税。

（九）销售使用过的固定资产。

按照《试点实施办法》和本规定认定的一般纳税人，销售自己使用过的本地区试点实施之日（含）以后购进或自制的固定资产，按照适用税率征收增值税；销售自己使用过的本地区试点实施之日以前购进或者自制的固定资产，按照4%征收率减半征收增值税。

使用过的固定资产，是指纳税人根据财务会计制度已经计提折旧的固定资产。

（十）扣缴增值税适用税率。

境内的代理人和接受方为境外单位和个人扣缴增值税的，按照适用税率扣缴增值税。

二、原增值税纳税人［指按照《中华人民共和国增值税暂行条例》（以下称《增值税暂行条例》）缴纳增值税的纳税人］有关政策

（一）进项税额。

1. 原增值税一般纳税人接受试点纳税人提供的应税服务，取得的增值税专用发票上注明的增值税额为进项税额，准予从销项税额中抵扣。

2. 原增值税一般纳税人自用的应征消费税的摩托车、汽车、游艇，其进项税额准予从销项税额中抵扣。

3. 原增值税一般纳税人接受境外单位或者个人提供的应税服务，按照规定应当扣缴增值税的，准予从销项税额中抵扣的进项税额为从税务机关或者代理人取得的解缴税款的中华人民共和国税收缴款凭证（以下称税收缴款凭证）上注明的增值税额。

上述纳税人凭税收缴款凭证抵扣进项税额的，应当具备书面合同、付款证明和境外单位的对账单或者发票。否则，进项税额不得从销项税额中抵扣。

4. 原增值税一般纳税人购进货物或者接受加工修理修配劳务，用于《应税服务范围注释》所列项目的，不属于《增值税暂行条例》第十条所称的用于非增值税应税项目，其进项税额准予从销项税额中抵扣。

5. 原增值税一般纳税人接受试点纳税人提供的应税服务，下列项目的进项税额不得从销项税额中抵扣：

（1）用于简易计税方法计税项目、非增值税应税项目、免征增值税项目、集体福利或者个人消费，其中涉及的专利技术、非专利技

术、商誉、商标、著作权、有形动产租赁，仅指专用于上述项目的专利技术、非专利技术、商誉、商标、著作权、有形动产租赁。

(2) 接受的旅客运输服务。

(3) 与非正常损失的购进货物相关的交通运输业服务。

(4) 与非正常损失的在产品、产成品所耗用购进货物相关的交通运输业服务。

上述非增值税应税项目，是指《增值税暂行条例》第十条所称的非增值税应税项目，但不包括《应税服务范围注释》所列项目。

6. 原增值税一般纳税人取得的2013年8月1日（含）以后开具的运输费用结算单据（铁路运输费用结算单据除外），不得作为增值税扣税凭证。

原增值税一般纳税人取得的试点小规模纳税人由税务机关代开的增值税专用发票，按增值税专用发票注明的税额抵扣进项税额。

（二）一般纳税人认定。

原增值税一般纳税人兼有应税服务，按照《试点实施办法》和本规定第一条第（六）项的规定应当申请认定一般纳税人的，不需要重新办理一般纳税人认定手续。

（三）增值税期末留抵税额。

原增值税一般纳税人兼有应税服务的，截止到本地区试点实施之日前的增值税期末留抵税额，不得从应税服务的销项税额中抵扣。

附件3：

交通运输业和部分现代服务业营业税改征增值税试点过渡政策的规定

一、下列项目免征增值税

（一）个人转让著作权。

（二）残疾人个人提供应税服务。

（三）航空公司提供飞机播洒农药服务。

（四）试点纳税人提供技术转让、技术开发和与之相关的技术咨询、技术服务。

1. 技术转让，是指转让者将其拥有的专利和非专利技术的所有权或者使用权有偿转让他人的行为；技术开发，是指开发者接受他人委托，就新技术、新产品、新工艺或者新材料及其系统进行研究开发的行为；技术咨询，是指就特定技术项目提供可行性论证、技术预测、专题技术调查、分析评价报告等。

与技术转让、技术开发相关的技术咨询、技术服务，是指转让方（或受托方）根据技术转让或开发合同的规定，为帮助受让方（或委托方）掌握所转让（或委托开发）的技术，而提供的技术咨询、技术服务业务，且这部分技术咨询、服务的价款与技术转让（或开发）的价款应当开在同一张发票上。

2. 审批程序。试点纳税人申请免征增值税时，须持技术转让、开发的书面合同，到试点纳税人所在地省级科技主管部门进行认定，并持有关的书面合同和科技主管部门审核意见证明文件报主管国家税务局备查。

（五）符合条件的节能服务公司实施合同能源管理项目中提供的应税服务。

上述“符合条件”是指同时满足下列条件：

1. 节能服务公司实施合同能源管理项目相关技术，应当符合国家质量监督检验检疫总局和国家标准化管理委员会发布的《合同能源管理技术通则》（GB/T24915－2010）规定的技术要求。

2. 节能服务公司与用能企业签订《节能效益分享型》合同，其合同格式和内容，符合《中华人民共和国合同法》和国家质量监督检验检疫总局和国家标准化管理委员会发布的《合同能源管理技术通则》（GB/T24915－2010）等规定。

（六）自本地区试点实施之日起至2013年12月31日，注册在中国服务外包示范城市的试点纳税人从事离岸服务外包业务中提供的应税服务。

注册在平潭的试点纳税人从事离岸服务外包业务中提供的应税服务。

从事离岸服务外包业务，是指企业根据境外单位与其签订的委托合同，由本企业或其直接转包的企业为境外提供信息技术外包服务（ITO）、技术性业务流程外包服务（BPO）或技术性知识流程外包服务（KPO）。

（七）台湾航运公司从事海峡两岸海上直航业务在大陆取得的运输收入。

台湾航运公司，是指取得交通运输部颁发的“台湾海峡两岸间水路运输许可证”且该许可证上注明的公司登记地址在台湾的航运公司。

（八）台湾航空公司从事海峡两岸空中直航业务在大陆取得的运输收入。

台湾航空公司，是指取得中国民用航空局颁发的“经营许可”或依据《海峡两岸空运协议》和《海峡两岸空运补充协议》规定，批准经营两岸旅客、货物和邮件不定期（包机）运输业务，且公司登记地址在台湾的航空公司。

（九）美国ABS船级社在非营利宗旨不变、中国船级社在美国享受同等免税待遇的前提下，在中国境内提供的船检服务。

（十）2013年12月31日之前，广播电影电视行政主管部门（包括中央、省、地市及县级）按照各自职能权限批准从事电影制片、发行、放映的电影集团公司（含成员企业）、电影制片厂及其他电影企业转让电影版权、发行电影以及在农村放映电影。

（十一）随军家属就业。

1. 为安置随军家属就业而新开办的企业，自领取税务登记证之日起，其提供的应税服务3年内免征增值税。

享受税收优惠政策的企业，随军家属必须占企业总人数的60%（含）以上，并有军（含）以上政治和后勤机关出具的证明。

2. 从事个体经营的随军家属，自领取税务登记证之日起，其提供的应税服务 3 年内免征增值税。

随军家属必须有师以上政治机关出具的可以表明其身份的证明，但税务部门应当进行相应的审查认定。

主管税务机关在企业或个人享受免税期间，应当对此类企业进行年度检查，凡不符合条件的，取消其免税政策。

按照上述规定，每一名随军家属可以享受一次免税政策。

（十二）军队转业干部就业。

1. 从事个体经营的军队转业干部，经主管税务机关批准，自领取税务登记证之日起，其提供的应税服务 3 年内免征增值税。

2. 为安置自主择业的军队转业干部就业而新开办的企业，凡安置自主择业的军队转业干部占企业总人数 60%（含）以上的，经主管税务机关批准，自领取税务登记证之日起，其提供的应税服务 3 年内免征增值税。

享受上述优惠政策的自主择业的军队转业干部必须持有师以上部队颁发的转业证件。

（十三）城镇退役士兵就业。

1. 为安置自谋职业的城镇退役士兵就业而新办的服务型企业当年新安置自谋职业的城镇退役士兵达到职工总数 30% 以上，并与其签订 1 年以上期限劳动合同的，经县级以上民政部门认定、税务机关审核，其提供的应税服务（除广告服务外）3 年内免征增值税。

2. 自谋职业的城镇退役士兵从事个体经营的，自领取税务登记证之日起，其提供的应税服务（除广告服务外）3 年内免征增值税。

新办的服务型企业，是指《国务院办公厅转发民政部等部门关于扶持城镇退役士兵自谋职业优惠政策意见的通知》（国办发〔2004〕10 号）下发后新组建的企业。原有的企业合并、分立、改制、改组、扩建、搬迁、转产以及吸收新成员、改变领导或隶属关系、改变企业名称的，不能视为新办企业。

自谋职业的城镇退役士兵，是指符合城镇安置条件，并与安置地民政部门签订《退役士兵自谋职业协议书》，领取《城镇退役士兵自谋职业证》的士官和义务兵。

（十四）失业人员就业。

1. 持《就业失业登记证》（注明“自主创业税收政策”或附着《高校毕业生自主创业证》）人员从事个体经营的，在3年内按照每户每年8000元为限额依次扣减其当年实际应缴纳的增值税、城市维护建设税、教育费附加和个人所得税。

试点纳税人年度应缴纳税款小于上述扣减限额的，以其实际缴纳的税款为限；大于上述扣减限额的，应当以上述扣减限额为限。

享受优惠政策的个体经营试点纳税人，是指提供《应税服务范围注释》服务（除广告服务外）的试点纳税人。

持《就业失业登记证》（注明“自主创业税收政策”或附着《高校毕业生自主创业证》）人员是指：（1）在人力资源和社会保障部门公共就业服务机构登记失业半年以上的人员；（2）零就业家庭、享受城市居民最低生活保障家庭劳动年龄内的登记失业人员；（3）毕业年度内高校毕业生。

高校毕业生，是指实施高等学历教育的普通高等学校、成人高等学校毕业的学生；毕业年度，是指毕业所在自然年，即1月1日至12月31日。

2. 服务型企业（除广告服务外）在新增加的岗位中，当年新招用持《就业失业登记证》（注明“企业吸纳税收政策”）人员，与其签订1年以上期限劳动合同并依法缴纳社会保险费的，在3年内按照实际招用人数予以定额依次扣减增值税、城市维护建设税、教育费附加和企业所得税优惠。定额标准为每人每年4000元，可上下浮动20%，由试点地区省级人民政府根据本地区实际情况在此幅度内确定具体定额标准，并报财政部和国家税务总局备案。

按照上述标准计算的税收扣减额应当在企业当年实际应缴纳的增值税、城市维护建设税、教育费附加和企业所得税税额中扣减，当年扣减不足的，不得结转下年使用。

持《就业失业登记证》（注明“企业吸纳税收政策”）人员是指：（1）国有企业下岗失业人员；（2）国有企业关闭破产需要安置的人员；（3）国有企业所办集体企业（即厂办大集体企业）下岗职

工；（4）享受最低生活保障且失业1年以上的城镇其他登记失业人员。

服务型企业，是指从事原营业税“服务业”税目范围内业务的企业。

国有企业所办集体企业（即厂办大集体企业），是指20世纪70、80年代，由国有企业批准或资助兴办的，以安置回城知识青年和国有企业职工子女就业为目的，主要向主办国有企业提供配套产品或劳务服务，在工商行政机关登记注册为集体所有制的企业。厂办大集体企业下岗职工包括在国有企业混岗工作的集体企业下岗职工。

3. 享受上述优惠政策的人员按照下列规定申领《就业失业登记证》、《高校毕业生自主创业证》等凭证：

（1）按照《就业服务与就业管理规定》（中华人民共和国劳动和社会保障部令第28号）第六十三条的规定，在法定劳动年龄内，有劳动能力，有就业要求，处于无业状态的城镇常住人员，在公共就业服务机构进行失业登记，申领《就业失业登记证》。其中，农村进城务工人员和其他非本地户籍人员在常住地稳定就业满6个月的，失业后可以在常住地登记。

（2）零就业家庭凭社区出具的证明，城镇低保家庭凭低保证明，在公共就业服务机构登记失业，申领《就业失业登记证》。

（3）毕业年度内高校毕业生在校期间凭学校出具的相关证明，经学校所在地省级教育行政部门核实认定，取得《高校毕业生自主创业证》（仅在毕业年度适用），并向创业地公共就业服务机构申请取得《就业失业登记证》；高校毕业生离校后直接向创业地公共就业服务机构申领《就业失业登记证》。

（4）服务型企业招录的人员，在公共就业服务机构申领《就业失业登记证》。

（5）《再就业优惠证》不再发放，原持证人员应当到公共就业服务机构换发《就业失业登记证》。正在享受下岗失业人员再就业税收优惠政策的原持证人员，继续享受原税收优惠政策至期满为止。

（6）上述人员申领相关凭证后，由就业和创业地人力资源和社会保障部门对人员范围、就业失业状态、已享受政策情况审核认定，在《就业失业登记证》上注明“自主创业税收政策”或“企业吸纳税收政策”字样，同时符合自主创业和企业吸纳税收政策条件的，可同时加注；主管税务机关在《就业失业登记证》上加盖戳记，注明减免税所属时间。

4. 上述税收优惠政策的审批期限为2011年1月1日至2013年12月31日，以试点纳税人到税务机关办理减免税手续之日起作为优惠政策起始时间。税收优惠政策在2013年12月31日未执行到期的，可继续享受至3年期满为止。

二、下列项目实行增值税即征即退

（一）注册在洋山保税港区和东疆保税港区内的试点纳税人，提供的国内货物运输服务、仓储服务和装卸搬运服务。

（二）安置残疾人的单位，实行由税务机关按照单位实际安置残疾人的人数，限额即征即退增值税的办法。

上述政策仅适用于从事原营业税“服务业”税目（广告服务除外）范围内业务取得的收入占其增值税和营业税业务合计收入的比例达到50%的单位。

有关享受增值税优惠政策单位的条件、定义、管理要求等按照《财政部 国家税务总局关于促进残疾人就业税收优惠政策的通知》（财税〔2007〕92号）中有关规定执行。

（三）试点纳税人中的一般纳税人提供管道运输服务，对其增值税实际税负超过3%的部分实行增值税即征即退政策。

（四）经人民银行、银监会、商务部批准经营融资租赁业务的试点纳税人中的一般纳税人，提供有形动产融资租赁服务，对其增值税实际税负超过3%的部分实行增值税即征即退政策。

三、本通知所称增值税实际税负，是指纳税人当期提供应税服务实际缴纳的增值税税额占纳税人当期提供应税服务取得的全部价款和价外费用的比例。

四、本地区试点实施之日前，如果试点纳税人已经按照有关政策规定享受了营业税税收优惠，在剩余税收优惠政策期限内，按照本规定享受有关增值税优惠。

附件4：

应税服务适用增值税零税率和免税政策的规定

一、中华人民共和国境内（以下称境内）的单位和个人提供的国际运输服务、向境外单位提供的研发服务和设计服务，适用增值税零税率。

（一）国际运输服务，是指：

1. 在境内载运旅客或者货物出境；

2. 在境外载运旅客或者货物入境；

3. 在境外载运旅客或者货物。

（二）境内的单位和个人适用增值税零税率，以水路运输方式提供国际运输服务的，应当取得《国际船舶运输经营许可证》；以陆路运输方式提供国际运输服务的，应当取得《道路运输经营许可证》和《国际汽车运输行车许可证》，且《道路运输经营许可证》的经营范围应当包括“国际运输”；以航空运输方式提供国际运输服务的，应当取得《公共航空运输企业经营许可证》且其经营范围应当包括“国际航空客货邮运输业务”。

（三）向境外单位提供的设计服务，不包括对境内不动产提供的设计服务。

二、境内的单位和个人提供的往返香港、澳门、台湾的交通运输服务以及在香港、澳门、台湾提供的交通运输服务（以下称港澳台运输服务），适用增值税零税率。

境内的单位和个人适用增值税零税率，以陆路运输方式提供至香港、澳门的交通运输服务的，应当取得《道路运输经营许可证》并具有持《道路运输证》的直通港澳运输车辆；以水路运输方式提供至台湾的交通运输服务的，应当取得《台湾海峡两岸间水路运输许可证》并具有持《台湾海峡两岸间船舶营运证》的船舶；以水路运输方式提供至香港、澳门的交通运输服务的，应当具有获得港澳线路运营许可的船舶；以航空运输方式提供上述交通运输服务的，应当取得《公共航空运输企业经营许可证》且其经营范围应当包括“国际、国内（含港澳）航空客货邮运输业务”。

三、境内的单位和个人提供期租、程租和湿租服务，如果租赁的交通运输工具用于国际运输服务和港澳台运输服务，不适用增值税零税率，由承租方按规定申请适用零税率。

四、境内的单位和个人提供适用零税率的应税服务，如果属于适用增值税一般计税方法的，实行免抵退税办法，退税率为其按照《试点实施办法》第十二条第（一）至（三）项规定适用的增值税税率；如果属于适用简易计税方法的，实行免征增值税办法。外贸企业兼营适用零税率应税服务的，统一实行免退税办法。

五、境内的单位和个人提供适用零税率应税服务的，可以放弃适用零税率，选择免税或按规定缴纳增值税。放弃适用零税率后，36个月内不得再申请适用零税率。

六、境内的单位和个人提供适用零税率的应税服务，按月向主管退税的税务机关申报办理增值税免抵退税或免税手续。具体管理办法由国家税务总局商财政部另行制定。

七、境内的单位和个人提供的下列应税服务免征增值税，但财政部和国家税务总局规定适用零税率的除外：

（一）工程、矿产资源在境外的工程勘察勘探服务。

（二）会议展览地点在境外的会议展览服务。

（三）存储地点在境外的仓储服务。

（四）标的物在境外使用的有形动产租赁服务。

（五）在境外提供的广播影视节目（作品）的发行、播映服务。

（六）符合本规定第一条第（一）项规定但不符合第一条第

（二）项规定条件的国际运输服务。

（七）符合本规定第二条第一款规定但不符合第二条第二款规定条件的港澳台运输服务。

（八）向境外单位提供的下列应税服务：

1. 技术转让服务、技术咨询服务、合同能源管理服务、软件服务、电路设计及测试服务、信息系统服务、业务流程管理服务、商标著作权转让服务、知识产权服务、物流辅助服务（仓储服务除外）、认证服务、鉴证服务、咨询服务、广播影视节目（作品）制作服务、期租服务、程租服务、湿租服务。但不包括：合同标的物在境内的合同能源管理服务，对境内货物或不动产的认证服务、鉴证服务和咨询服务。

2. 广告投放地在境外的广告服务。

附录6

税收收入统计图表

1994—2011年我国税收收入统计表　　单位：亿元

项　　目	1994年	1995年	1996年	1997年	1998年	1999年
一、税收收入合计	5070.8	5973.7	7050.6	8225.5	9093	10315
1. 国内增值税	2338.6	2653.7	3024.1	3343.8	3729	4000.9
2. 国内消费税	502.4	554.3	634	704	828.5	845.3
3. 海关代征进口环节增值税和消费税	336.4	396.7	501	577.3	582.6	336.4
4. 营业税	680.2	869.4	1065.4	1353.4	1608	1696.5
5. 企业所得税	639.7	753.1	811.5	931.7	856.3	1009.4
6. 外商投资企业和外国企业所得税	48.1	74.2	104.4	143.1	182.5	217.8
7. 个人所得税	72.7	131.5	193.2	259.9	338.6	414.3
8. 资源税	45.5	55.1	57.3	56.6	61.9	62.9
9. 固定资产投资方向调节税	43.2	53.6	63.3	78.3	107.6	130.5
10. 城市维护建设税	176.3	212.1	245.1	272.3	295	315.3
11. 房产税	60.3	81.7	102.2	123.9	159.8	183.5
12. 印花税	61.8	46.8	146.7	266.3	238.5	282.3
13. 城镇土地使用税	32.5	33.6	39.4	44	54.2	59.1
14. 土地增值税		0.3	1.1	2.5	4.3	6.8
15. 车船使用税	11.3	13.4	15.1	17.2	19.1	20.9
16. 车船税	—	—	—	—	—	—
17. 车辆购置税	—	—	—	—	—	—
18. 屠宰税	7.5	16.1	20.6	23.9	26.7	28.6
19. 筵席税	—	—	0.2	0.3	0.3	0.4
20. 烟叶税	—	—	—	—	—	—
21. 工商税收税款滞纳金罚款收入	14.4	28.2	26	26.9	—	—
22. 其他税收	—	—	—	—	—	—
二、出口退税合计	-450.2	-548.7	-827.7	-432.7	-436.3	-627.1

续表

项　目	2000年	2001年	2002年	2003年	2004年	2005年
一、税收收入合计	12665.8	15165.5	16996.6	20466.1	25723.5	30865.8
1. 国内增值税	4667.5	5452.5	6275.4	7341.4	8930.2	10698.3
2. 国内消费税	863.9	931.2	1046.6	1183.2	1503.1	1634.3
3. 海关代征进口环节增值税和消费税	396.7	501	577.3	582.6	3710.79	4220.1
4. 营业税	1885.7	2084.7	2467.6	2868.9	3583.6	4231.4
5. 企业所得税	1444.6	2121.9	1972.6	2342.2	3142.5	4363.1
6. 外商投资企业和外国企业所得税	326.1	512.6	616	705.4	932.5	1147.7
7. 个人所得税	660.4	996	1211.1	1417.3	1736.2	2093.9
8. 资源税	63.6	67.1	75.1	83.1	98.8	142.6
9. 固定资产投资方向调节税	46.1	15.6	8	4.8	3.4	—
10. 城市维护建设税	352.1	384.4	470.9	550	674.1	796.0
11. 房产税	209.6	228.6	282.4	323.9	366.3	435.9
12. 印花税	521.9	337	179.4	215	290.3	226.8
13. 城镇土地使用税	64.9	66.2	76.8	91.6	106.2	137.3
14. 土地增值税	8.4	10.3	20.5	37.3	75	140.0
15. 车船使用税	23.4	24.6	28.9	32.2	35.8	38.9
16. 车船税	—	—	—	—	—	—
17. 车辆购置税	—	254.8	363.5	474.3	534.7	557.6
18. 屠宰税	31.8	24.7	9.9	2.3	0.03	0
19. 筵席税	0.4	0.1	—	—	0.0021	0
20. 烟叶税	—	—	—	—	—	—
21. 工商税收税款滞纳金罚款收入	—	—	—	—	—	—
22. 其他税收	—	—	—	—	—	1.9
二、出口退税合计	-810	-1071.5	-1259.4	-2039	-4200	-3371.6

续表

项　　目	2006 年	2007 年	2008 年	2009 年	2010 年	2011 年
一、税收收入合计	37636.3	49449.3	57861.8	63103.6	77394.4	95729.5
1. 国内增值税	12894.6	15609.9	18139.3	18819.7	21608.5	24551.4
2. 国内消费税	1885.7	2206.8	2568.3	4761.2	6071.5	6988.7
3. 海关代征进口环节增值税和消费税	4967.1	6153.3	7404.9	7747.6	10533.4	13606.8
4. 营业税	5128.9	6583.0	7628.4	9015.2	11159.2	13679.9
5. 企业所得税	5545.9	7723.7	12195.2	12156.3	14548.9196028.0	
6. 外商投资企业和外国企业所得税	1534.8	1951.2	—	—	—	—
7. 个人所得税	2452.3	3185.0	3722.3	3943.6	4837.3	6054.1
8. 资源税	207.3	261.3	301.6	338.2	417.5	598.8
9. 固定资产投资方向调节税	—	—	1.3	0.7	0.1	0.2
10. 城市维护建设税	940.2	1156.3	1344.2	1544.1	1887.1	2777.5
11. 房产税	515.2	575.1	680.3	803.6	894.1	1102.4
12. 印花税	376.6	2261.7	1320.2	901.5	1041.9	1043.7
13. 城镇土地使用税	176.9	385.5	816.9	921.0	1004.0	1222.2
14. 土地增值税	231.3	403.1	537.4	719.6	1278.3	2062.8
15. 车船使用税	50.0	0	0	0	0	0
16. 车船税	—	68.2	144.2	186.5	241.7	302.0
17. 车辆购置税	687.5	876.8	989.9	1163.9	1792.6	2044.9
18. 屠宰税	0	0	0	0	0	0
19. 筵席税	0	0	0	0	0	0
20. 烟叶税	41.3	47.5	67.2	80.7	78.3	91.4
21. 工商税收税款滞纳金罚款收入	—	—	—	—	—	—
22. 其他税收	0.7	1.0	0.3		0.1	0
二、出口退税合计	-4284.9	-5273.3	-5865.9	-6486.6	-7327.3	-9204.7

资料来源：历年《中国税务年鉴》。

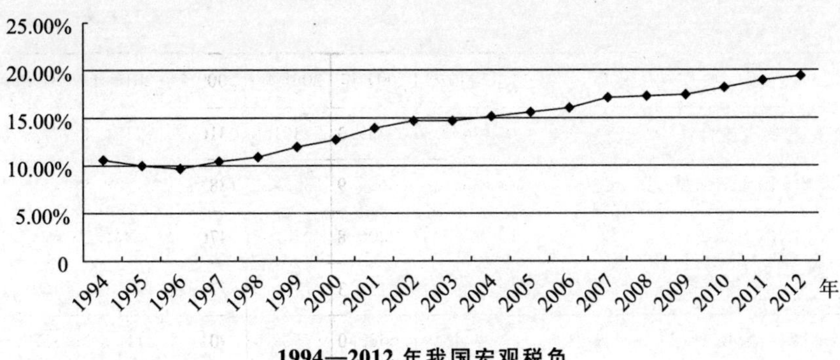

1994—2012 年我国宏观税负

资料来源：根据历年国内税收收入与国内生产总值数据计算而得。